تجديد جورج أورويل

أو ماذا حدث للعالم منذ ١٩٥٠

جلال أمين

تجديد جورج أورويل

أو ماذا حدث للعالم
منذ ١٩٥٠

لمزيد من المعلومات عن الكرمة للنشر: www.facebook.com/alkarmabooks

أمين، جلال.
تجديد جورج أورويل، أو ماذا حدث للعالم منذ ١٩٥٠؟ / جلال أمين – القاهرة: الكرمة للنشر، ٢٠١٧.
٢٢٤ ص؛ ٢٣ سم.
تدمك: 9789776467736
١ - القصص العربية
أ - العنوان
رقم الإيداع بدار الكتب المصرية: ١٤٨١٣ / ٢٠١٧

٢ ٤ ٦ ٨ ١٠ ٩ ٧ ٥ ٣ ١

تصميم الغلاف: عمرو الكفراوي

مقدمة

لماذا تجديد جورج أورويل؟

(١)

معظم الكتب يطويها النسيان بعد فترة طويلة أو قصيرة، وقليل جدًّا من الكتب ما يظل عالقًا بالأذهان، رغم مرور الزمن، تُطبع ثم يعاد طبعها، وتظل نسخ منها على رفوف المكتبات لأن أصحاب المكتبات واثقون من أن هناك من سيأتي لطلبها، ولا تتوقف الإشارة إليها في الكتب والمجلات والصحف، دون حاجة إلى التعريف بها، إذ يُفترض أن القراء يعرفونها ولديهم فكرة ما عن مضمونها.

من هذا النوع الأخير من الكتب، بلا شك، رواية «١٩٨٤» للكاتب الإنجليزي جورج أورويل، التي مر على صدور أول طبعة منها ثلثا قرن (٦٦ عامًا)، ولا تزال تُعاد طباعتها المرة بعد المرة، وبمختلف لغات العالم.

أتم جورج أورويل كتابة الرواية في ١٩٤٨ (ويقال إن هذا هو سبب تسميتها بـ١٩٨٤، بقلب موضع الرقمين الأخيرين)، وهو سبب، حتى إذا كان صحيحًا، ليست له أية أهمية على الإطلاق، ونشرت روايته في السنة التالية «١٩٤٩»، ومات أورويل بعد شهور قليلة من نشرها، في يناير ١٩٥٠، في سن أشعر دائمًا بالأسف كلما تذكرتها، فهو لم يتجاوز السابعة والأربعين، وكان مريضًا بالسُّل قبل أن يُكتشف لهذا المرض علاج فعَّال. وكان يعرف جيدًا وهو يكتب روايته أنه لم يتبق له إلا وقت قصير، وكان يعتبر الانتهاء من كتابة الرواية أمرًا بالغ الأهمية، فأخذ يكتب بسرعة، وبطريقة محمومة، وفي أسوأ الظروف، وهو ما جعله يصف الرواية

بعد أن انتهى من كتابتها بأنها «فكرة جيدة ولكنني أفسدتها»، وأنا أعتقد أن أورويل في هذا الوصف كان يقسو على نفسه في الناحيتين، في زعمه بأنه «أفسدها»، وفي أنه لم يستخدم وصفًا أقوى من «جيدة».

أما أنه «أفسدها» فأظن أن أورويل كان يقصد أنه، في مواضع كثيرة من الرواية، كان «مباشرًا» أكثر من اللازم. ففي تعبيره عن دكتاتورية النظام، وما يمارسه من قهر كان الوصف، أحيانًا، صريحًا أكثر من اللازم، فيما يبدو لي. وفي وصفه للتعذيب في الفصول الأخيرة كان أيضًا قاسيًا على القارئ أكثر مما ينبغي. كان من الممكن، فيما أظن، أن يحقق غرضه من إثارة اشمئزاز القارئ وسخطه على الحكم الشمولي، دون أن يذهب إلى هذا الحد من الوضوح، إذ كثيرًا ما يكون التلميح في هذه الأمور أقوى أثرًا من التصريح. من الممكن أيضًا أن تُنتقد الرواية لتضمنها فصلين، فصلًا في منتصفها، وملحقًا في نهايتها، هما أقرب إلى التحليل العلمي أو النقد الاجتماعي منهما إلى الرواية. إنهما فصلان مفيدان للغاية لتوضيح الغرض من الرواية، ولكن هل يجوز أن تتضمن رواية فصلًا يشرح، بالتفصيل، أهداف الدولة الشمولية ووسائلها والأسباب التي أدت إليها، حتى ولو جاء ذلك باستخدام «حيلة»، هي أن هذا فصل من كتاب يقرأه بطل الرواية سرًّا، هو وصديقته، وكتبه عدو من أعداء النظام؟ وهل يجوز أيضًا أن تنتهي رواية بملحق يشرح سمات اللغة المستخدمة في ظل نظام شمولي، وضرورتها لخدمة النظام؟ لقد دخل هذا «الملحق» التاريخ، وما أكثر ما أشار إليه المعلقون على ما لحق لغة السياسيين من فساد، ولكن هل هذا هو المتوقع من رواية؟

إن أورويل شخص ملتزم، وصاحب رسالة منذ كتاباته الأولى. إنه لا يكتب لتسلية القارئ أو لتسلية نفسه. بل ولا يكتب لمجرد الوصول إلى فهم أعمق للحياة أو الطبيعة الإنسانية. إنه يكتب بهدف «الإصلاح» دائمًا. وهو غاضب غضبًا شديدًا على ما يراه، وخائف أشد الخوف مما يمكن أن تتطور إليه الأمور، وخاصة من ازدياد قهر الدولة الشمولية للفرد وحريته، وعلى الأخص حرية الفرد في التفكير. وهذه الرغبة القوية لديه في الإصلاح، وهذا الغضب المستمر على ما يراه، جعلاه يتساهل بعض الشيء فيما يتعلق بالشروط المألوفة للرواية الجيدة، ويعطي أولوية

لتوصيل رسالته إلى القارئ، ولو على حساب أن تصبح روايته أقرب إلى الكمال من الناحية الفنية. هذا هو السبب في رأيي لقوله إنه «أفسد فكرة جيدة»، فضلًا بالطبع عن سوء صحته واستعجاله إنهاءها.

أظن أن هذا «الضعف الفني» هو الذي أدى بشاعر عظيم وناقد كبير هو «ت. س. إليوت»، إلى أن ينصح برفض الرواية، عندما طلب منه أحد الناشرين رأيه فيها. وهذا هو السبب بلا شك، في أن ناشر الرواية طلب من أورويل حذف الملحق الخاص باللغة الحديثة، «نيوسبيك» (Newspeak). ولنا أن نتصور ما الذي يمكن أن يشعر به إليوت الآن، بعد مرور ستين عامًا على نشر الرواية، وتحقيقها كل هذا النجاح، وما الذي كان يمكن أن يشعر به الناشر الذي طلب حذف الملحق، ولم ينشره إلَّا بعد تصميم أورويل على أن ينشره مع الرواية أو لا ينشر الرواية على الإطلاق.

من السهل أن نتبين في كتابات أورويل كلها: رواياته ومقالاته وأحاديثه وتعليقاته وخطاباته، هذه الصفة المدهشة التي تتوفر لبعض الناس درجة كبيرة، أو صغيرة منها، ولكنها وصلت عنده إلى درجة لا أكاد أعرف لها مثيلًا عند كاتب آخر، وهي كراهية الكذب. هذه الصفة قد تبدو بسيطة، وقد تظن أنها متوفرة لدى الكثيرين، ولكن بعض التأمل يبين لنا أنها صفة أكثر ندرة بكثير مما نتصور. ذلك أن للكذب أشكالًا وألوانًا. هناك طبعًا قول عكس الحقيقة، ولكن هناك أيضًا قول الحقيقة ناقصة نقصًا مهمًّا، مما يوحي بعكس الحقيقة. وهناك الكلام الغامض أو الأسلوب المعقد في الكلام بغرض إخفاء الحقيقة. وهناك الكلام في موضوع، ليس هو الموضوع الأجدر بالكلام فيه، لصرف النظر عن الحقيقة. والكذب ليس فقط في الكلام أو الكتابة، بل وأيضًا في السلوك، فما أكثر التظاهر في السلوك بعكس الحقيقة، أو بغرض إخفاء الحقيقة.

لسبب أو آخر، نشأت لدى جورج أورويل، في سن مبكرة، هذه الكراهية الشديدة للكذب. ولكن الأهم من محاولة معرفة السبب، بيان تأثير هذا الشعور في كتاباته. كره أورويل أولًا ما تتسم به الطبقة الاجتماعية، التي تنتسب إليها أسرته من رياء، وتظاهرها المستمر بغير الحقيقة، تأكيدًا لتميزها عن الطبقة الأدنى منها،

وتشبهًا بالطبقة الأعلى. فضَّل أورويل، منذ وقت مبكر، ما رآه في الطبقة الدنيا من ميل أقوى إلى الصدق، وضعف الرغبة في التظاهر بغير الحقيقة، إذ إن حاجاتهم الأساسية الملحة، والصعوبات التي يلاقونها في إشباعها لا تترك لهم طاقة لممارسة الكذب، وحقيقة مركزهم الاجتماعي بادية للجميع مما يستحيل إخفاؤه. أراد أورويل أن يكتب عن هؤلاء، فانضم إليهم في فترة من حياته، حتى عاش عيشتهم، وجاع جوعهم، ودخل معهم السجن. وكتب كتابًا شهيرًا عنهم «حياة التشرد في باريس ولندن»، نشره باسم مستعار هو جورج أورويل، (إذ إن اسمه الحقيقي إيريك بلير)، وقد ذكر البعض في تفسير ذلك، رغبته في تجنب إغضاب أسرته بإقحام اسم العائلة الحقيقي مع المتشردين، أو رغبته في التبرؤ الكامل من أسرة، لا تكف عن التظاهر بغير الحقيقة.

قبل ذلك كتب أورويل رواية جميلة بعنوان «أيام بورما» تفضح رياء طبقة الاستعماريين الإنجليز في تعاملهم مع السكان الأصليين في آسيا. ولكنْ روايتاه الأساسيتان واللتان تمتعتا بأكبر قدر من الشهرة «مزرعة الحيوانات»، ثم رواية «١٩٨٤»، كانتا تفضحان الرياء في السياسة. تظهر كراهية أورويل الشديدة للكذب أيضًا في التزامه أسلوبًا بسيطًا للغاية، لا مكان فيه للتقعر والتظاهر بالعمق، كما تظهر في اختياره للموضوعات التي يكتب فيها، فلا يكتب في غير المهم ولا يخوض إلا فيما يهم الناس في الحقيقة، وشجاعته في فضح ما درج الناس على إخفائه، ونقد أخطاء درج الناس على التغاضي عنها. إنه اشتراكي حتى النخاع، ولكنه يفضح المدَّعين من الاشتراكيين، ويتوق للعدالة الاجتماعية، ولكنه يفضح الاتحاد السوفيتي، وهو وطني يحب بلده حبًّا جمًّا، ولكنه ينتقد مظاهر الرياء عند الإنجليز، وهو يقدر الديمقراطية البريطانية، ولكنه يحذر من نمو الميل إلى تقييد الحريات في بريطانيا، ومن زيادة الرقابة المفروضة على حرية التعبير والنشر.

إن رجلًا لديه هذه الدرجة من كراهية الكذب، لا بد أن يكون لديه أيضًا ميل قوي للنفاذ إلى أعماق الأمور، ولا يكتفي بملاحظة ما يجري على السطح. فما يظهر على السطح قد يكون خادعًا، ولا بد من معرفة ما يجري وراءه. وأظن أن شيئًا كهذا، هو السبب في أن كراهية أورويل للقهر كانت تتجاوز القهر المادي، وتتركز أساسًا في

القهر المعنوي أو الروحي. نعم، السجن فظيع إذا كان بغير حق، والتعذيب أفظع، ولكن الأفظع من هذا وذاك القهر الروحي، والإذلال. في رواية ١٩٨٤، لا ينتهي القهر بتعذيب بطل الرواية ونستون، الذي حاول هو وصديقته أن يتحديا الدولة الشمولية. ليس هذا التعذيب هو منتهى القهر، ولا التفرقة بينهما، ولا إجبار كل منهما على أن يتنكر للآخر ويشي به، بل منتهى القهر أن تنجح الدولة الشمولية في أن تجعل كلًّا منهما يكره الآخر، وألَّا يجد لديه أي رغبة إذا رأى الآخر، في أن يبادله الحديث. ليست نهاية القهر أن تنجح الدولة الشمولية في أن تمنع التعبير عن نقد النظام أو التشهير برئيسه، الذي يسميه في الرواية «الأخ الأكبر» (Big Brother)، أو التفريق بين المعارضين بالسجن وتعذيبهم، بل منتهى القهر أن تعيد الدولة تشكيل المعارضين على هواها، فيصبحون مستكينين، وادعين، قابلين لما يجري، وكأنه هو ما كانوا يتمنونه دائمًا، ويصدقون كل ما يقال لهم، وكأنه الحقيقة الكاملة.

ولكن ما هي قصة «١٩٨٤» بالضبط؟

بطل القصة «ونستون سميث» في نحو الأربعين من عمره، ويعيش في لندن. ولكن لندن ليست مجرد عاصمة لبريطانيا، بل تنتمي لإحدى الدول الكبرى الثلاث: «أوشانيا» التي تحتل معظم ما كان يسمى بالعالم أو المعسكر الغربي. الدولة يحكمها نظام شمولي، تعتبر الدكتاتوريات المعروفة بالمقارنة به كلعب الأطفال. فكل شيء في يد الدولة، وليس ثمة شيء لا يخضع لتخطيطها، والناس فيها كالدُّمى تحركها أصابع الحزب، وكل خطواتك معروفة ومحسوبة.

التلفزيون، ذلك الجهاز القديم، حل محله «التليسكرين»، وهو جهاز لا يكتفي بالإرسال بل يستقبل أيضًا حركات الناس وسكناتهم وأقوالهم. بل إنه من الخطر الشديد أن تسمح لأفكارك بالشرود، إذا كنت في مكان عام، أو في دائرة عمل شاشة التليسكرين المنتشرة في كل مكان، فقد تفضحك أدنى حركة، أو إيماءة، أو نظرة عين، أو أدنى تعبير على الوجه، إذا حمل في طياته أي شيء خارجًا عن المألوف، أو إذا أوحى بأن هناك ما تحاول إخفاءه. بل إن هناك اسمًا خاصًّا لهذه الجريمة هو «جريمة الوجه»، وهي تعني ارتسام تعبير على الوجه يخالف التعبير المألوف. لم يكن من الممكن بالطبع أن تعرف ما إذا كانوا يراقبونك أنت بالذات أو يسجلون

صوتك في لحظة بعينها، ولكن من المؤكد أن «بوليس الفكر» يستطيع أن يوصل السلك الخاص بك، أو بأي شخص آخر في أية لحظة، بجهاز مركزي فتصبح في متناول بصرهم وسمعهم.

ليست هناك بالضبط أعمال ممنوعة بحكم القانون، إذ ليس هناك في الواقع قانون. ومع هذا فكثير من الأعمال، التي قد يخطر ببالك إتيانها، عقوبتها المحققة الإعدام، كتلك الفكرة الغريبة التي طرأت على بال «ونستون سميث»، وهي أن يكتب مذكراته، وأن يقوم بذلك في ركن من حجرة نومه لا يقع، أو يظن أنه لا يقع، في دائرة السمع والبصر لجهاز التليسكرين.

على قمة الدولة رئيس يشار إليه بـ«الأخ الأكبر»، لا تفارق صورته شاشة التليسكرين، وتوجهاته أو أقواله تطالعك وأنت سائر في الطريق أو نائم في سريرك. وصوره المعلقة في الميادين كُتب تحتها بالخط العريض «الأخ الأكبر يراقبك»، كما تمتلئ الطرقات باللافتات التي تحمل اسم المذهب الرسمي للدولة، وشعارات الخطة وأهدافها وإنجازاتها.

هذا الأخ الأكبر الذي يحكم الآن، هو أيضًا الذي كان يحكم في الثلاثينيات والأربعينيات، أي منذ أربعين أو خمسين سنة. فهو الذي فجر الثورة ابتداء، ولا يمكن أن يتصور أحد أن يكون مفجرها شخصًا غيره. ولكن الناس تسمع أيضًا باستمرار عن طريق التليسكرين، عن رجل اسمه «جولدشتاين»، وتسميه وسائل الإعلام «عدو الشعب»، كان من زعماء الحزب يومًا ثم ارتد، وتزعم محاولة لقلب الحكم وتغيير النظام. في كل يوم توجه وسائل الإعلام الناس إلى الهتاف ضده، وذلك خلال دقيقتين تسميان «دقيقتين للكراهية».

فجولدشتاين هو الخائن الأول للوطن ولمبادئ الحزب، تعاون مع الأعداء وتلقى منهم الأموال لتغيير النظام. لم تكن الناس تعرف ما إذا كان الرجل لا يزال حيًّا أم أنه مات، يعيش في أوشانيا أو خارجها، ولكن المؤكد أن أتباعه موجودون، إذ إن الحكومة تعلن في كل يوم عن قيامها بالقبض على أتباع جدد له.

والدولة في حرب مستمرة، ولكن العدو ليس هو نفسه دائمًا. فهو مرة دولة أوروبا الآسيوية «يوراشيا»، ومرة دولة آسيا الشرقية «إستاشيا». ولكن حين تكون

يوراشيا هي العدو، فإنها لا بد أن كانت دائمًا كذلك، وحينما تنقلب العداوة إلى تحالف ويصبح العدو هو إستاشيا، تصبح إستاشيا هي العدو الخالد ومنذ الأزل. وبما أن الحرب لا تنتهي فإن كلمة «النصر» شائعة الاستعمال. فالسجائر السيئة التي يدخنها الناس، بخلاف أصحاب المراكز العليا في الحزب، والتي يتساقط منها الدخان بمجرد اللمس، هي «سجائر النصر». وكذلك المجمع الذي يسكنه ونستون اسمه «مجمع النصر». والوزارة التي تتولى شؤون الحرب تدعى وزارة «السلام»، ولكن هناك أيضًا وزارة «الحب» التي تختص بالأمن، ووزارة «الحقيقة» التي تختص بالإعلام، ووزارة «الوفرة» التي تختص بالشؤون الاقتصادية.

والأخبار الاقتصادية تحتل أهمية خاصة في إذاعات التليسكرين. فالشاشة تحمل لك باستمرار آخر أخبار الخطة الثلاثية العاشرة، وكيف تجاوزت إنجازاتها الأهداف المرسومة. وها هو ذا نموذج لإحدى إذاعاتها:

«أيها الرفاق، أنصتوا جيدًا، فلدينا أخبار رائعة لكم هذا الصباح. لقد انتصرنا في معركة الإنتاج. إن الإحصاءات الأخيرة تدل على أن إنتاج جميع السلع الاستهلاكية قد زاد بما لا يقل عن ٢٠٪ خلال العام الماضي. وقد قامت في كل أنحاء أوشانيا مظاهرات تلقائية، ولم يكن من الممكن السيطرة عليها، قام بها العمال والموظفون الذين تركوا مصانعهم ومكاتبهم، ليسيروا في الشوارع هاتفين وحاملين اللافتات التي يعبرون بها عن امتنانهم واعترافهم بالجميل للأخ الأكبر، لما حققه لهم من حياة سعيدة تحت قيادته الحكيمة. وها هي ذي بعض الأرقام: المواد الغذائية...».

* * *

وعلى الرغم من أن الناس في أوشانيا ما زالوا يتكلمون، في الأساس، بالإنجليزية، فإن اللغة الرسمية للدولة هي لغة جديدة، تعمل الدولة على إحلالها محل الإنجليزية. هذه «اللغة الجديدة»، كما تسمى بالفعل، تقوم على الإنجليزية ولكنها تتسم بعدد من الملامح المهمة. فهي أولًا تهدف إلى خفض عدد الكلمات المستخدمة إلى أقل عدد ممكن، والتخلص من بعض الكلمات القديمة التي لم تعد شائعة الاستعمال، كـ«الشرف» و«العدل» و«الأخلاق»، والتي تعكس العلاقات الاجتماعية القديمة،

التي كانت سائدة قبل أن يتولى الحزب الحكم. من ملامح اللغة الجديدة أيضًا تغير معاني بعض الكلمات المنتقاة، بحيث تدل على معانٍ جديدة تمامًا، بحيث يصبح من المستحيل التعبير عن أشياء أو أفكار معينة، أو حتى التفكير فيها، لتعارضها مع مبادئ النظام. أصبح من المستحيل مثلًا أن يقول أحد، أو حتى أن يخطر له: «إن الأخ الأكبر غير صالح». إذ إن كلمة «صالح» في اللغة الجديدة أصبحت لا تعني غير وصف ما يقوم به الأخ الأكبر من أعمال. ومن ثمَّ تصبح عبارة «الأخ الأكبر غير صالح» عبارة منافية للعقل وغير منطقية ابتداء. كذلك تعرضت كلمة «الحرية» لتغيير معناها، بحيث أصبح من الممكن فقط أن تُستخدم بالمعنى الآتي: «تحرير الحقل من الحشائش الضارة»، ولا يمكن أن تُستعمل بمعناها القديم كما في قولك: «أنا صاحب فكر حر». بهذا التغيير أصبح من الممكن أن يقبل الناس بسهولة شعارات الحزب الثلاثة الرئيسية والمعلقة في كل مكان وهي: «الحرب هي السلام» و«الحرية هي العبودية» و«الجهل هو القوة».

من ملامح اللغة الجديدة، أيضًا، الاختصار الشديد في كتابة كثير من الأسماء، والاكتفاء بالحروف الأولى في الإشارة إلى الهيئات والوزارات بل والأفكار، إذ يحقق هذا الاختصار وظيفة مهمة هي قطع الصلة بين المعنى الأصلي للكلمة وبين مدلولها الحالي. فوزارة الحقيقة مثلًا أصبح يشار إليها بالحرفين «و. ح»، ووزارة الوفرة «و. و»، وهكذا، بحيث أصبح من الصعب تذكر الغرض الأصلي الذي نشأت الوزارة من أجله.

وقد ترتب على هذا أن أصبح من المستحيل على أعضاء الحزب، الذين يجري تمرينهم على استخدام اللغة الجديدة منذ الطفولة، أن يفكروا بعمق في أي موضوع على الإطلاق، أو أن يتذكروا ما كانت عليه الحال قبل أن يتولى الحزب شؤون الحكم. ولكن اللغة الجديدة تسمح لهم، من ناحية أخرى، بأن يقبلوا المناقشات ويكرروها دون أن يروا أية غضاضة في ذلك. ذلك أنه من بين قواعد هذه اللغة ما يسمى في قاموسها بـ«التفكير المزدوج» أو «التفكير ذي الوجهين»، وتقصد به عدة معانٍ. ومن معانيه نسيان أية واقعة أصبح تذكرها غير ملائم، ثم العودة إلى تذكرها إذا ظهرت الحاجة إليها. ومن معانيه أيضًا إنكار وجود الحقيقة الموضوعية

مع أخذ وجودها في الاعتبار في تصرفك اليومي.. وهكذا. ومن الكلمات الدالة على هذا التفكير ذي الوجهين كلمة «أسوبيض» (وهي اختصار لكلمتي أسود ـ أبيض، ومن الكلمات الجديدة التي أدخلتها هذه اللغة). هذه الكلمة لها هي نفسها معنيان متناقضان، على حسب ما إذا كانت تُستخدم لوصف تفكير الخصم أو تفكير عضو في الحزب. فهي إذا طُبقت على الخصم كان معناها: «عادة الزعم بأن الأسود أبيض، بما يتعارض مع الواقع الصريح». أما إذا طُبقت على عضو في الحزب، فإن معناها يصبح: «استعداد المرء للاعتراف بأن الأسود أبيض حينما تتطلب مصلحة الحزب ذلك، بل والاستعداد للاعتقاد بأن الأسود أبيض، وأن ينسى أنه كان عكس ذلك في أي وقت من الأوقات».

كان ونستون يعمل في وزارة الحقيقة، وهي تشغل مبنًى ضخمًا يتكون من ثلاثة آلاف حجرة، وتختص بالأخبار والتعليم ووسائل الترفيه والفنون الجميلة، أي ما يقابل وزارات الإعلام والثقافة والتعليم الآن. وكان عمل ونستون التصحيح المستمر للتاريخ. فعلى سبيل المثال، إذا تحول أحد كبار رجال الحزب إلى عدو له، فإن مصير هذا الرجل ليس فقط أن يُمحى من الوجود، بل وأيضًا أن يُمحى اسمه وصوره من كل السجلات والمجلات والكتب التي سبق لها الظهور. كذلك يجب أن تُعدل أهداف الخطة، التي أُعلنت منذ سنوات، على ضوء ما تم بالفعل إنجازه، حتى لا يكون هناك أي تناقض بين ما كان يجب أن يتحقق وما تحقق بالفعل. وإذا كان الأخ الأكبر قد تنبأ يومًا بحدوث ثورة في أفريقيا مثلًا، ولم تحدث الثورة، فيجب أن تصحح النبوءة بحيث تتفق مع ما حدث في الواقع. وإذا كانت وزارة الوفرة قد وعدت بخفض أسعار الكاكاو في ١٩٨٤ ثم حدث أن رفعت سعره، فلا بد أن يُمحى الوعد، وأن يحل محله في أعداد الجرائد القديمة، تحذير بأن سعره سوف يرتفع في الشهر نفسه الذي ارتفع فيه.. وهكذا. «إن كل سجل مكتوب قد تعرض إذن إما للإزالة أو التزييف. كل كتاب أعيدت كتابته، كل صورة أعيد رسمها، وكل تمثال أو شارع أو بناء أعيدت تسميته. لقد زال التاريخ ولا يوجد شيء غير الحاضر، الذي يقول إن الحزب دائمًا على صواب».

كانت هذه هي وظيفة ونستون سميث. إن كل كلمة يخطها أو يمليها في جهاز

التسجيل لتغيير سجلات الماضي كانت كذبًا محضًا. ومع ذلك كان ونستون يجد لديه المقدرة على الانهماك في عمله انهماكًا ينسى معه نفسه. فهو قادر على الانشغال بالجوانب الفنية أو المنطقية لعمله، على نحو ينسى معه المغزى السياسي أو الثقافي لما يعمله. كان الذي يهمه أثناء قيامه بعمله، أن تتم عملية التزييف بأكبر درجة من الكمال. وعلى أية حال فإن هذا التغيير لوقائع التاريخ لم يكن تزييفًا بالمعنى الحقيقي للكلمة. فهو في الحقيقة لا يحل واقعة مزيفة محل واقعة صحيحة، بل يضع كذبًا محل كذب، ومن ثمَّ فلا تزييف هنالك. لقد قام ونستون مثلًا بتعديل رقم، كانت وزارة الوفرة قد تنبأت به عن حجم إنتاج الأحذية في ١٩٨٤، إذ ذكرت أنه سيصل إلى ١٤٥ مليون زوج من الأحذية، والمطلوب الآن تعديله إلى ٥٧ مليونًا، حتى يظهر رقم الإنتاج المتحقق (وهو ٦٢ مليونًا) على أنه تجاوز أهداف الخطة. ليست المهمة هنا إحلال رقم مزيف محل الرقم الصحيح، فالأرجح أن الدولة لم تنتج في هذا العام أية أحذية على الإطلاق، وأن الرقم ٥٧ أو ٦٢ ليس أقرب إلى الحقيقة من أي رقم آخر.

في وزارة الحقيقة أقسام أخرى غير القسم الذي يعمل به ونستون. من بينها قسم مهمته تأليف الكتب وإنتاج المجلات والأفلام المخصصة لاستهلاك العامة. وهي تعتمد على إثارة الغرائز، وتركز على المباريات الرياضية، والجرائم، وحوادث العنف، والتنبؤ بالحظ وتوقعات المنجمين. بل إن هناك قسمًا خاصًّا لإنتاج الكتب والأفلام الجنسية المحضة التي تنتج للاستهلاك الشعبي، ويُحظر على أعضاء الحزب، عدا العاملين بهذا القسم، الاطلاع عليها. إن الحكومة تلهي الناس أيضًا باليانصيب والتعلق بأمل أن ينالوا جوائزه. بل إن من الممكن القول إن السبب الوحيد الذي يجعل ملايين الناس يعتقدون أن هناك شيئًا لا يزال يستحق العيش من أجله، هو احتمال الفوز بجوائز اليانصيب.

كان موقف السلطة من عامة الناس يختلف، إذن، اختلافًا جوهريًّا عن موقفها من المثقفين وأعضاء الحزب. بل إن الجزء الأكبر من عامة الناس لم يكن لديه جهاز تليسكرين في بيته. كانت الحكومة في مأمن من ناحيتهم، فهم في نظرها كالحيوانات، إذ حتى لو تصورنا أنهم قد يشعرون يومًا ما بالسخط، فهم يسخطون

على أشياء ضئيلة الشأن، كتوافر أو عدم توافر سلعة غذائية. ومن ثمَّ فإن الشرطة تترك العامة، في أغلب الأحيان، وشأنهم. كانت المدينة مليئة باللصوص والعاهرات والمتاجرين بالمخدرات، دون أن تتدخل في أمورهم، (ما دامت هذه الجرائم تجري بين أفراد العامة أنفسهم، ولا تمس أحدًا عداهم) بالتنصت والمراقبة. بل إن من شعارات الحزب: «لا مساس بحرية العامة والحيوانات».

كان «ونستون» يكره الحزب وشعاراته وجواسيسه. إنه نظام يقوم على «الجنون المخطط». إنهم يستخدمون المنطق ضد المنطق، فهم يسخرون من الأخلاق وفي الوقت نفسه يدَّعون أنهم حاملو لوائها. يقولون إن الديمقراطية مستحيلة وفي الوقت نفسه يدَّعون أنهم حارسوها. إنهم يمحون التاريخ، ولكنهم يختارون من أحداث الماضي ما يناسبهم في لحظة بعينها.

لم يكن «ونستون» يستطيع أن يمنع نفسه من تذكر أيام ماضية، قبل أن يتولى الحزب الحكم، كانت الأمور فيها مختلفة تمامًا. ويقول لنفسه إن من المستحيل أن الأحوال كانت دائمًا كذلك. فهذا الشعور الذي يلازمه بالضيق والامتعاض من سوء الحال، دليل أكيد على أن الأحوال لم تكن دائمًا كذلك. إنه لا يذكر بالضبط ما كانت عليه الحال منذ سنوات، ولكنه يعرف أنه يتقزز الآن من القذارة المنتشرة في كل مكان، من ازدحام القطارات، من المساكن المتآكلة والموشكة على الانهيار، من ندرة الشاي، من سوء طعم القهوة، من السجائر التي تتفتت وتتهاوى بين أصابعه. كيف يمكن أن نتصور أن الحال كانت دائمًا كذلك، إذا كان شعور المرء بالتقزز منها قويًّا إلى هذا الحد؟

إنه لا يزال يذكر أيامًا ماضية كان الإنسان فيها ما زال يحظى ببعض الخلوة، ولم يكن خاضعًا دائمًا للمراقبة. كان لا يزال هناك حب وصداقة، وكان أفراد العائلة الواحدة يشد بعضهم أزر بعض، دون أن يعرف أحدهم لماذا يشد أزر أخيه. لم تعد هناك الآن خلوة أو حب أو أصدقاء.

إنه يذكر أيضًا أنه حينما كان تلميذًا صغيرًا، كانت كتب التاريخ المقررة لا تنسب للحزب إلا اختراع الهليكوبتر. أما الآن فالحزب يُنسب له أيضًا اختراع الطائرة نفسها. ولن يمضي وقت طويل حتى ينسب الحزب لنفسه اختراع الآلة البخارية.

إنه لا يزال يدرك أنه منذ أربع سنوات فقط، كانت بلدة «أوشانيا» في حرب مع «إستاشيا»، وليس مع «يوراشيا». هل يمكن أن تكون ذاكرته خادعة إلى هذا الحد؟ وأن ما تقوله وسائل الإعلام من أن العدو كان دائمًا هو يوراشيا، وأنهم لم يكونوا قط في حرب مع بلد آخر، هل يمكن أن تكون هذه هي الحقيقة؟

كان «ونستون» يجد صعوبة أثناء «دقيقتين للكراهية» في أن يمنع نفسه من الانفجار بالضحك، ولكنه كان يصاب بالقلق حينما يسمع من الشاشة أخبار انتصار حربي. إذ يصيبه حينئذ التشاؤم، ويكاد يقطع بأن هذه الأخبار عن الحروب وعن الانتصار لا بد أن تعقبها مباشرة أخبار سيئة، كخفض الكمية الموزعة بالبطاقات من السكر أو الشاي إلى النصف أو الربع. بل لم يكن ونستون على يقين حتى مما إذا كانت القنابل التي تسقط على بلده من فعل الأعداء حقيقة، أم من فعل الحكومة نفسها.

كان «ونستون» يشعر بأن الشيء الوحيد الذي أصبح يملكه حقًّا ويسيطر عليه، ويتحكم هو وحده فيه، هو عدة سنتيمترات مربعة هي مركز التفكير داخل رأسه. كان يعرف أنه وحيد. وقد يكون هو وحده الذي يكره الأخ الأكبر. ولكنه كان يشعر، على نحو ما، أنه إذا استطاع أن يحتفظ بهذه السنتيمترات المربعة حية في رأسه، وأن يردد ما يدور بها من أفكار، ولو لنفسه وحدها، فإنه يستطيع على الأقل أن يضمن «الاستمرارية». كان يقول لنفسه: «إني أحافظ على التراث الإنساني وأحميه، ليس بالضرورة عن طريق إسماع صوتي، بل فقط بنجاحي في أن أحتفظ بقواي العقلية». وكان يكتب في مذكراته من حين لآخر:

«إن الحرية هي حقك في أن تقول إن ٢ + ٢ = ٤».

ولكنه كان يتمتم في فراشه، وهو على وشك الاستسلام للنوم: «إن الصحة العقلية لا تتخذ شكل البيانات الإحصائية».

إن الأمل الوحيد في التغيير، هكذا كتب ونستون في مذكراته، يكمن في عامة الناس وبسطائهم، صحيح أنه كثيرًا ما يعتريه اليأس حتى منهم. فعامة الناس لا يتذكرون إلا أتفه الأشياء، كالمشاجرة مع جار أو حادثة سرقة، وهم ينسون أهم الأشياء. إنهم يبدون عادة كالنملة التي تستطيع رؤية الأجسام الصغيرة ولا ترى

أكبرها. وحينما يسيطر عليه اليأس منهم كان يتساءل: «إذا كانت الذاكرة قد ضاعت، والسجلات قد تم تزييفها، فما الذي يمكن أن يدحض ادعاء الحزب بأنه قد رفع مستوى المعيشة؟»، ما الذي يمكن أن يدحض هذا إذا كان قد ضاع كل معيار يمكن أن يقيِّم الحاضر على أساسه؟ أو لا يجوز أن يكون الحزب على حق حينما يقول: «إن من يسيطر على الماضي يسيطر على المستقبل، ومن يسيطر على الحاضر يسيطر على الماضي»؟ ومع ذلك فقد كان يعود إليه من حين لآخر الشعور بأن عامة الناس قادرون، وهم وحدهم القادرون، على أن يحققوا الخلاص، فهم وحدهم الذين ما زالوا يحتفظون بقواهم العقلية، وذلك بفضل عجزهم عن الفهم. إنهم بسبب قلة خطرهم لا يتعرضون لغسيل المخ الذي يتعرض له الأكثر ذكاء. أو لعل السبب هو أنهم يتركون لممارسة عاداتهم وتقاليدهم دون أن يتعرض الحزب لها، أو أنهم يتوالدون بكثرة، أو أنهم ما زالوا يذكرون الأغاني القديمة، أو أنهم متدينون، ولا أحد يمنعهم من ذلك. لقد «بلعوا» كل شيء، ولم يلحقهم الضرر من وراء ذلك، إذ إن ما دخل معدتهم خرج منها دون أن يترك وراءه أي أثر، وكأنه حبة القمح التي تمر بجسم العصفور وتخرج منه دون أن يهضمها.

* * *

كان «ونستون» في طريقه لسماع محاضرة بعنوان «تطبيق الاشتراكية على الشطرنج»، حينما التقى بـ«جوليا»، الفتاة الجميلة التي تعمل في وزارته نفسها، «وزارة الحقيقة»، التي تشتغل بتزوير التاريخ. وأثناء مرورها به دست في يده ورقة عليها هذه الكلمة المذهلة: «أحبك». كانت المخاطرة التي عرضت الفتاة نفسها لها أكبر من أن توصف، ولكنها قامت بها.

لم يكن تبادل الرسائل ممنوعًا، وإن كان نادرًا، وكان التراسل يجري في العادة عن طريق إرسال بطاقات مطبوعة، عليها عدد كبير من العبارات، وعلى مرسل البطاقة أن يضع علامة على العبارة التي تؤدي غرضه. كذلك لم تكن ممارسة الجنس ممنوعة، ولم تكن قيادة الحزب راغبة بالطبع في منعه، ولكن كان الهدف غير المعلن هو القضاء على المتعة المصاحبة له. إن الحزب يقرر ممارسة الجنس إذا كانت فقط من أجل الإنجاب، وكل ما عدا هذا يصبح مثارًا للشك. لم يكن

الزواج ممنوعًا، ولا حتى بين أعضاء الحزب، إنما كان من الضروري أن يحصل العضوان على موافقة الحزب على زواجهما، وكان الطلب يرفض دائمًا إذا ظهر ما يدل على أن أحد الطرفين يشعر بجاذبية جنسية واضحة نحو الآخر.

«جوليا» فتاة جميلة في السابعة والعشرين، وتعمل في قسم تأليف الروايات في وزارة الحقيقة، وإن كان عملها ميكانيكيًا بحتًا، إذ يقتصر دورها على تشغيل آلة من الآلات التي تقوم بتأليف الروايات. وكما أنها هي التي بدأت بمكاشفته بحبها له، فإنها هي أيضًا التي رتبت اللقاء بينهما، وتبعها «ونستون» كالمأخوذ الذي لا يدري ما يفعل، أو كأنه مدفوع بقوة خفية إلى تحطيم ذاته. واستطاع الاثنان أن يعثرا على مكان خفي يلتقيان فيه سرًّا وبانتظام، بعيدًا عن الأعين، ولا يحتوي على جهاز التليسكرين الذي يلتقط حركات الناس وهمساتهم، وينقلها إلى السلطة.

كان يجمعهما أكثر من الحب. كان لديهما الشعور نفسه بالتقزز، والكراهية نفسها للحزب والحكم، ونوع الحياة المفروضة عليهما وعلى سائر الناس. كانا يحملان الحنين نفسه إلى عالم حر، وإلى الماضي.

لم يكن حبهما مجرد علاقة بين شخصين، بل كانا يدركان في كل لحظة يتعانقان فيها، أو يتبادلان فيها الحديث بعيدًا عن أعين الحزب وآذانه، أنهما يقومان في الوقت نفسه بعمل ضد الحزب. كان عناقهما، بعبارة أخرى، عملًا سياسيًّا، ومع ذلك فقد كان هذا الموقف «السياسي» لكل منهما مختلفًا بعض الشيء عن موقف الآخر. كان هو يبحث عن طريق للخلاص، ليس لنفسه فقط، بل للمجتمع بأسره. كان أيضًا يحاول أن يفهم كيف وصلت الحال إلى ما وصلت إليه، وما الذي يمكن أن يكون الدافع إليه؟ أما هي فلم يكن يشغلها «مبدأ» أو تغريها محاولة الفهم والتفسير. كانت فقط تريد أن تعيش، وأن تحب، وكانت نظرتها إلى الحزب نظرتها إلى شيطان لا هم له إلا إفساد محاولتها وتعطيل قدرتها على الحياة والحب. كانت تعتبر أية محاولة للثورة ضد الحزب حماقة كبيرة، لا يمكن أن تؤدي إلى شيء. المهم في نظرها أن يحاول كل فرد أن «يخدع» الحزب، أن يخرق القواعد لصالحه. المشكلة الوحيدة في نظرها هي: كيف يمكن أن تخرق القواعد وتبقى حيًّا مع ذلك؟ كانت تصغر «ونستون» بأكثر من عشرة أعوام، ولم تكن قد سمعت عن أية محاولة للمعارضة،

ولم تكن حتى لتستطيع أن تتصورها. وكان «ونستون» يتساءل إذ يتأمل موقفها: «ترى كم شخصًا آخر يتبنى الموقف نفسه؟».

كانت لقاءاتهما لحظات باهرة من السعادة، يختلسانها من وراء ظهر الحزب. وكانت «جوليا» تجلب له من حين لآخر في مخبئهما ما تستطيع، بحيلها، أن تحصل عليه من بن وخبز وسكر «حقيقي»، مما يستهلكه أعضاء قيادة الحزب ولا يعرفه الناس. ومع هذا فقد كانا يدركان في قرارتي نفسيهما أن ما نجحا في تحقيقه لا يمكن أن يدوم. كانا يشعران في أعماقهما بأن الحزب لا بد، عاجلًا أو آجلًا، أن يكتشف مخبأهما، وأنهما سيعتقلان ويعذبان ويعترفان، ويجبر كل منهما على أن يخون الآخر، وأنه سوف تأتي اللحظة أثناء التعذيب، التي يتمنى كل منهما فيها أن يتحول التعذيب منه إلى الآخر. كانا ينتحران، ولكنهما لم يتوقفا لحظة للتساؤل عما إذا كان من الحكمة أن يتراجعا.

وكما دست «جوليا» ورقة في يد «ونستون» تقول له إنها تحبه، تلقى «ونستون» رسالة من شخص آخر، يعمل أيضًا في وزارته اسمه «أوبراين» يدعوه فيها إلى بيته. وفي بيت «أوبراين» علم ونستون أن أوبراين، هو أيضًا، من المعارضة، وأنه يدين بالولاء لأفكار جولدشتاين، العدو الأول للحزب. وأعطى أوبراين لونستون نسخة من كتاب جولدشتاين، الذي يعرض فيه أفكاره السياسية وتفسيره لما آلت إليه الحال في «أوشانيا». فما هي هذه الأفكار؟

إن الذي يعرفه جيدًا قادة الدول العظمى الثلاث، أوشانيا ويوراشيا وإستاشيا، ولا يذكرونه صراحة أبدًا، هو أن نظام الحكم ونمط النظام الاجتماعي وطبيعة الحياة فيها، كلها تكاد تكون واحدة أو متشابهة جدًّا، على الرغم من أن النظام يتسمى بأسماء مختلفة في الدول الثلاث. إن الأيديولوجيات الثلاث، رغم تظاهر الحكام بأنها مختلفة، يكاد يستحيل تمييز إحداها عن الأخرى، ففيها البناء الاجتماعي الطبقي نفسه، حيث تسيطر قلة في قمة النظام على سائر الناس، وتستأثر بالسلطة والامتيازات. وكلها تمارس الطقوس نفسها في عبادة القائد شبه المقدس، وفيها كلها يعتمد النظام على استمرار الحروب وإنتاج الأسلحة.

إن الدافع الاقتصادي للحرب هو تنافس الدول الثلاث في الحصول على العمل

الرخيص في الأقاليم الواقعة خارج حدودها، والممتدة من برازافيل إلى هونج كونج. فالدولة التي تتمكن من السيطرة على أفريقيا الاستوائية، أو بلاد الشرق الأوسط، أو جنوب الهند، أو الجزر الإندونيسية، يمكنها أن تتحكم في أجساد عشرات أو حتى مئات من ملايين الأفراد القادرين على العمل الشاق، والذين يقبلون العمل بأدنى الأجور. ولكن هذه الأقاليم الاستوائية (المستعبدة) لا تمثل أي عنصر أساسي من عناصر النظام الدولي. فهي دائمة التنقل، من الخضوع لإحدى الدول الثلاث، إلى الخضوع لدولة أخرى، دون أن تكون لها أدنى سيطرة على مصيرها. وإنما يتوقف خضوعها لهذه الدولة أو تلك على قدرة إحدى الدول الكبرى على الخداع، أو الإيقاع بالدولتين الأخريين. وهكذا نجد أن الحدود بين مناطق النفوذ للدول الثلاث دائمة التغير ولا تستقر أبدًا.

إن الحرب بين الدول الكبرى لا تتوقف إذن أبدًا. فهي لم تعد، كما كانت في العقود الأولى من القرن العشرين، عملًا ساحقًا شاملًا يحاول فيه كل طرف أن يدمر الآخر. ففضلًا عن أن الفوارق الأيديولوجية بين الدول الكبرى لم تعد لها أهمية تذكر، أصبح كل طرف عاجزًا عن تدمير الآخرين، مع تطور الأسلحة ووسائل الدمار. ولهذا نجد أنه، على الرغم من أنه لا يوجد اتفاق رسمي صريح بين الدول الثلاث على عدم استخدام القنابل الذرية، فإن هذه القنابل لا تستخدم أبدًا في الحروب، وإن كانت الدول الثلاث لا تتوقف عن إنتاجها وتخزينها.

ليس معنى هذا أن الحرب أصبحت أقل وحشية أو أقل إراقة للدماء أو أقل هستيرية مما كانت في الماضي. بالعكس، لقد زادت أعمال الحرب بربرية واقترنت بهستيريا أكبر. كل ما هنالك أن الحرب الآن أصبحت محدودة النطاق جغرافيًا، ولم تعد تمتد إلى أرض القوى الكبرى نفسها، بل تجري في الأقاليم المتاخمة لها، التي لم يتحدد بعد بشكل واضح ما إذا كانت ستقع تحت نفوذ هذه الدولة الكبرى أو تلك.

على أن ذلك العامل الاقتصادي ليس هو العامل الوحيد، ولا حتى الأساسي في الحرب الحديثة. إن الغرض الأساسي من الحرب هو استخدام ناتج الآلة على نحو يمنع من الارتفاع بمستوى المعيشة لغالبية الناس.

تفسير ذلك أنه منذ اللحظة الأولى التي اخترعت فيها الآلة، أصبح من الواضح أن التقدم الطبيعي في فنون الإنتاج وأساليب الصناعة من شأنه أن يسمح للعالم، لأول مرة في تاريخه، بالتخلص من كل مظاهر الجوع والحرمان والجهل، وينهي إلى الأبد ذلك الصراع التقليدي حول اقتسام الناتج المحدود. ولكن من الواضح أيضًا أن رفع مستوى الاستهلاك للجميع لا بد أن يؤدي بدوره إلى وضع نهاية للمجتمع الطبقي القائم على سيطرة القلة على الغالبية. ذلك أن مجتمعًا يحصل كل أفراده على ضروريات الحياة، ويتمتعون فيه بدرجة عالية من الفراغ، ويحصلون فيه على مستوى رفيع من التعليم، لا يمكن لقلة حاكمة أن تقهره. الحرب الحديثة إذن هي الوسيلة الضرورية لضمان استمرار المجتمع الطبقي، برغم التقدم في أساليب الإنتاج. إنها وسيلة «تدمير» الإنتاج بدلًا من توزيعه. فبتدمير الإنتاج الزائد يمكن تحقيق درجة من الحرمان تضمن خضوع الغالبية لسيطرة الأقلية الحاكمة. فضلًا عن أن الحرب، بما تخلقه من مناخ نفسي يشعر فيه الناس باستمرار بالخوف، سوف تجعلهم أيضًا يشعرون بأنه من الطبيعي أن تجلس على قمة المجتمع فئة تستأثر بالحكم، وكأن هذا هو الشرط الضروري لمجرد البقاء.

إن الغرض الأساسي من الحرب لم يعد إذن هو التوسع وضم أراضٍ جديدة لسيطرة الدولة، أو منع فقدان أرض كانت تخضع لسيطرتها، بل هو الآن الإبقاء على الهيكل الاجتماعي داخل الدولة على ما هو عليه دون تغيير، أي تكريس اللامساواة والقهر. وهكذا «تخلى الناس عن الحلم بتحقيق الفردوس على هذه الأرض، في اللحظة نفسها التي أصبح فيها تحقيق هذا الحلم ممكنًا».

لقد كان المصلحون الاشتراكيون يظنون أنه بإلغاء الملكية الخاصة سوف تتحقق المساواة وينتهي القهر. ولكن ها قد تم القضاء على الملكية الخاصة وإذا باللامساواة والقهر يصبحان نظامًا أبديًا. كان الاشتراكي القديم يعتقد أن ما لا يمكن توريثه لا يمكن أن يبقى حكرًا لجماعة من الناس إلى الأبد، وأنه إذا قضى على نظام الإرث، قضى أيضًا على اللامساواة. ولكن ظهر أنه من الممكن أن تظل الامتيازات والسلطة حكرًا على جماعة بعينها، وإلى الأبد ما دام باستطاعة الحكام أن يحددوا أسماء من سيخلفونهم. لقد زالت حقًا طبقة الرأسماليين، ولكن ظهرت

بدلًا منها أرستقراطية جديدة تتكون من البيروقراطيين والسياسيين المحترفين، وقادة نقابات العمال وخبراء الإعلام والفنيين والصحافيين. هذه الأرستقراطية الجديدة، وإن كانت أقل تطلعًا إلى الرفاهية المادية من سابقتها، فإنها أكثر طمعًا في محض السلطة. وهم في سبيل احتفاظهم بالسلطة على استعداد لممارسة وسائل للقهر، تعتبر وسائل الكنيسة الكاثوليكية في العصور الوسطى، بالنسبة لها، غاية في التسامح. بل إنهم أعادوا وسائل القهر التي كانت قد هُجرت منذ زمن طويل، كالسجن دون محاكمة، والإعدام العلني، والتعذيب للحصول على الاعتراف، وترحيل أمم بأسرها من أراضيها. كما سمح لهم تقدم وسائل الإعلام والاتصال، وخصوصًا اختراع التليسكرين، الذي يسمح بالإرسال والاستقبال في الوقت نفسه، بالتحكم في الرأي العام وتشكيله على أي نحو يشاءون. ومن ثمَّ أصبح بمقدور الدولة، ليس فقط أن تضمن الطاعة التامة، بل وأيضًا أن تفرض التماثل التام في الأفكار، وأن تقضي قضاءً مبرمًا على الحياة الخاصة.

* * *

وكما كان «ونستون» و«جوليا» يشعران دائمًا في قرارتي نفسيهما بأن حريتهما لا يمكن أن تدوم، فقد جاء بالفعل الاعتقال والتعذيب والاعتراف. لقد ظهر أنهما كانا تحت المراقبة منذ البداية، وأنهما لم يخدعا السلطة قط. فالعجوز الذي أجَّر لهما الغرفة التي اتخذاها مخبأ كان هو أيضًا جاسوسًا للسلطة. والتليسكرين كان موجودًا دائمًا، وإن كان مخبَّأً وراء الصورة المعلقة فوق السرير. بل وحتى أوبراين، الذي ظنَّاه من رجال المعارضة، ظهر أنه أحد رجال الحزب الكبار، وأنه كان فقط يستدرجهما إلى التورط في جريمتهما.

في السجن يسأل «ونستون» سجينًا سياسيًّا آخر عن سبب اعتقاله فيأتي الرد: «هناك جريمة واحدة فقط، أليس كذلك؟».

في السجن أيضًا يشاهد «ونستون» الفرق بين معاملة المجرمين العاديين ومعاملة المسجونين السياسيين، وهو كالفرق بين معاملة العامة خارج السجن، ومعاملة أعضاء الحزب أنفسهم. كان المسجونون بسبب أفكارهم في حالة ذعر دائم، ويتعرضون لأنواع من التعذيب لا يتعرض لها المجرم العادي، بل إن المجرمين

العاديين الذين ارتكبوا جرائم القتل أو السرقة أو الاغتصاب، كانوا يبدون وكأن لا شيء يعكر صفوهم، بل ويبدون جرأة غريبة إزاء الحراس ويسبونهم ويهرِّبون الطعام من وراء ظهورهم، بل وقد يوجهون السباب إلى شاشة التليسكرين حينما تصدر الأوامر إليهم.

وبالتعذيب اعترف «ونستون» بكل شيء: بما ارتكبه وما لم يرتكبه، بل لقد اعترف بأنه قتل شخصًا يعرف الجميع أنه لا يزال على قيد الحياة. كان شاغله الوحيد أثناء التعذيب هو محاولته أن يخمِّن ما الذي يريدونه أن يعترف به، حتى يعترف به بسرعة قبل أن يبدأ التعذيب من جديد.

وأثناء التعذيب يخبره «أوبراين» بالهدف الذي يوجد من أجله نظام الحكم والحزب وكل مبادئه وشعاراته: «إن السلطة والقوة ليستا وسيلة، بل هما الهدف نفسه. إننا لا نقيم الدكتاتورية من أجل حماية الثورة، بل نقوم بالثورة من أجل إقامة الدكتاتورية. فإذا أردت أن تتصور ما الذي سيكون عليه المستقبل، فلتحاول أن تتخيل صورة حذاء ثقيل يدوس على وجه إنسان إلى الأبد».

لقد اعترف «ونستون» بكل ما يمكن أن يتصور أن يعترف به، ولكنهم لم يكونوا يريدون اعترافاته. كانوا يريدون إيمانه وعقله. لم يكن يهمهم أن يحصلوا منه على هتاف بحياة الأخ الأكبر، بل أن يعتقد بالفعل بأن الأخ الأكبر لا يمكن أن يخطئ. ويسأل «ونستون» نفسه: «ما الذي يمكن أن تفعله إزاء شخص مجنون، ولكنه أكثر ذكاء منك؟ يستمع إلى حججك ثم يواصل جنونه، وكأنك لم تقل شيئًا على الإطلاق؟».

على أن مهمتهم كانت صعبة مع كل ذلك. قد يعترف الإنسان بأي شيء تحت وطأة التعذيب الجسماني والإهانة، ولكن عقله يظل ملكًا له. قد يردد ونستون قولهم إن ٢ + ٢ يمكن أن تساوي خمسة أو عشرة. ولكنهم يريدون أيضًا أن يعتقد حقًّا وصدقًا أن ٢ + ٢ يمكن بالفعل أن تساوي خمسة أو عشرة. وهنا يُظهر العقل الإنساني مقاومة أكثر بكثير من مقاومة الجسم الإنساني الضعيف. ولكنهم يكسبون هذه الجولة أيضًا، فيفقد ونستون عقله، ويعترف، حقًّا وصدقًا، بأن ٢ + ٢ يمكن أن تساوي خمسة أو عشرة. ولكنه لا يزال يتمسك بقلبه. فهو لا يزال يكره الأخ الأكبر

والحزب ولا يزال يحب «جوليا». ويعيد «ونستون» تعريفه للحرية فيقول لنفسه: «إن الحرية هي أن تموت كارهًا لهم».

لقد حصلوا منه على اعتراف ضد حبيبته «جوليا». ولكن هذا أيضًا لم يكن كافيًا. كانوا يريدون أن يتوقف بالفعل عن حبها، ولكنه لم يفعل، فقلب الإنسان هو أيضًا أكثر بسالة من جسمه المتهاوي الهزيل. إنهم يدركون جيدًا بالرغم من كل اعترافاته ضد «جوليا»، أنه لم يخنها في الواقع، فهي لا تزال تسكن في قلبه.

ولكنهم يكسبون هذه الجولة أيضًا، وهي الجولة الأخيرة. وتحت وطأة آخر مراحل التعذيب يصيح ونستون من شدة الألم: «لا تفعلوا هذا بي، افعلوه بجوليا». وهنا فقط يتوقف التعذيب. بل إنهم بعد أن استطاعوا، على هذا النحو، أن يفرغوه من عقله وقلبه، لم يجدوا غضاضة في إطلاق سراحه. فهو الآن يرى الأصابع الأربعة خمسة. وهو إذ يرى «جوليا» لا يشعر نحوها بشيء. إنهما يتبادلان الحديث، ولكن لم تعد لدى أي منهما أية رغبة في أن يرى الآخر مرة أخرى.

(٢)

فهم القراء رواية «١٩٨٤» على أكثر من وجه. قرأها كثيرون على أنها نقد للنظام السوفيتي أو الاشتراكي أو الشمولي، كما كان يراه أورويل وقت إتمامه للرواية «١٩٤٨»، وهو الوقت الذي بدأت فيه الحرب الباردة بين المعسكرين الرأسمالي والشيوعي. لكن كثيرين من قراء الرواية، وأنا منهم، يرون فيها، في الأساس، تصويرًا ورفضًا لما يتعرض له الفرد من قهر في العصر التكنولوجي الحديث. إن في الرواية ما يكفي، وكذلك في كتابات أورويل الأخرى، للتدليل على أن كراهيته لم تكن للنظام السوفيتي حبًّا في النظام الأمريكي، أو في الرأسمالية، إذ ظل أورويل متعاطفًا مع الاشتراكية طوال حياته. بل كانت كراهيته منصبة على نظام، أيًّا كان لونه الأيديولوجي، لا يجد الفرد فيه مهربًا من استعباد التكنولوجيا الحديثة. هذه التكنولوجيا الحديثة تتمثل، ليس فقط فيما لدى أصحاب السلطة من أسلحة وسجون ومعتقلات، بل وما لديها من وسائل التجسس والتنصت

وغسيل المخ. وكلها وسائل كانت، ولا تزال، متاحة للدولة الاشتراكية والدولة الرأسمالية على السواء.

أراد أورويل بالرواية أن يطلق تحذيرًا مما يمكن أن يأتي به المستقبل، بل ما كان واثقًا من أن المستقبل سيأتي به، ما لم يتنبه الناس إلى حقيقة الأمر قبل فوات الأوان. لهذا اختار أورويل كعنوان للرواية الرقم الدال على السنة يبعد بنحو ثلث قرن عن الوقت الذي كان يكتب فيه، لكن هذا الرقم لا قيمة له في ذاته، فأورويل لم يقصد به إلا وقتًا ما في المستقبل.

من السهل إذن أن نتبين لماذا قاومت هذه الرواية أثر مرور الزمن على هذا النحو. فمصدر الخوف الذي كان يسيطر على أورويل حقيقي، واتضح أن له ما يبرره، أكثر فأكثر، كلما مر الزمن. وها نحن بعد مرور أكثر من ٦٥ عامًا على صدور الرواية لأول مرة، نجد أمثلة في مختلف بلاد العالم، أيًّا كانت الأيديولوجية التي تتبناها، على زيادة تضاؤل الفرد تجاه أصحاب السلطة نتيجة لزيادة ما بأيدي أصحاب السلطة من وسائل التكنولوجيا الحديثة، وعلى زيادة حجم الأكاذيب التي تقدم للإنسان المعاصر على أنها حقيقة، وتضاؤل قدرة الفرد على المقاومة، يومًا بعد يوم، ليس فقط قدرته على تحدي أوامر السلطة ومعارضتها، بل على التمييز بين الكذب والصدق فيما يقال عن طريق وسائل الإعلام.

كل هذا صحيح في رأيي، ولا شك فيه، ولكننا يجب أن نتنبه أيضًا إلى أن العالم قد تغير بشدة خلال السنوات التي مرت منذ كتب أورويل هذا الكلام. لا بد من أن نعترف بأن ما يتعرض له الفرد اليوم من غسيل المخ، من جانب الممسكين بالسلطة أشد مما كان في أيام أورويل، وأن ما يتمتع به من حرية سياسية أقل في الحقيقة مما كان حينئذ، رغم شيوع الادعاء بعكس ذلك. ولكن من المهم أن نعترف أيضًا بأن الممسكين بالسلطة ليسوا الآن نفس من كانوا يمسكون بالسلطة أيام أورويل، ووسائل غسيل المخ لم تعد هي نفسها الوسائل القديمة، كما أنها أصبحت تصل إلى أعماق في المخ والنفس لم تكن تصل إليها من قبل. بل إن بعض الوسائل التي كان يعتمد عليها الفرد في مقاومته لغسيل المخ لم تعد متاحة له الآن، أو ضعفت بشدة. كل هذا يجعل من المفيد (بل من

الضروري) «تجديد جورج أورويل»، أي أن نتتبع ما جد من تطورات في طبقة الممسكين بالسلطة الذين يمارسون القهر في العالم، والأسباب التي أدت إلى هذه التطورات، وفي نوع الرسائل التي يرسلها أصحاب السلطة الجدد إلى الناس من قبيل غسيل المخ، ما طرأ على أساليب الكذب وعلى مضمون الكلام الكاذب (كحلول الإرهاب مثلًا محل الحرب، والتخويف من الإرهاب محل التخويف من هجوم دولة أجنبية)، وكيف حل القهر النفسي بإثارة الشهوات والرغبات التي يصعب أو يستحيل إشباعها، محل الحرمان من الأجر العادل ومحل التعذيب المادي، وكيف تغيرت، تبعًا لذلك طبيعة شعور المرء بالاغتراب، وما ضاع وما بقي له من وسائل لمقاومة الأنواع المختلفة من القهر.

دعنا نتذكر أنه عندما كان جورج أورويل يكتب روايته «١٩٨٤»، كان العصر لا يزال «عصر القوميات»، ولم يكن قد حل بعد «عصر العولمة» بالدرجة والشكل اللذين نعرفهما اليوم. كان المصدر الأساسي للقهر في عصر القوميات هو «الدولة القومية»، ووسائل القهر شبكات التجسس والمخابرات والسجون وأدوات التعذيب مما قدمه أورويل في صورة بالغة القسوة، وكان القاهر الأعظم هو «الأخ الأكبر»، الذي لا تكف وسائل الإعلام عن ذكر اسمه والتسبيح بحمده، والحروب كانت تشن من دولة أو مجموعة من الدول ضد دولة أو مجموعة أخرى، وتجري تعبئة الناس للحرب بشعارات الوطنية والولاء للوطن. كما كان قيام دولة قوية بإخضاع دولة أضعف منها يتخذ صورة الاستعمار، أي الاحتلال العسكري والاستغلال الاقتصادي.

خلال العقود الستة الماضية حدثت أشياء كثيرة أدت إلى تراجع سلطة الدولة لصالح الشركات العملاقة، وتضاءلت أهمية الحدود الفاصلة بين الدول، بعد أن أصبح من الممكن لهذه الشركات ولوسائل الإعلام والاتصالات القفز فوقها.

اقترن هذا أيضًا بزيادة انتقال العمالة من بلد لآخر، مما قوى الشعور بالولاء للشركة محل الولاء للدولة، وأدى هذا وذاك إلى اختفاء نموذج الحاكم القوي المهيمن، وحل محله نموذج الرئيس الذي يدير مهمة العلاقات العامة، وحل محل الدبلوماسيين الذين يخدمون الدولة ورئيسها، دبلوماسيون ووكلاء يتكلمون

باسم الشركات الكبرى ومصلحتها. هذه التطورات هي ما نناقشه في الفصل الثاني «الخصخصة» والثالث «العولمة» والرابع «الاستعمار»، وذلك بعد أن نناقش في الفصل الأول لماذا يصر كثيرون على أن الخطاب المعلن أو الرسمي يقول الحقيقة وأنه لا حاجة بنا للخوض فيما وراء ذلك، في حين أن ما يقال لنا كثيرًا ما يكون هو عكس الحقيقة بالضبط (نظرية المؤامرة).

أدى أيضًا تطور الأسلحة الحديثة، إلى أن أصبحت الحروب بين دولة وأخرى أو «الحروب العالمية» بين مجموعة من الدول ومجموعة أخرى باهظة التكاليف، بل وأصبح أيضًا من الصعب الاعتماد على الشعور بالولاء للوطن، في ظل ما أصاب الدولة القومية من ضعف. كما قد يكون الضرر من هذه الحروب في ظل العولمة، أكبر من نفعها، إذ لا تدري الدولة الآن ما إذا كانت بضربها دولة أخرى، تضرب أيضًا شركاتها هي ذات الفروع في مختلف الدول. أصبح الأجدى الآن شن الحروب الأهلية بين مواطني الدولة الواحدة، مما يحتم تغيير أسلوب الخطاب المستخدم في غسيل العقول، من استخدام شعارات القومية والولاء للوطن إلى شعار «مكافحة الإرهاب» مثلًا (وهو ما نناقشه في الفصل الخامس، «الإرهاب»).

حدث أيضًا خلال هذه العقود الستة أن تضاعفت القدرة على إنتاج مختلف السلع والخدمات، فارتفعت مستويات المعيشة إلى أضعاف ما كانت عليه في منتصف القرن الماضي، وأصبح من الممكن تكنولوجيًّا إشباع كل الحاجات الأساسية، حتى في أفقر البلاد. ولكن هذه الزيادة الكبيرة في القدرة الإنتاجية لم تستخدم في إشباع هذه الحاجات الأساسية، بقدر ما استخدمت في توسيع الفجوة بين مستويات المعيشة، داخل البلد الواحد وفي العالم ككل. كان جورج أورويل من القلائل الذين تنبأوا بذلك، في وقت كان توزيع الدخل يتجه إلى مزيد من المساواة بدلًا من مزيد من التفاوت، نتيجة لشيوع الأخذ بالسياسات الكينزية، وتدخل الدولة في الاقتصاد. فقد رأى أورويل، بثاقب بصره، أن الهدف الحقيقي لدى الفرد من السعي إلى تحقيق مزيد من الثروة ليس هو الرغبة في التمتع بمستوى أعلى من المعيشة، بقدر ما هو تحقيق درجة أعلى من التميز عن الآخرين والسيطرة، مما لا يتحقق إلا إذا زاد التفاوت بين الدخول والثروات.

أدى هذا الاتساع في الفجوة بين مستويات الدخل والثروة إلى خيبة أمل في هدفين آخرين من الأهداف التي كانت تثير الآمال في منتصف القرن الماضي، وهي المزيد من الديمقراطية ومن العدالة الاجتماعية، مما نناقشه في الفصلين السادس والسابع، كما كان من شأنه أن يقوي الشعور بالاغتراب.

هذا قليل من كثير يتطلب تجديد جورج أورويل. ما زال كتاب «١٩٨٤» مهمًّا، مثل معظم كتابات أورويل الأخرى، وستظل كذلك لفترة طويلة مقبلة. وسنظل على أي حال مدينين له بأنه شق لنا طريقًا جديدًا. ويكفيه تأكيده على شيء واحد على الأقل: أن ظواهر الأمور غير بواطنها، وأن ما يقال لنا كثيرًا ما يكون عكس الحقيقة بالضبط. علينا فقط أن ننتبه إلى أن الحقيقة تتغير من عصر لعصر، وكذلك ما يقال لنا. ولكن أورويل هو أيضًا الذي قال مرة: إن علينا أن نبذل جهدًا فائقًا لكي نرى ما يدور أمام أعيننا.

١٥ أبريل ٢٠١٦

الفصل الأول

نظرية المؤامرة

(١)

لم يقتصر نجاح رواية جورج أورويل «١٩٨٤» على السنوات القليلة التالية لظهورها في ١٩٥٠، بل استمر نجاحها ورواجها حتى اليوم، أي طوال ثلثي قرن، فإذا نفدت من الأسواق أعيد طبعها على الفور. ومن ثَمَّ لم يمر عام واحد دون أن تكون موجودة على رفوف المكتبات، وتكررت الإشارة إليها في الكتب والمقالات التي تمس من ناحية أو أخرى نقد المجتمع المعاصر، أو ما يمكن أن يأتي به المستقبل. كما شاع استخدام كلمة «أورولي» لوصف ظاهرة سياسية أو ثقافية، نسبة إلى مثيلها في رواية جورج أورويل، كما شاع استخدام بعض المصطلحات التي صكها أورويل في هذه الرواية لأول مرة، كإشارته إلى اللغة الشائعة بأنها «نيوسبيك» ووصف الدكتاتور بأنه «الأخ الأكبر».

ما أجده مدهشًا، ليس هذا النجاح الساحق للرواية الذي تستحقه، بل التناقض بين نجاح الرواية ورواجها، عامًا بعد عام، وبين الإصرار المتزايد الذي نلاحظه من جانب كثيرين من المعلقين السياسيين والمتخصصين في العلوم السياسية على رفض واستنكار ما يسمونه بـ«نظرية المؤامرة». فرواية أورويل مبنية كلها على أن ما يقوله الممسكون بالسلطة ووسائل الإعلام هو عكس الحقيقة بالضبط. فهم يسمون الحرب سلامًا، والظلم عدلًا، والوزارة التي تقوم بتزييف التاريخ والحاضر «وزارة الحقيقة». والرجال الوطنيون يحاكمون لأنهم «أعداء الشعب»، والزعيم

الذي يسمونه «الأخ الأكبر» لا يكف عن إطلاق الوعود التي لا تتحقق، بل و«زعيم المعارضة» الذي يظن الناس أنه يعارض النظام، لأنه يبغي مصلحة عامة الناس وفقرائهم، يظهر في نهاية الرواية أنه جزء لا يتجزأ من النظام، ومتعاون تمام التعاون مع أصحاب السلطة، بل ويشترك هو نفسه في تعذيب بطل الرواية، عندما ينتهي أمره بالقبض عليه، بعد أن ظل خاضعًا للتجسس المستمر من جانب جهاز المخابرات.

أما عن علاقات الدولة بالدول الأخرى، فالكذب على الناس مستمر في هذا أيضًا. الدولة التي يتظاهر بمعاداتها، هي في الحقيقة صديقة للنظام ومؤيدة له، والدولة التي يتظاهر بأنها صديقة هي في الحقيقة دولة معادية. والتظاهر مستمر بأن الحرب على وشك الحدوث، ولكنها لا تحدث أبدًا، والناس يعبَّأون يوميًّا ضد عدو موهوم، وتنفق الأموال الطائلة استعدادًا لمحاربته، ثم يعلن فجأة أنه صار صديقًا، بينما يتحول صديق الأمس إلى عدو، إلخ.

هذه هي حال الدولة التي تدور فيها أحداث رواية «١٩٨٤»، المشكلة ليست بالضبط في وجود «مؤامرة»، تدبر في الخفاء ثم يجري تنفيذها على أرض الواقع، بل في الكذب المستمر الذي يمارسه الممسكون بالسلطة ويروجونه باستخدام وسائل الإعلام، التي تزداد مهارة وكفاءة وسطوة مع مرور الأيام.

سمِّها «مؤامرة» إذا شئت، على الرغم من أنها في الواقع سلسلة لا تنتهي من «المؤامرات»، كبيرة وصغيرة، تمارسها عدة أطراف في الداخل والخارج، أو بالتعاون بين الداخل والخارج، أو قد يمارسها شخص بمفرده. ليس الاسم هو المهم، بل المهم أن ما يقال للناس هو عكس الحقيقة، وأن الحقيقة يراد إخفاؤها لأنها تنطوي على الإضرار بمصالح الناس بدلًا من خدمتها، ولأن أهدافها شريرة وخبيثة بدرجة لا يمكن أن يقبلها أو يصبر عليها الناس لو علموا بها.

إن وصف الاعتقاد بهذا بأنه «نظرية المؤامرة» وصف ظالم بقدر ما هو غير دقيق. فالاعتقاد بصحة ما ذكرت في السطور السابقة لا يعني بالضرورة الاعتقاد بوجود «مؤامرة»، كل ما يعنيه هو الاعتقاد بأن الدول الكبرى، أو دولًا كبيرة ما، تلعب الدور الحاسم في تخطيط وتنفيذ كثير مما يحدث في العالم، خاصة فيما كان يسمى بالعالم الثالث، بما في ذلك أحداث كثيرة تصدر لنا وكأن الدول الكبرى لم يكن لها دخل

فيها، بل وكأنها تحدث ضد إرادتها. إن هذا لا يتطلب بالضرورة أن تكون هناك مؤامرة بالمعنى الحرفي للمؤامرة.. ليس من الضروري مثلًا أن يكون الرئيس بوش قد جلس يومًا مع الرئيس صدام حسين وعلى وجه كل منهما ابتسامات شيطانية، يخططان لغزو الكويت، بل إن من الممكن جدًّا أن يُدفع صدام حسين إلى القيام بعمل معين دون أن يكون واعيًا وعيًا تامًّا بدوافعه ونتائجه، أو على الأقل دون أن يقال له بالضبط أهداف الخطة وأبعادها وخطوات تنفيذها خطوة بخطوة. إن الأمر هو مؤامرة فقط بمعنى أن الضحية أو الضحايا، وهم في العادة من الأفراد العاديين الذين لا يدخلون طرفًا في اللعبة السياسية، لا يدرون الأسباب الحقيقية لما يحدث، بل وتُبذل جهود متعمدة لتضليلهم.

إذا كان هذا هو المقصود بنظرية المؤامرة، فما هو المستهجن فيها وأين الشطط والبعد عن الموقف العلمي؟ وما هو وجه الشبه بينها وبين الإيمان بالأساطير القديمة؟ أليس صحيحًا أن ثلاثة أرباع أحداث التاريخ الكبرى، إن لم يكن أكثر، منذ أن كانت هناك دول كبرى ودول صغرى، قد اتضح بعد أن عرفت الحقائق، وأفرج عن الوثائق السرية، ونشرت مذكرات أصحاب اليد الطولى فيها، أنها كانت نتيجة «مؤامرات»، بمعنى أن دولة أو أكثر من الدول الكبرى خططتها ونفذتها، وأن ما قيل لنا وقتها كان عكس الحقيقة بالضبط؟ ألا نقبل جميعًا الآن أن الذي أسقط محمد علي كان مؤامرة، وأن ما كانت تقوله بريطانيا وقتها كان عكس الحقيقة؟ ألا نقبل جميعًا الآن أن سقوط إسماعيل كان مؤامرة وأن الاحتلال الإنجليزي لم يكن بسبب شجار دار بين حمَّار مصري ورجل مالطي؟ ألم تكن معاهدة سايكس بيكو مؤامرة، لم يفضحها إلا ما نشرته الثورة الروسية من وثائق؟ ألم يكن إنشاء دولة إسرائيل سنة ١٩٤٨ مؤامرة؟ ألم تكن حرب ١٩٦٧ مؤامرة؟ هل يريد رافضو «نظرية المؤامرة» منا أن ننتظر في كل مرة خمسين عامًا أو أكثر قبل أن نعترف ونصدق أن ما حدث كان في الواقع تنفيذًا لـ«مؤامرة»؟

أو فلنترك التاريخ جانبًا ولنحتكم إلى المنطق، أليس من المعقول أن نتوقع أن تزداد احتمالات المؤامرة في عالم تتداخل فيه مصالح الدول، أكثر فأكثر، يومًا بعد يوم، وتتسع دائرة هذه المصالح لتشمل الكرة الأرضية كلها بل والفضاء، فلا

يكون في وسع أي من الدول الكبرى، حتى إذا كان في وسعها في الماضي، أن تتجاهل ما يحدث خارج حدودها، وفي وقت تملك فيه هذه الدول، أكثر منها في أي وقت مضى، وسائل التدخل والضغط في أصغر صغيرة تحدث خارج حدودها، وفي وقت تتسع فيه الفجوة أكثر فأكثر، بين قدرات هذه الدول الكبرى وقدرات دول العالم الثالث الاقتصادية والتكنولوجية والعسكرية؟ وبعبارة أخرى، نحن نعيش في عصر بلغت فيه كل من حاجة وقدرة الدول العظمى على التحكم في مصير العالم الثالث مبلغًا لم نعرفه من قبل، وفي الوقت نفسه بلغت فيه قدرة الدول نفسها على إظهار الأمور على غير حقيقتها مبلغًا لم نعرفه من قبل. أليس من شأن هذا أن يجعل احتمالات «المؤامرة» أكبر وأوسع مما كانت عندما كتب أورويل روايته؟

حدثت أيضًا تطورات أخرى جعلت خداع الناس في أمور أخرى كثيرة أسهل وأوجب. هناك أولًا اتجاه العالم المعروف باسم العالم المتقدم أو الصناعي، مع زيادة التقدم التكنولوجي، إلى تغليب الاعتبارات الاقتصادية، وعلى الأخص دافع الربح، على أي اعتبارات أخرى. لقد شهد القرن العشرون تراجع دوافع سياسية وأخلاقية كانت تحكم السياسيين والممسكين بالسلطة في القرن التاسع عشر، فحلت محلها دوافع اقتصادية بحتة. وما إن حل بنا القرن الواحد والعشرون حتى رأينا هذه الدوافع الاقتصادية قد ترسخت واستفحلت، حتى كادت تختفي أي دوافع أخرى. والدافع الاقتصادي بطبعه دافع أناني، كثيرًا ما يستحسن إخفاؤه والادعاء بعكسه. فالاستعمار يحسن تبريره بالرغبة في نشر الحضارة، وتدبير انقلاب في دولة صغيرة لخدمة مصالح شركة كبيرة يحسن تبريره بالدفاع عن الديمقراطية. مع انتشار الدافع الاقتصادي وتزايد قوته لا بد أن تقوى أيضًا الرغبة في خداع الرأي العام.

ولكن هناك أيضًا التقدم الكبير في تكنولوجيا الإعلام وغسيل المخ. لم يعد الأمر مقصورًا على الصحف، التي ظلت وسيلة الإعلام الرئيسية حتى بداية القرن العشرين، حينما انضم إليها الراديو ثم السينما. ثم اكتسح الجميع ظهور التلفزيون، وانتشاره بين مختلف الطبقات ابتداء من منتصف القرن العشرين، حتى

أصبح الجلوس أمامه مسلاة الجميع، يسلمون له أنفسهم لدى عودتهم من العمل وحتى يستسلموا إلى النوم، فيفعل بهم ما يشاء ويصب في أدمغتهم ما يشاء من رسائل. لم يعد الكلام المقروء أو المسموع هو الوسيلة الوحيدة للخداع، بل أضيفت إليه تلك الأداة الجبارة في الخداع، وهي الصورة، الثابتة ثم المتحركة، والتي يمكن، إذا اقترنت بالكلام أو الموسيقى، أن تحدث من الآثار ما يصعب محوه من مخ الإنسان المسكين، الذي لا يتاح له الوقت أو الفرصة للتمييز بين الحقيقي والزائف، فإذا به يذهب لانتخاب مرشح فاسد لمجرد جمال صورته، أو فصاحته، أو لتكرر ظهوره على شاشة التلفزيون وهو يبتسم ابتسامة لطيفة لمؤيديه، أو وهو يقبِّل الأطفال، بل وأحيانًا لمجرد جمال زوجته التي تظهر برفقته في الصور وهي حانية عليه، إلخ.

لقد جرب السياسيون هذه الوسائل كلها بنجاح باهر منذ تجربة هتلر مع الألمان في الثلاثينيات، وقبل ظهور التلفزيون، فما بالك بعد أن ظهر التلفزيون، وانتشر انتشار النار في الهشيم، فسهل استخدامه للترويج لممثل سينمائي أصبح رئيسًا للجمهورية، مثل الرئيس الأمريكي ريجان، أو لمحامٍ مفوه قادر على الاستمرار بلا توقف في إطلاق الأكاذيب بوجه جذاب دون أن يطرف له جفن، مثل رئيس الوزراء البريطاني الأسبق توني بلير. لا عجب، مع ظهور وانتشار هذه الأساليب في خداع الجماهير، أن انتهى (أو كاد ينتهي) عصر الشخصيات السياسية العظيمة، وحلَّ محلهم رجال يتسم كثير منهم بأنهم محدودو الذكاء أو مهرجون.

السياسيون الآن أقرب في صفاتهم إلى رجال «العلاقات العامة» منهم إلى الرجال العظماء. قارن مثلًا بين شخصية سياسي مثل ونستون تشرشل الذي حكم إنجلترا منذ سبعين عامًا، خلال الحرب العالمية الثانية، وبين رئيس آخر للوزراء مثل توني بلير الذي حكمها أيام غزو العراق في سنة ٢٠٠٣. أو قارن بين الرئيس جون كنيدي الذي حكم الولايات المتحدة أثناء اشتداد الحرب الباردة، وبين جورج بوش الذي أصدر قرار غزو العراق. إني أرى علاقة بين التغير في نوع الرؤساء وبين زيادة ورقة الكذب والتضليل المطلوبة الآن في خداع الرأي العام.

قليلون من ينكرون الآن الحقيقة الآتية: ضعف العلاقة بين السياسة والأخلاق.

فالسياسي الذي تنبع مواقفه وتصرفاته من المبادئ الأخلاقية شيء نادر، فإذا وُجد فمصيره في الغالب الفشل.

قد يكون هذا السياسي ممن يحترم قواعد الأخلاق في علاقاته العائلية والشخصية، ولكنه عندما يتصرف كسياسي يجد نفسه في أغلب الأحوال مضطرًّا إلى تنحية الأخلاق جانبًا، ويتصرف بمنطق القوة وكثيرًا ما يلجأ إلى الخداع.

كان من أوائل من اعترف بهذه الحقيقة من الكتَّاب ماكيافيللي، في كتابه الشهير «الأمير»، الذي قال فيه: إن المطلوب للنجاح في السياسة لا أن تكون رجلًا فاضلًا، بل أن تظهر بمظهر الرجل الفاضل، ولو على عكس الحقيقة. وعندما قال ماكيافيللي إن الغاية تبرر الوسيلة، كان في الحقيقة يقدم مبررًا للتضحية بمبادئ الأخلاق من أجل الوصول إلى النتيجة المرجوة، ولو كانت غير أخلاقية. المهم هو «النجاح» في تحقيق ما ترغب فيه، وفي سبيل ذلك تصبح كل الوسائل مشروعة مهما كانت بدورها غير أخلاقية.

حقيقة أخرى يصعب إنكارها، هي أن الإنسان في سعيه لتحقيق رغباته، مهما كان اعتماده في ذلك على القيام بأعمال غير أخلاقية، لا يحب أن يعترف بذلك، بل الغالب أن يحاول الادعاء بأنه لا يحيد عن قواعد الأخلاق. من النادر أن يكون لدى المرء الاستعداد للاعتراف بأنه سافل، مهما كانت درجة سفالته في الحقيقة. والسياسي ليس استثناء من هذه القاعدة. فهو مهما ارتكب من أعمال مخالفة للأخلاق، يميل دائمًا إلى إضفاء صفات مقبولة أخلاقيًّا على ما يعمل، وادعاء دوافع نبيلة لأعمال غير شريفة، كالزعم بأنه لا يهدف من غزوه لبلد مسالم إلا إتاحة المزيد من الحرية لشعب هذا البلد، أو ضمان احترام حقوق الإنسان أو مكافحة الإرهاب، أو الدفاع عن النفس، إلخ.

(٢)

ليس من الصعب أن نكتشف نوع الأشخاص المعادين لـ«نظرية المؤامرة»، والكارهين لها. فهناك أولًا، وبالطبع، «المتآمرون» أنفسهم، الذين يجدون مصلحتهم المباشرة في إنكار وجود أي مؤامرة أو ترتيب خفي، وفي الاستهزاء

بكل من يحاول لفت النظر إلى هذه الترتيبات. لا بد أن هؤلاء هم الذين ابتدعوا، أو على الأقل روجوا تسميتها بهذا الاسم. وهذا يذكرني بالذين ابتدعوا وروجوا لتهمة «العداء للسامية»، وإطلاق هذا الاسم على كل من يتجرأ على اتهام إسرائيل أو الصهيونية بأي اتهام. وقد انتشر هذا الوصف الغريب لهذه التهمة الغريبة «العداء للسامية»، انتشارًا مذهلًا، حتى اعتاد الناس عليه وضمَّنت بعض الدول قوانينها عقابًا عليها. لأسباب مماثلة، وبنفس الدرجة المدهشة، انتشر استخدام اسم «نظرية المؤامرة» لوصف أي محاولة لاستخدام العقل لاكتشاف أسباب خفية وراء الأسباب المعلنة، إذا تعارضت هذه المحاولة مع مصالح من يخفي الأسباب الحقيقية ويعلن عكسها.

النوع الثاني قد يكون أقل خبثًا، ولكنه أيضًا لا يضمر لك الخير. إن لديه تحيزات قديمة ضدك، لسبب أو آخر، إما بسبب حاجته إلى رضا المتآمرين عنه، أو بسبب شعور لديه بأن علو شأنك ونجاحك في التقدم والنهوض سوف يقلل من شأنه، ويضع حدًّا لخرافة آمن هو بها منذ زمن، وهي أنه متفوق بطبعه عليك، ولا يريد أن يقبل ما يعارض هذه الخرافة.

إنه يريد لك دوام التخلف والفقر، وأن يجد دائمًا تفسيرًا لهذا التخلف والفقر في صفات متأصلة فيك، ومن ثمَّ فهو يرفض إلقاء المسؤولية عمَّا أنت فيه على غيرك، إذ إن هذا ينطوي على نفي هذه الصفات الخبيثة التي ينسبها لك.

لقد عرفت في حياتي، كثيرين من الأوروبيين والأمريكيين، الذين تنطوي قلوبهم على مثل هذه المشاعر نحو شعوب الدول الأفقر منهم في أفريقيا وآسيا. وهؤلاء يجدون ما يسمونه بنظرية المؤامرة لا يسمح لهم بالاستمرار في شعورهم بالتعالي والتكبر على هذه الشعوب، فضلًا عن أن الاعتراف بوجود «مؤامرة»، قد يثير ذكريات لا تسرُّهم عمَّا سبق أن فعلته بلادهم عندما كانت تستعمر بلادنا.

هناك نوع ثالث، لا يدفعه إلى معارضة نظرية المؤامرة إلا تهديدها لمصلحة مهمة لديه. إنه ليس متآمرًا ولا متعاطفًا مع المتآمرين، ولكن شاءت له الظروف أن يتخصص في فرع من العلوم السياسية، وهي علوم لا يمكن أن تقوم على أفكار من النوع الذي يسمى بنظرية المؤامرة. وأصحابها لأنهم يعتبرون أنفسهم من العلماء،

ويحبون أن يعتبرهم الناس كذلك، يغوصون في تفاصيل الخلافات والصراعات الدائرة في المنطقة التي يتخصصون فيها، ويهتمون بمسائل من نوع أسباب سقوط حكومة ومجيء أخرى، أو لماذا زادت أو انخفضت نسبة المصوتين لهذا الرئيس أو ذاك. وقد يصرفون النظر، أثناء ذلك عن أن الانتخابات كلها مزورة من البداية، وعن الأسباب التي تجعل نظامًا فاسدًا وغير محبوب يستمر في الحكم ثلاثين أو أربعين عامًا، لأنهم لا يريدون الخوض في الدور الذي تلعبه قوة خارجية في دعم هذا النظام، ليس بالضبط لأنهم يحبون هذه القوة الخارجية، ولكن الاعتراف بأن لها هذا الدور الحاسم، يجعل التفاصيل والمعلومات التي بذلوا جهدًا كبيرًا في تحصيلها، قليلة وعديمة القيمة.

إن كثيرين من هؤلاء قد يكونون قد حصلوا على شهادات الدكتوراه من جامعات محترمة، في علم من العلوم السياسية أو الاجتماعية، وتعبوا بلا شك خلال سنوات دراستهم في تحصيل المعلومات اللازمة في موضوع تخصصهم، وربما اكتشفوا خلال ذلك بعض المعلومات التي لم تكن معروفة من قبل، ولكنهم مع ذلك يفتقدون صفة أو أخرى من الصفات اللازمة لإلقاء أي ضوء مهم على الموضوعات التي تشغل الناس في الحقيقة. إن معظمهم أثبتوا قدرتهم على تقديم إجابات صحيحة على أسئلة غير مهمة، تاركين الأسئلة المهمة لمن يحبون أن يتهموهم بأنهم «أصحاب نظرية المؤامرة».

هناك نوع رابع من أعداء نظرية المؤامرة، لا يرفضون احتمال وجود مؤامرة (أو مخطط) لا يرغب أصحابه في الكشف عنه، وقد يعرفون جيدًا الفرق بين الأسئلة المهمة والأسئلة الأقل أهمية، ولكنهم بطبعهم أشخاص «عمليون»، لا يحبون الاستغراق في التفكير أو الجدل إذا لم يؤدِّ هذا التفكير أو الجدل إلى النصح بالقيام بعمل معين. إنهم إذن يفضلون عمل أي شيء طيب، مهما كان قليل الأثر، على التفكير في أشياء أهم بكثير، ولكنها لا تؤدي مباشرة إلى نتيجة عملية. من ذلك مثلًا محاولة تحديد الحد الأدنى الأمثل، أو الحد الأقصى للأجور، في وقت يزداد فيه في كل ساعة عدد من لا يحصلون على أي أجر على الإطلاق، ويفضلون ذلك على محاولة تحديد المسؤول عن استمرار مشكلة البطالة في مصر، أملًا في الحصول على حل لها مهما كانت صعوبة هذا الحل.

من هذا النوع الأخير، أعرف أشخاصًا يحملون قلوبًا صافية ومشاعر صادقة، ويتمتعون بالذكاء الكافي، ولكنهم بالإضافة إلى ذلك يطوون قلوبهم على ميل قوي جدًّا إلى القيام بخدمة مفيدة لوطنهم، ولا يشعرون بالراحة إلا إذا أحسوا بأنهم يساهمون في تحقيق مصلحة هذه البلاد البائسة التي ينتمون إليها. ولكن الاعتراف بوجود شيء مثل المؤامرة من جانب أطراف قوية يصعب إلحاق الهزيمة بها، قد يضطرهم للاعتراف لأنفسهم ولغيرهم بأن ما يبذلونه من جهد لصالح الوطن لا طائل وراءه، إذ إن تحقيق الآمال يتطلب انتصارًا على أطراف أقوى منهم بكثير. هذا النوع النبيل من الناس يصر إذن على أن الانتصار ممكن، حتى في ظل ظروف صعبة للغاية، وهذا يدفعهم للأسف إلى تضخيم ما يعلقونه من أهمية على عوامل وأحداث صغيرة وضعيفة الأثر.

هناك أيضًا من كارهي نظرية المؤامرة، نوع من الناس أقل ندرة، ولا عيب فيهم على الإطلاق، ولكنهم مولودون بمزاج علمي حاد يجعلهم لا يستريحون إلا إلى نتائج يقينية. إنهم لا يحبون نظرية المؤامرة لأنها لا تشبع هذه الرغبة الملحة في الحصول على «اليقين»، إذ إنها بطبيعتها قائمة على الظن والتخمين. إن أصحاب الأفكار المسماة بنظرية المؤامرة لا يقطعون بشيء، وليس لديهم طريقة لإثبات صحة أفكارهم بأدلة يقينية، وإنما يحاولون فهم ظواهر سياسية غريبة لا يمكن فهمها إلا بمثل هذه التخمينات والظنون، التي قد تستند فعلًا إلى ما يجعلها ممكنة ومعقولة، بل وحتى ما يرجح صحتها، ولكن لا شيء يمكن أن يخلع عليها صفة اليقين.

قرأت مرة لأستاذ بريطاني تعليقًا على رسائل الدكتوراه التي تقدم في هذه العلوم، فذكر في تعليقه أن الجامعات البريطانية (ولا شك أن قوله هذا ينطبق على غيرها أيضًا)، ربما لم تكن لتمنح اليوم مفكرًا كأرسطو شهادة الدكتوراه على ما ألف من كتب، لسبب أو آخر، ولكنها يمكن أن تمنح هذه الشهادة لشخص أثبت على نحو قاطع أن أرسطو كان يسكن في البيت رقم «١٠» مثلًا، في شارع معين في أثينا، بعكس الرأي الشائع.

يذكرني موقف هذا النوع الأخير من الناس بالقصة الطريفة المنسوبة لجحا،

إذ وقع من جحا دينار ذهبي وهو سائر في طريق مظلم، ولكنه شوهد وهو يبحث عنه في مكان آخر بعيد عن المكان الذي وقع فيه الدينار. فلما سئل عن سبب ذلك، قال: إن الضوء هنا أقوى!

(٣)

لا عيب إذن فيما يسمى بنظرية المؤامرة إلا اسمها، فـ«نظرية المؤامرة» اسم قبيح لعملية عقلية مشروعة تمامًا، وهي البحث عن تفسير لظاهرة لا يساعد في فهمها ما نراه، أو نسمعه مما يقال في تفسيرها. وتوجيه هذا الاتهام المتكرر باعتناق نظرية المؤامرة إلى كل من يعتقد أن الأمور في الحقيقة ليست دائمًا كما تبدو في الظاهر، لا بد إذن أن يثير تكرار الشعور بالغيظ والسأم لما قدمته من أسباب. ولكن هذا الاتهام يثير الغيظ والسأم أيضًا لسبب آخر، وهو أن من السهل أن يقتطف المرء العديد من الأمثلة على كتَّاب مشهورين بالذكاء والنزاهة ممن قالوا بأشياء وتفسيرات تندرج تحت ما يوصف الآن بنظرية المؤامرة، وما زالت كتبهم التي تحتوي على هذه التفسيرات تُقرأ وتُدرس ويُعاد طبعها، دون أن يشك أحد في قيمتها وحكمتها. دعني أذكر بعض هذه الأمثلة.

منذ نحو قرن من الزمان، وقبيل الحرب العالمية الأولى، نشر الكاتب الأيرلندي الشهير جورج برنارد شو مسرحية باسم «الضابطة باربارا»، دحض فيها ما يقال من تفسيرات للحروب، وذهب إلى أن الأسباب الحقيقية اقتصادية، وأن المستفيدين الحقيقيين من الحروب هم منتجو وبائعو الأسلحة. ما زالت هذه المسرحية تعتبر من أفضل ما كتبه برنارد شو، وما زالت تُقرأ وتُمثل على المسرح، ولا أعرف أن أحدًا دحض رأي برنارد شو وبيَّن خطأه.

بعد ذلك بأربعين عامًا نشر جورج أورويل رواية «مزرعة الحيوانات»، قبل رواية «١٩٨٤» بخمسة أعوام، وهي أيضًا لا تزال تُعاد طباعتها، وتُقرر على التلاميذ في المدارس، واستُخرجت منها الأفلام والمسرحيات. ورواية مزرعة الحيوانات تقول بدورها: إن نظم الحكم تقول عكس الحقيقة باستمرار، وتنتهي أحداثها بأن الحكام

الذين يدَّعون الاشتراكية (والذين يُرمز لهم في الرواية بالحيوانات)، يشربون نَخْب حكام دولة رأسمالية (الذين يُرمز لهم بالآدميين). ثم جاءت رواية «١٩٨٤» لتؤكد الفكرة نفسها ولكن بطريقة أخرى.

يمكن أن نضيف إلى هؤلاء الكتَّاب بالطبع، الكاتب الأمريكي الشهير «ناعوم تشومسكي» الذي وصفته مرة جريدة «النيويورك تايمز» بأنه «ربما كان أهم مثقف في العالم اليوم»، ويعاد ذكر هذا الوصف على غلاف كتاب بعد آخر من كتبه، وهو أيضًا أستاذ اللغويات في جامعة من أهم الجامعات الأمريكية «MIT». إن أغلب كتابات تشومسكي ترمي إلى هذا الهدف بالضبط، أي بيان كيف تتعارض التصريحات الرسمية مع الأهداف الحقيقية التي تستهدفها الإدارة الأمريكية. بل إن كتابات تشومسكي طوال العقود الأخيرة تكاد لا تحيد عن هذا الهدف، وكأنه يعتقد الآن أن علم «اللغويات» يمكن أن ينتظر، وأن الأهم منه أن يقتنع الناس بمدى التضليل الذي يخضعون له باستمرار.

سئل تشومسكي مرة في حوار تلفزيوني، تعليقًا على بعض كتاباته: «أليس هذا الموقف من قبيل «نظرية المؤامرة»؟» فقال إن ما يسمى بنظرية المؤامرة ليس إلا محاولة لتحليل موقف سياسي، مع الأخذ في الاعتبار جميع الظروف المحيطة به والتي قد تؤثر فيه، بما في ذلك الدوافع المحتملة والأطراف المستفيدة منه، إلخ.

الفصل الثاني

الخصخصة

(١)

عندما كتب الكاتب الإسباني «ثيربانتس» روايته الشهيرة «دون كيخوته»، في أوائل القرن السابع عشر، كان يشعر، بلا شك، أن عصرًا كاملًا آخذ في الأفول، بعاداته وقيمه الأخلاقية، ليحل محله عصر مختلف تمامًا. ولكن ثيربانتس لم يعش ليرى ويصف هذا العصر الجديد وقيمه.

كان العصر الآخذ في الأفول هو العصر الإقطاعي، حيث السيد المطاع هو صاحب الإقطاعية التي يقوم بزراعتها «أقنان»، ليسوا بالأشخاص الأحرار تمامًا، ولكنهم أفضل حالًا من الرقيق، وحيث الوحدة الاقتصادية هي القرية الصغيرة، أو عدد صغير من القرى التي لا تكاد تربطها علاقات اقتصادية بالعالم من حولها.

يقدر عمر هذا العصر الإقطاعي بألف عام، ثم أخذ في الأفول بالتدريج مع بداية عصر النهضة في القرن الخامس عشر، حين ازدهرت التجارة، فازدهرت المدن، وارتبطت المدن بعضها ببعض، وبالقرى المحيطة بها بسبب نمو العلاقات الاقتصادية فيما بينها. احتاج هذا النمو الاقتصادي إلى سلطة مركزية، لم تكن هناك حاجة إليها ما دامت كل قرية مكتفية بذاتها. وإذ بدأ التنافس التجاري بين مجموعة من المدن المتجاورة، ومجموعة أخرى، ظهرت الحاجة إلى جيش، واحتاج الجيش أيضًا إلى سلطة مركزية.

كان لا بد إذن أن تحل الدولة محل الإقطاعية، وأن يحل الملك محل السيد

الإقطاعي. وأخذت السلطة المركزية، ممثلة في الملك، تمد الطرق، وتوحد العملة، وتصدر القوانين المنظمة للتجارة، وتفرض احترام النظام والأمن، في منطقة أكبر طبعًا من الإقطاعية، ولكنها محدودة أيضًا بحاجات التجارة وبحدود العلاقات الاقتصادية. تغيرت الحدود السياسية، ولكن ظلت حدود السياسة ترسمها حدود الاقتصاد، كما كانت دائمًا.

استغرق هذا الانتقال من عصر «الإقطاعية» إلى عصر «الدولة»، فترة تزيد على خمسة قرون، تغيرت خلالها العادات والأخلاق وموضوع الولاء، طبقًا لما حدث من تغير في الحدود الاقتصادية والسياسية. انتقل الولاء، خلال هذه الفترة، من ولاء للحاكم الإقطاعي إلى ولاء للملك، وحل محل الشعور بالانتماء للقرية أو المدينة أو الإقطاعية، الانتماء القومي. وكلما زاد التنافس الاقتصادي والسياسي بين دولة وأخرى، قويت مشاعر الحب والكراهية في نفس الوقت: الحب للوطن والكراهية لأعدائه. وعملت السلطة المركزية على إلهاب هذه المشاعر في أوقات الحروب، حيث طالبت الناس بأن يكونوا على استعداد للتضحية بالنفس للدفاع عن الوطن، وخلال الأزمات الاقتصادية، حيث طالبتهم بتفضيل السلع الوطنية على الأجنبية.

هل يمكننا الآن أن نقول إننا قد بدأنا منذ أربعة أو خمسة عقود، الدخول في عصر جديد، نشاهد فيه بداية أفول الدولة، وبزوغ عصر له عاداته وأخلاقياته وولاءاته المختلفة؟

أظن أن هذا ممكن، وأسباب الانتقال في هذه المرة من نفس الطبيعة التي كانت لأسباب الانتقال من عصر الإقطاع إلى عصر الدولة: التغير الاقتصادي والتكنولوجي. ولكننا لا يجب أن نتوقع أن يستغرق التحول هذه المرة، من عصر لآخر، مدة طويلة مثلما استغرق التحول السابق، أي عدة قرون. إن كل شيء يحدث الآن بمعدل أسرع بكثير مما كان يحدث في الماضي، فها نحن نرى العادات والقيم وموضوع الولاء تتغير أمام أعيننا.

الذي يحل محل الدولة هذه المرة، هو الشركة الكبيرة. وهي تحل محل الدولة لأنها هي الآن التي تقوم برسم حدود العلاقات الاقتصادية، فتتغير طبقًا لذلك حدود العلاقات السياسية أيضًا. بل إن كثيرًا من مظاهر حياتنا الاقتصادية والسياسية

والاجتماعية والثقافية، التي نعيشها الآن، يمكن أن نرى فيها أثر الانتقال من سيطرة الدولة إلى سيطرة الشركة.

هناك عبارة إنجليزية مشهورة، سمعتها لأول مرة في صباي، وتتكون من ثلاث كلمات «Business is business»، ويمكن ترجمتها ببعض التصرف، لكي أنقل المعنى المقصود منها بالضبط، إلى الجملة الطويلة الآتية: «عندما يتعلق الأمر بعلاقة اقتصادية فلا يجب أن تسمح للاعتبارات غير الاقتصادية بالتدخل في هذا الأمر». كنا نسمعها مثلًا، عندما يحاول أحد تغليب بعض الاعتبارات الأخلاقية أو الإنسانية على شروط صفقة مادية بحتة، كالبيع والشراء. هذه العبارة لم أسمعها منذ زمن طويل، وربما كان سبب ذلك أن حياتنا كلها تقريبًا قد تحولت إلى سلسلة من الصفقات الاقتصادية (أو هي سائرة بخطى حثيثة في هذا الطريق)، فلم يعد يخطر ببال أحد أن يدخل فيها أو «يفسدها» أي اعتبار آخر، أخلاقي أو إنساني. وأظن أن هذا التحول كان من بين آثار هذه الظاهرة التي أتكلم عنها الآن: أي حلول الشركة محل الدولة.

هل تلاحظون كيف نمت خلال العقود الأربعة الأخيرة فكرة «نظام السوق»، وضرورة الرضوخ لأحكامه، وأن نتركه ليحكم مجالًا بعد آخر من مجالات الحياة، وما يتطلبه ذلك من إبعاد يد الدولة عن التدخل فيه؟ الأسعار يجب أن تترك «حرة»، والملكية العامة يجب أن تتحول إلى ملكية خاصة، والاستثمار الخاص أفضل دائمًا من الاستثمار العام، والمدارس والجامعات الخاصة أفضل من المدارس والجامعات الحكومية، حتى لو أنشأت المدرسةَ دولة أجنبية بتمويل شركات خاصة. والمسابقات الرياضية ترعاها شركات خاصة، ولو كانت شركات تنتج سلعًا مضرة بالصحة، كالسجائر مثلًا، والأنشطة والمهرجانات الثقافية لا تجد من يمولها إلا شركات خاصة، إلخ. وكل هذا يبرر بأن دافع الربح هو من أقوى الدوافع الإنسانية، وأن الدوافع الأخلاقية والإنسانية التي تقدم كتبرير لتدخل الدولة، ضعيفة الأثر وقصيرة العمر، ومن ثمَّ فالموظف الحكومي هو بالضرورة منتج فاشل، وتاجر فاشل، ومصدِّر فاشل، بل وكذلك راعٍ فاشل للتعليم أو الرياضة أو الثقافة.

كنا في صبانا كثيرًا ما نسمع أيضًا عبارة «إن فاتك الميري (أي الحكومي)

تمرغ في ترابه»، وكانت هذه الحكمة تُبرر بما تجلبه الوظيفة الحكومية لصاحبها من استقرار (حتى لو كان مرتبها أقل من المرتب الذي تدفعه الشركة)، وما تضمنه من معاش وتأمين صحي يكفل الحياة الكريمة مدى الحياة، وأيضًا إجازات سنوية ومرضية، تأخذ في الاعتبار مختلف الاحتياجات الإنسانية للرجل والمرأة والأسرة. انظر الآن إلى مدى النفور الذي يشعر به شبابنا من الوظيفة الحكومية، واستعدادهم لقبول العمل في شركة من الشركات، وتفضيلهم لها على أي عمل حكومي قد يكون متاحًا لهم، رغم أن العمل في الشركة يكون في العادة لعدد أكبر من الساعات، وأكثر مشقة وأقل استقرارًا. نعم، إن المرتب الأكبر الذي تدفعه الشركة يتيح لصاحبه الحصول على سلع أكثر، وحياة أكثر تنوعًا، وربما أيضًا أسفارًا أكثر والتنقل من بلد إلى بلد، فهل أصبح الشباب في عصرنا يفضلون التنوع على الاستقرار؟ وهل أصبح مزيد من الحرية في نظرهم يستحق الثمن الذي يقترن به، وهو مزيد من القلق والتوتر؟

كان الملك في الماضي يوسع مملكته بتكوين جيش أقوى، يسمح له بالزحف على الممالك المجاورة. الشركة الآن تفعل شيئًا مماثلًا فتوسع ممتلكاتها، ليس بتقوية الجيش، بل بمد نطاق «الخصخصة»، أي بأن تستولي على جزء بعد آخر من القطاع العام. كانت الدولة تستخدم شعارات القومية وحب الوطن لتبرير توسعها أو الدفاع عن نفسها، حتى لو تطلب ذلك أعمالًا «غير إنسانية»، كالقتل والتدمير. أما الشركة فتستخدم شعارات الكفاءة الاقتصادية المجردة من أي التزام أخلاقي.

(٢)

خلال الأربعين عامًا الماضية كتب كثيرون عما أصاب الدولة القومية من ضعف، مع نمو قوة الشركات العملاقة وازدياد نفوذها وسطوتها. والظاهرة حقيقية، ومهمة، وتزداد وضوحًا مع مرور الوقت، ولا تقتصر على منطقة في العالم دون غيرها. ولكن عندما استعدت في ذهني ما حدث للدولة خلال فترة أطول من الزمن، ولتكن فترة

السبعين عامًا التالية لانتهاء الحرب العالمية الثانية، وهي فترة تكاد أن تكون مساوية للفترة التي انقضت منذ ظهور رواية أورويل «١٩٨٤»، وجدت من المفيد التمييز بين ثلاث فترات، فيما يتعلق بعلاقة الدولة بالشركات العملاقة، طول كل فترة منها يتراوح بين عشرين عامًا وربع قرن، إذ قد تلقي المقارنة بين الفترات الثلاث، مزيدًا من الضوء على طبيعة ما حدث من تغيرات وأسبابه.

يمكن أن نطلق على الفترة الأولى (١٩٤٥-١٩٧٠)، اسم مرحلة «الدولة القومية»، إذ كانت الدولة فعلًا كذلك، في مناطق العالم المختلفة: العالم الرأسمالي في الغرب، والعالم الشيوعي في الشرق، وفيما كان يسمى بالعالم الثالث في الجنوب. كانت لقوة الدولة في هذه المناطق الثلاث أسباب مختلفة، وإن كانت الرياح التي هبت في كل من هذه المناطق، كان لها أثرها في المناخ السائد في غيرها.

كانت الدول الرأسمالية في الغرب (بالإضافة إلى اليابان) تقوم بإعادة بناء ما دمرته الحرب، وكانت هذه المهمة بالضرورة تستدعي تدخلًا كبيرًا من الدولة. ولكن ذكرى الأزمة الاقتصادية العاتية في الثلاثينيات، وما سادها من كساد وبطالة، والتي لم ينقذ العالم الغربي منها إلا تدخل الدولة، ثم قيام الحرب نفسها، كانت بدورها لا تزال قوية في الأذهان. كانت مبادئ السياسة الكينزية التي طبقت للخروج من الأزمة، ما زالت حية، وتتمتع بقبول عام من الاقتصاديين والسياسيين، ساعد عليه أيضًا اعتناق سياسة «دولة الرفاهية» (welfare state)، التي تنطوي على تحمل الدولة مسؤولية كبرى في تلبية الحاجات الأساسية للناس، بما في ذلك خدمات التعليم والصحة وتوفير فرص العمل للجميع.

في العالم الشيوعي انتهت الحرب بانتصار كاسح للاتحاد السوفيتي على النازية، وامتداد نفوذه ليشمل عدة دول في أوروبا الشرقية، مما زاد الدولة السوفيتية قوة، وأكسب النظام السوفيتي، القائم على شمولية دور الدولة، أنصارًا كثيرين في مختلف بقاع العالم. ثم لم تمض أربع سنوات على انتهاء الحرب حتى استلم الشيوعيون الحكم في الصين، ورفع الصينيون بدورهم لواء الماركسية، وقيام الدولة بإعادة تنظيم مختلف نواحي الحياة، مما أضاف أنصارًا جددًا لنظام الدولة الشمولية في بلاد أخرى من العالم.

ولكن العالم الثالث كانت له أسبابه الخاصة للأخذ بسياسة «الدولة القوية». كانت دولة بعد أخرى من العالم الثالث تحصل على استقلالها في السنوات التالية للحرب، فجاء إلى الحكم قادة وزعماء محبوبون، كان لهم تاريخ مجيد في الكفاح ضد الاستعمار، ويتمتعون بثقة الناس الذين سلموا لهم الزمام طواعية، بل ورحبوا بشمولية الحكم كلما اقترن ببرامج طموحة للتنمية الاقتصادية، وتطبيق نظام أكثر عدالة في توزيع الدخل، ودرجة عالية من التخطيط المركزي.

يبدو أيضًا أن سيادة «الحرب الباردة»، في تلك الفترة كانت من العوامل المساعدة على وجود «الدولة القوية»، بما يستدعيه مناخ الحرب الباردة من تقوية الجيوش وإنفاق كبير على المشروعات التي تخدم الحرب أو الدفاع، فضلًا عما يشيعه هذا المناخ من استعداد أكبر للرضوخ لإرادة الدولة.

منذ أواخر الستينيات تغيرت أشياء كثيرة، وظهرت عوامل جديدة أدت إلى الانتقال إلى مرحلة جديدة (١٩٧٠-١٩٩٠) شهدت بداية الأفول أو التفكك في قوة الدولة. كان عقد السبعينيات هو «عقد الوفاق» (Détente) بين المعسكرين الرأسمالي والشيوعي، الذي بدأ فيه كل من المعسكرين البحث عما يمكن أن يفيده من التعاون والتفاهم مع المعسكر الآخر بدلًا من العداء. ولكن العالمين الرأسمالي والشيوعي كانا قد أتمَّا أيضًا إعادة بناء ما دمرته الحرب، ولم تعد الدول الغربية تشكو من البطالة بل من ارتفاع أجور العمال، وظهر ما سُمي بظاهرة «الركود التضخمي» (stagflation)، أي انخفاض الطلب على السلع مع ارتفاع مستوى الأسعار في الوقت نفسه، وهي ظاهرة لم تكن السياسة الكينزية التي تتبنى زيادة الإنفاق من جانب الدولة لمعالجة ظاهرة الركود، هي السياسة الكفيلة بعلاجها.

كان العالم قد شهد خلال ربع القرن التالي للحرب العالمية (أي في المرحلة التي سميناها «مرحلة الدولة القوية») معدلات للنمو مرتفعة للغاية، سواء في الغرب الرأسمالي، أو في الشرق الشيوعي، أو في دول العالم الثالث التي حصلت حديثًا على استقلالها. ولكن الذي نما بمعدل أسرع من هذا كله، كان هو الشركات الدولية العملاقة، التي أطلق عليها وصف متعددة الجنسيات، إذ بلغ معدل نمو إنتاجها

خلال هذه الفترة نحو ضعف معدل نمو الاقتصاد الداخلي للولايات المتحدة أو الاتحاد السوفيتي، وتحولت التجارة الدولية أكثر فأكثر إلى تجارة داخلية بين هذه الشركات وفروعها، وتحولت الحركات الدولية لرؤوس الأموال، أكثر فأكثر، إلى انتقال رؤوس الأموال بين واحدة وأخرى من هذه الشركات.

كان من نتائج ذلك ظهور بوادر ما عرف باسم «المجتمع الاستهلاكي» منذ أواخر الستينيات، ولكن سرعان ما اكتشفت هذه الشركات أن أسواق البلاد المتقدمة لم تعد كافية لاستيعاب إنتاجها المتزايد، كما أن مستوى الأجور فيها كان قد أصبح من الارتفاع بحيث يشكل عقبة في طريق مزيد من التوسع في الاستثمار والإنتاج. لجأت هذه الشركات إذن، أكثر فأكثر، إلى البلاد الأقل نموًّا، كأسواق لمنتجاتها، وكمصادر للعمل الرخيص. ولكن هذا كان يتطلب ما سُمي بـ«الانفتاح»، والانفتاح كان ينطوي بالضرورة على تخلي الدولة عن كثير من مسؤولياتها، أي أن تتخلى هذه البلاد عن ظاهرة «الدولة القوية». أما في البلاد الرأسمالية المتقدمة، فقد تولت مسز تاتشر في بريطانيا، والرئيس ريجان في الولايات المتحدة، خلال الثمانينيات، مهمة تفكيك الدولة القوية حتى تتاح فرص جديدة أمام هذه الشركات للاستثمار في ميادين كانت تخضع لسيطرة الدولة من قبل.

ولكن الضربة القاصمة التي وجهتها الشركات العملاقة للدولة حدثت في أواخر التسعينيات، بسقوط دولة بعد أخرى من دول المعسكر الاشتراكي، وفتح أبواب هذه الدول أمام نشاط الشركات متعددة الجنسيات، وكان قد سبق ذلك بقليل فتح أبواب الصين لهذه الشركات.

هكذا بدأت في ١٩٩٠ مرحلة جديدة من مراحل أفول الدولة القوية، وما زلنا فيها حتى الآن. لا يمكن مع ذلك أن نتوقع أن يكون ما أصاب الدولة من ضعف متساويًا بين بلد وآخر، فالظروف السياسية تفرض هذا الاختلاف بين الدول في درجة تخليها عن مسؤولياتها الاقتصادية. الدولة ما زالت تحتفظ بدرجة عالية من القوة في الاتحاد السوفيتي مثلًا أو في الصين أو إسرائيل، أكثر مما نجده في بلد كالهند مثلًا أو إندونيسيا. ولكن التسارع في معدل أفول الدولة القوية منذ بداية التسعينيات أصبح ظاهرة تكاد تكون عامة في العالم ككل. بل إنه ليس من الشطط

في رأيي أن نحاول فهم ما حدث في العالم العربي منذ هجوم صدام حسين على الكويت في ١٩٩٠، ثم سقوط نظام صدام حسين نفسه في ٢٠٠٣، ثم ما توالى على العالم العربي من أحداث منذ ٢٠١٠، مما سُمي بـ«الربيع العربي»، في إطار هذه الظاهرة العامة، أي أفول نظام الدولة القوية.

(٣)

تُروى هذه القصة الطريفة عن أستاذة الاقتصاد الإنجليزية الشهيرة، «جون روبنسون»، إذ جاء إليها زميل لها في جامعة كامبردج، وهو أستاذ للرياضيات، وقال لها إنه لاحظ على أسئلة الامتحانات في علم الاقتصاد، أنها تكاد تتكرر من عام لآخر دون تغيير ملحوظ، بينما يغير أساتذة الرياضيات أسئلتهم كل عام. وسألها: كيف لا يخشى أساتذة الاقتصاد أن يحفظ الطلبة الإجابات على أسئلة الاقتصاد، عن ظهر قلب، ما دامت لا تتغير، فيصعب التمييز بين طالب وآخر؟ أجابت الأستاذة «روبنسون» ساخرة: إن الاقتصاديين لا يخشون أن يحدث هذا، إذ إنهم، وإن كانوا لا يغيرون الأسئلة، يقومون كل عام بتغيير الأجوبة!

مع مرور الزمن على بداية دراستي لعلم الاقتصاد، تبينت أن ما قالته «جون روبنسون» عن الاقتصاديين صحيح. فعندما ذهبت إلى إنجلترا للتحضير للدكتوراه في فرع من فروع التنمية الاقتصادية، كانت التنمية ما زالت موضوعًا حديث العهد، ابتدعه الاقتصاديون في الخمسينيات من القرن الماضي، بعد سنوات قليلة من انتهاء الحرب العالمية الثانية، وحصول دولة بعد أخرى من الدول المستعمَرة على استقلالها. أطلق على هذه الدول، في ذلك الوقت، اسم «العالم الثالث»، وأخذت تظهر نظرية جديدة بعد أخرى لتفسير ظاهرة التخلف الاقتصادي، وشرح أفضل السبل للخروج منها. كانت هذه النظريات، كلها تقريبًا، تفترض أن تقوم الدولة بدور مهم في الاقتصاد، وتتحمل المسؤولية الأولى في التنمية، وأن غياب هذا الدور المهم للدولة سوف يعني فشل التنمية. ليس هذا فحسب، بل كانت كتابات ونظريات التنمية تفترض وجود درجة لا يستهان بها من التخطيط، وأن التخطيط المطلوب هو التخطيط

المركزي، وليس مجرد ما يسمى بـ«التخطيط التأشيري»، الذي يقتصر على خلق الحوافز لدفع القطاع الخاص للسير في اتجاه دون آخر.

كان هذا الافتراض لوجود دور مهم للدولة في التنمية، وقيامها بالتخطيط، يقال صراحة أو ضمنًا، ولكنه كان موجودًا على نحو أو آخر في معظم نظريات التنمية. فلنتذكر النظريات الشائعة وقتها عن «النمو المتوازن»، وعن «الدفعة القوية» اللازمة للتنمية، إلخ. فقد كانت السياسات التي تنصح بها، تعتمد في نجاحها على إجراءات تتخذها الدولة، ولا يمكن توقع نجاحها في ظل سيطرة القطاع الخاص.

رحنا إذن، نحن طلبة الدكتوراه، نكتب رسائلنا في التنمية، أيًا كان الموضوع الذي نتناوله، مفترضين وجود دولة قوية. ولم نكن نقابل باعتراض من جانب أساتذتنا، إذ كانوا هم أيضًا يعيشون في نفس المناخ ويتنفسون الهواء نفسه. بل كان البنك الدولي وصندوق النقد الدولي ومختلف هيئات الأمم المتحدة ذات العلاقة بالتنمية، تقبل أيضًا دورًا مهمًّا لدولة قوية ولا تعارضه.

كان المناخ نفسه يسيطر على السياسة الاقتصادية المتبعة في الدول الصناعية أيضًا. فبعد انتهاء الحرب العالمية الثانية، وطوال الخمسينيات والستينيات، ظلت الأفكار الكينزية هي السائدة، وهي التي تنتظر من الدولة أن تقوم بدور مهم لتحقيق العمالة الكاملة، وتجنب تكرار أزمة الثلاثينيات، وما جلبته من كساد وبطالة. بل وتبنت مختلف الحكومات الغربية في ذلك الوقت، ما عرف باسم «دولة الرفاهية»، التي تلتزم بتوفير الخدمات الضرورية للجميع، وتمويل ذلك بما يفرض من ضرائب على القادرين، مما ضمن بالفعل تحقيق العمالة الكاملة في تلك البلاد مع انتهاء عقد الستينيات.

كان هذا إذن هو نوع «الإجابة» التي يتوقعها الممتحنون في امتحانات التنمية الاقتصادية، ولكن الحال بدأت تتغير منذ أوائل السبعينيات. بقي السؤال كما هو، ولكن الإجابة تغيرت، وبالتالي تغير معيار النجاح والرسوب. لم يكن سبب التغيير ما قيل وقتها من أن الاقتصاديين اكتشفوا أنهم كانوا على خطأ، ولا كان السبب، كما قيل أيضًا، أن سياسة الخمسينيات والستينيات قد استنفدت الغرض منها، وأن ما كان يساعد على التنمية في هذين العقدين لم يعد يساعد عليها بعد ذلك. بل كان السبب

الحقيقي أن الدول التي تصنع نظريات التنمية، وتصدِّر إلينا كتبها وسياساتها، لم تعد تجد من مصلحتها استمرار الدولة القوية في بلادنا، واستمرار ما نطبقه من سياسات الحماية والتخطيط. أصبحت تلك الدول الصناعية، التي بدأت حكوماتها تخضع لمصالح وضغوط الشركات المسماة بالمتعددة الجنسيات، تجد من الضروري أن تفتح بلادنا أبوابها لسلع هذه الشركات واستثماراتها، مما يتطلب إلغاء أو تخفيض الحواجز الجمركية، والتوقف عن إنتاج ما ينافس السلع المستوردة، أو يحول دون مجيء الاستثمارات الأجنبية إلى أراضينا، والامتناع عن حماية عمالنا عن طريق تحقيق مستويات عالية من تشغيل العمال ومن الأجور. كل هذا يتطلب «دولة ضعيفة» أو «دولة رخوة»، يمكن للشركات العملاقة أن تلوي ذراعها إذا شاءت، وتفرض عليها ما يحقق رغباتها.

ما الذي حدث بالضبط، فيما بين الخمسينيات والستينيات، وبين السبعينيات والثمانينيات، ليجعل هذا التغير في سياسات التنمية مطلوبًا من جانب تلك الدول والشركات، حتى ولو كان ضد مصالح دولنا نحن وشركاتنا وعمالنا، ومن ثمَّ أصبح تغيُّر النظريات مطلوبًا أيضًا؟

لقد مرت الدول الصناعية خلال ربع القرن التالي للحرب العالمية الثانية بفترة من الرخاء لم تعرف لها مثيلًا من قبل. ويبدو أن هذا هو ما سمح لكل هذه الأشياء الطيبة أن تحدث في العالم: دولة الرفاهية، عمالة كاملة، أوروبا تبدأ مسيرة الوحدة بتكوين السوق الأوروبية المشتركة، وفي نفس الوقت يسمح لكثير من الدول المستقلة حديثًا بتحقيق نهضة صناعية، بل وأن يتقارب بعضها من بعض، للدخول في صورة أو أخرى للتكتل أو الاندماج، لم تكن مألوفة قبل ذلك، ولا أصبحت مألوفة بعده. ذلك أن فرص الاستثمار والتسويق في داخل العالم الصناعي كانت لا تزال واسعة طوال فترة إعادة تعمير ما بعد الحرب في أوروبا واليابان. ولكن عندما وصلنا إلى قرب نهاية الستينيات وأوائل السبعينيات، كانت هذه الفرص السعيدة قد بدأت في التلاشي: دول متقدمة ينافس بعضها بعضًا، ولا تجد كل منها في أسواق الدول الأخرى فرصًا جديدة لتسويق السلع والاستثمار، وبدأ يظهر ما سُمي بظاهرة «الكساد التضخمي»، أي ركود اقتصادي وضعف فرص الاستثمار والتسويق،

مصحوبًا بالتضخم الناتج عما تحقق في فترة سابقة من ارتفاع في الأجور، وزيادة قوة نقابات العمال، والناتج أيضًا عن محاولة الشركات العملاقة تعويض ما فقدته من فرص الربح عن طريق استغلال المستهلكين.

كان هذا هو الذي فرض تراجع دولة الرفاهية، وتراجع سياسات العمالة الكاملة في الدول الصناعية، وفرض الانفتاح في بلادنا الأسوأ حظًّا. كانت هذه هي الفترة التي زاد فيها الكلام عن الشركات متعددة الجنسيات، ونمو سلطاتها على حساب سلطة الدولة، ثم صعود التاتشرية والريجانية، وزاد الكلام عن العولمة، وأن العالم يتحول إلى قرية كبيرة واحدة، وكذلك بالطبع الكلام عن الخصخصة، وهي بيع ما تملكه الدولة للشركات الخاصة، وكأن الخصخصة هي العلاج الناجع لمشكلة التنمية. أما الحديث عن دور مهم للدولة في الاقتصاد، أو عن ضرورة التخطيط أو حتى فائدته في التنمية، فقد أصبح كلامًا مرفوضًا وممجوجًا. وراح الممتحنون بالطبع يطلبون من تلاميذهم إجابات مختلفة تمامًا عما كانوا يطلبونه من قبل.

(٤)

للأفكار الاقتصادية سوق مثلما للسلع والخدمات، فيصيب الرواج بعض الأفكار في بعض الأوقات، ثم يصيبها الكساد ويظهر غيرها وتروج ثم تكسد بدورها وهكذا. وفي سوق الأفكار الاقتصادية «موضات» مثلما نرى في حالة السلع كالملابس والسيارات، فتميل أذواق الناس لفكرة دون غيرها، ثم يهجرونها إلى غيرها، بل وكثيرًا ما يكون الهجر من فكرة إلى عكسها بالضبط، فيرفض الناس فكرة ويهاجمونها، ناسين أنها كانت منذ وقت قصير، فكرة مقبولة بل وشائعة.

من الأمثلة على ذلك ما حدث بين الخمسينيات من القرن الماضي والسبعينيات. ففي الخمسينيات والستينيات كانت فكرة قيام الدولة بتأميم بعض الصناعات فكرة مقبولة تمامًا وشائعة، ليس فقط في الدول المسماة وقتها بالمتخلفة، بل وفي المتقدمة أيضًا. وشاعت الدعوة إلى زيادة دور الدولة في الاقتصاد، لرفع معدل

التنمية ولإعادة توزيع الدخل، وكانت كلمة التخطيط محبوبة ومرضيًّا عنها، حتى من جانب المؤسسات الدولية الكبرى، كالبنك الدولي وصندوق النقد، وامتلأت الكتابات الاقتصادية بتشجيع الدول الفقيرة على إنشاء تجمعات وتكتلات اقتصادية، وكثر الحديث عن مزايا الوحدة الاقتصادية والأسواق المشتركة. ثم حدث في السبعينيات أن بدأ الحماس لهذه الأفكار يضعف شيئًا فشيئًا، حتى تحولنا في الثمانينيات (مع قدوم عصر الريجانية في أمريكا، والتاتشرية في بريطانيا) إلى العكس بالضبط. أصبحت كلمة «التخطيط» كلمة مهجورة وسيئة السمعة، وكذلك الكلام عن التأميم والتكتلات الاقتصادية، بل أصبحت الموضة الجديدة هي تحويل الملكيات العامة إلى ملكيات خاصة.

أذكر أننا في وقت ما في الثمانينيات، عندما قويت الدعوة إلى تقليص دور الدولة في الاقتصاد، وتردد الكلام عن تفوق القطاع الخاص على القطاع العام، كنا في جلسة من الاقتصاديين المصريين، ضمت شيوخًا وشبابًا، من بينهم أستاذنا العزيز الراحل الدكتور سعيد النجار (الذي كان من أشد المتحمسين للقطاع الخاص والمنددين بالملكية العامة)، وأثار الدكتور سعيد التساؤل عن أفضل ترجمة عربية لاصطلاح «privatization»، فاقترح البعض كلمة «الخصخصة» (التي شاعت فيما بعد)، وفضل آخر ترجمتها بعبارة كاملة مثل «نقل الملكية العامة إلى القطاع الخاص»، وتساءلت أنا (بين الجد والمزاح) عما إذا كان من الضروري حقًّا البحث عن ترجمة عربية للكلمة، ما دام الأمر لا يزيد على كونه «موضة» من الموضات، سرعان ما يعدل عنها الاقتصاديون ويعترفون بأن القطاع العام قد يكون هو الأفضل على أي حال. واستغرب د. سعيد هذا القول بشدة إذ كان يعتقد اعتقادًا جازمًا أن القطاع العام ذاهب بلا رجعة.

تبين لي مع مرور الوقت أنني كنت مخطئًا بعض الشيء في توقعي، فقد استمرت موضة الخصخصة مدة أطول مما كنت أظن، وإن كانت سوقها قد بدأ يصيبها الكساد مؤخرًا، خاصة بعد الأزمة المالية والاقتصادية العالمية في ٢٠٠٨. لقد كان هناك دائمًا المعارضون لفكرة الخصخصة منذ بداية انتشارها منذ أكثر من ثلاثين عامًا، والاشتراكيون الرافضون لأي تنازل من جانب الدولة

عن دورها في إدارة الاقتصاد، ولكن لا شك في أن سوق الأفكار الاشتراكية قد أصابها ضعف شديد خلال هذه الثلاثين عامًا، خاصة بعد سقوط الاتحاد السوفيتي ومعظم الدول الاشتراكية الأخرى، واحدة بعد الأخرى منذ أواخر الثمانينيات. ثم اشتد عود المعارضين للاتجاه نحو الخصخصة مع ظهور مسؤولية المؤسسات المالية الخاصة، المدفوعة بدافع تنظيم الأرباح، عن وقوع الأزمة الأخيرة، بتورط هذه المؤسسات غير الأخلاقي في تقديم القروض غير المضمونة وغير القابلة للرد.

بدأ بعض الاقتصاديين إذن يعضون بنان الندم، ويعترف الواحد منهم بعد الآخر بأنهم قد أخطأوا بثقتهم الزائدة في «عقلانية» القطاع الخاص، ونظام السوق الحرة، وفي اعتقادهم الراسخ بصحة كلام «آدم سميث» منذ أكثر من قرنين، من أن ترك الحرية للأفراد للسير وراء مصالحهم الخاصة، لا بد أن يؤدي في النهاية إلى تحقيق مصلحة المجتمع ككل. ربما كان الأمر يستحق بعض التروي وبعض الشك، والاعتراف ببعض الاستثناءات التي تتعارض فيها المصلحة الخاصة مع المصلحة العامة. وإذا كان الأمر كذلك، فربما كانت «الخصخصة» ليست بهذه الروعة التي كانوا يظنونها منذ ثلاثين عامًا.

منذ أسابيع قليلة قرأت مقالًا بديعًا لاقتصادي من كوريا الجنوبية، اسمه «هاجون تشانج» (Ha-Joon Chang)، ويعمل منذ سنوات أستاذًا بجامعة «كامبردج» في إنجلترا، ونشرته جريدة «الجارديان» البريطانية التي يمكن اعتبارها أقل تعاطفًا مع تقليص دور الدولة في الاقتصاد من معظم الصحف البريطانية الأخرى. والمقال له عنوان مثير هو: «فلنضع حدًّا لهذه العقيدة الشائعة عن الخصخصة. فالحقيقة أن الملكية العامة أفضل».

يقول «تشانج» إنه آن الأوان أن نعترف بالحقيقة، وهي أن القطاع العام في أحوال كثيرة أكثر كفاءة من القطاع الخاص. صحيح أن هناك أمثلة كثيرة في العالم كله يكون فيها القطاع الخاص أكثر كفاءة، ولكن الأمثلة العكسية كثيرة أيضًا.

يذكر لنا «تشانج» أمثلة قديمة وحديثة. فبداية حركة التصنيع في ألمانيا واليابان، في القرن التاسع عشر كانت بإقامة الدولة لمشروعات نموذجية لصناعات جديدة،

كصناعة الصلب وبناء السفن، مما كان القطاع الخاص يعتبره في ذلك الوقت مخاطرة كبيرة، ومن ثمَّ أحجم عن القيام بها.

وفي خلال نصف القرن التالي على انتهاء الحرب العالمية الثانية اعتمد كثير من البلاد الأوروبية على الدولة لتطوير بعض الصناعات المتقدمة تكنولوجيًّا، مثل دور الدولة في فرنسا في إقامة مصانع رينو للسيارات، وكذلك في النمسا وفنلندا والنرويج. وينبه «تشانج» القارئ إلى أن دولة مثل سنغافورة، التي يضرب بها المثل، عادة، للدول التي يقوم نجاحها على تشجيع القطاع الخاص وحرية التجارة، هي في الحقيقة من أكثر دول العالم اعتمادًا على ملكية الدولة للمشروعات الاقتصادية، حيث ينتج القطاع العام ٢٢٪ من الناتج القومي الإجمالي لسنغافورة، وتقوم المؤسسة الحكومية المسؤولة عن الإسكان بتزويد المنازل لـ٨٥٪ من السكان. كذلك ينتج القطاع المملوك للدولة في تايوان (التي تعتبر أيضًا من المعجزات الاقتصادية في شرق آسيا) ١٦٪ من إجمالي الناتج القومي. وفي كوريا الجنوبية تعتبر الشركة القائمة بإنتاج الصلب «بوسكو»، والتي أنشأتها الدولة خلافًا لنصيحة البنك الدولي، واحدة من أكبر الصناعات المنتجة للصلب في العالم كله، ولم يكن قرار خصخصتها في سنة ٢٠٠١ ناتجًا عن انخفاض كفاءتها بل لأسباب سياسية محضة.

يذكر «تشانج» أيضًا أمثلة كثيرة أخرى من مختلف بلاد العالم لصناعات ناجحة تملكها أو تديرها الدولة، من صناعة الطائرات المدنية في البرازيل (ثالث أكبر صناعة في هذا الميدان في العالم)، إلى شركة البترول «بتروبراس» في البرازيل أيضًا، والتي تعتبر أكبر شركة في العالم لاستخراج البترول في أعالي البحار، إلى الصناعات التي أقامتها المؤسسة العسكرية في الولايات المتحدة، والتي قامت بمفردها بتدشين الاقتصاد الحديث القائم على ثورة المعلومات وتطوير الحاسبات الإلكترونية والإنترنت. ويختم المقال بالتعبير عن أمله في أنه لو أدرك الناس كم يمتلئ تاريخ الرأسمالية بالأمثلة الناجحة لمشروعات اقتصادية مملوكة للدولة، فربما توقف هذا الاندفاع غير المبرر نحو المزيد من الخصخصة.

من الطريف أن نلاحظ أن كاتب هذا المقال ليس أمريكيًّا ولا أوروبيًّا، مما يغري المرء بالتساؤل عما إذا كان من الضروري أن ننتظر أن يأتي شخص من الشرق الأقصى، لكي ينبهنا إلى هذه الحقيقة البسيطة الغائبة، وهي أنه من الممكن جدًّا في ظروف معينة أن يكون القطاع العام أكثر كفاءة من القطاع الخاص؟ هل نحن نعيش في زمن لا يأتي فيه الهواء المنعش إلا من ناحية الشرق؟

(٥)

خلال السنوات التي قضيتها في إنجلترا للدراسة، بين أواخر الخمسينيات وأوائل الستينيات من القرن الماضي، كان لا بد أن يسترعي انتباهي، وبانبهار شديد، مؤسستان بريطانيتان عظيمتان، كانتا بلا شك مما يمكن أن تباهي به بريطانيا العالم كله، وهما «هيئة الإذاعة البريطانية» و«نظام العلاج المجاني القومي».

كنت، وأنا الأجنبي، من بين الملايين في داخل بريطانيا وخارجها، ممن أفادوا فائدة عظيمة من هاتين المؤسستين. اشتهرت الإذاعة البريطانية بنشراتها الإخبارية الراقية والمحايدة، يبحث عنها المستمعون في العالم كله، كلما أرادوا معرفة ما يحدث في العالم بأكبر قدر من الصدق، وأقل قدر من التحيز لدولة دون غيرها. وكان ما يذيعه القسم العربي من هذه الإذاعة يُضرب به المثل بالمستوى الرفيع للبرامج، وباللغة العربية الراقية التي تقدم بها البرامج والأخبار.

عندما وصلت إنجلترا لم يكن قد مضى وقت طويل على انتشار استخدام التلفزيون، ولكني سرعان ما اشتريت جهاز تلفزيون صغيرًا، بالتقسيط، كي أتابع به بعض البرامج التي تقدمها هيئة الإذاعة البريطانية من خلال التلفزيون. من هذه البرامج مثلًا برنامج اسمه «ملتقى العقول» (Brains Trust)، كان يذاع على الهواء مباشرة مرة كل أسبوع، ويلتقي فيه أربعة أو خمسة من كبار المفكرين البريطانيين، (فيلسوف ومؤرخ وعالم في البيولوجي وربما أيضًا روائي أو ممثل شهير)، فيجيبون عن أسئلة يرسلها المشاهدون حول موضوع معين، يخطر المشاهدون به قبل أسبوع، ولكن يسمع المتحاورون الأسئلة لأول مرة وهم جالسون أمام الكاميرا، فتأتي

إجاباتهم تلقائية وطبيعية تمامًا. ثم اكتشفت أن هذه الهيئة نفسها، هي التي تنتج أفضل التمثيليات، حديثة وقديمة، من مسرحيات شكسبير إلى روايات تولستوي، فاشتهرت بأن ما تنتجه منها هو أفضل ما يمكن أن تعثر عليه، إخراجًا وتمثيلًا وتصويرًا، وأن من الممكن الحصول عليها من محلات خاصة بها، لا تبيع إلا ما تنتجه هيئة الإذاعة البريطانية.

كانت هيئة الإذاعة البريطانية، ولا تزال، هيئة عامة لا تستهدف الربح، تملكها الدولة ولكنها مستقلة عن الحكومة، فلا تتغير سياستها باستيلاء حزب جديد على الحكومة، ويُختار رئيسًا لها شخصية عامة، تتمتع باحترام عام من الجميع، ولا تسمح بتغيير نشرات الأخبار بما يلائم سياسة الحكومة الراهنة.

أما نظام العلاج المجاني، فقد حصلت منه خلال سنوات دراستي على أفضل خدمة صحية يمكن أن أتصورها، تقدم لي بعطف وأدب بالغين، دون أن أدفع مليمًا واحدًا، بما في ذلك الحصول على ما أحتاجه من أدوية. كانت هذه هي حال زملائي من المصريين أو الأجانب في إنجلترا، كما كانت هي حال الإنجليز أنفسهم بالطبع، الذين تعودوا أن توفر هذه الخدمة المجانية لهم ولأولادهم، من أول زجاجة لبن مجانية قد يحتاجها الطفل الرضيع، إلى أصعب عملية جراحية قد يحتاجها خلال حياته. كان هذا النظام تابعًا أيضًا للدولة، يتلقى فيه الأطباء مرتباتهم من الحكومة لا من المرضى، ولكن يتوقع منهم المرضى نفس الدرجة من العناية على الأقل التي يمكن أن يتلقوها من أي طبيب يعمل في مستشفى خاص.

لم أستغرب إذن أن أجد، منذ سنوات قليلة، أثناء مشاهدتي على شاشة التلفزيون لحفلة افتتاح دورة الألعاب الأولمبية، عندما عقدت في إنجلترا، أن بريطانيا عندما أرادت أن تضمِّن هذه الحفلة عروضًا ورقصات تمثل أفضل ما يمكن أن يرمز للحياة في بريطانيا، كما تفعل غيرها من الدول في مثل هذه الحفلات، كان من بين ما قدمته عروض تمثيلية، مصحوبة بالموسيقى، لما تقوم به هاتان المؤسستان في خدمة الناس. كان هذا الاختيار يتفق تمامًا مع تجربتي الطويلة، ومع شعوري بالامتنان لكل منهما.

ها قد مضى أكثر من نصف قرن على بداية تعرفي على هاتين المؤسستين

الرائعتين، فكان لا بد أن يصيبهما بعض ما أصاب غيرهما من الجراح التي يأتي بها مرور الزمن. ففي كل زيارة جديدة لي لإنجلترا، ألاحظ بأسف شديد ازدياد حدة الهجوم على هاتين المؤسستين، وكأن وحشًا يتربص بكل منهما، رغبة في اقتناصهما دون أن يصرح أحد بالدوافع الحقيقية لهذا الهجوم.

هيئة الإذاعة البريطانية تشكو مر الشكوى من أنها لا تحصل على الدعم الكافي من الدولة، حتى تتمكن من تحقيق رسالتها بنفس الكفاءة المعتادة. والدولة تبرر موقفها بأنها في ظل التضخم وارتفاع تكاليف كل شيء، لا تستطيع أن تستمر في دعم خدمات يمكن اعتبارها «ترفيهًا» بالمقارنة بسلع أو خدمات أخرى. بل ويشكك كثيرون في أن ما تقوم به هذه الهيئة الآن، في الراديو أو التلفزيون، يستجيب لأذواق الناس وتفضيلاتهم الجديدة، والتي لا يستطيع اكتشافها والاستجابة لها إلا القطاع الخاص. إذ فلتنظر (هكذا يقال) إلى عدد المشاهدين لمسلسلات القنوات التلفزيونية الخاصة وبرامجها، بالمقارنة بمشاهدي البرامج والتمثيليات الأكثر جدية التي تقدمها هيئة الإذاعة البريطانية.

أما نظام العلاج المجاني، فيتعرض بدوره لنقد مستمر يقوم على اتهامه بقلة الكفاءة بالمقارنة بالمستشفيات الخاصة، ويشار إلى الطوابير الطويلة من الناس الذين ينتظرون دورهم في الحصول على العلاج من هذه المؤسسة القومية، أو لإجراء عملية جراحية ضرورية، قيل لهم إنه لا يمكن إجراؤها إلا بعد شهور لكثرة أعداد طالبي نفس الخدمة.

الهجوم دائمًا يبدأ وينتهي بتفضيل القطاع الخاص على ما تقدمه الدولة، فيوصف الأول بالكفاءة، وتوصف الدولة بأنها منتج سيئ لأي خدمة أو سلعة. وتصوير الأمر على هذا النحو يبدو لي مؤسفًا للغاية، وأبعد ما يكون عن الحقيقة، إذ يعتمد على تقديم جزء صغير من الحقيقة على أنه الحقيقة كلها.

الكفاءة في مفهوم الاقتصاديين تقوم على المقارنة بين العائد والنفقات. ومن الممكن أن نقبل هذا التعريف للكفاءة، بشرط مراعاة الصدق الكامل في تعريف ما هو العائد، وما هي النفقات، فلا يقتصر في هذا التعريف على ما يمكن قياسه بالنقود. الارتقاء العقلي والثقافي يجب أن يدخل في حساب العائد، كما أن التدهور

الثقافي لا بد أن يحسب من النفقات. كذلك يجب في حساب العائد إعطاء الأولوية لعملية جراحية تنقذ حياة مريض حتى لو كان فقيرًا، بالمقارنة بعملية تجميل تجرى لشخص قادر على الدفع. يجب علينا الاعتراف بأن هناك معايير موضوعية لتقييم خدمة أو سلعة، فلا يخضع هذا التقييم دائمًا لما يختاره الناس وما يستعدون لدفع نقود من أجله. بعبارة أخرى، يجب الاعتراف بأن الحصول على غالبية الأصوات (في شراء السلع والخدمات كما في الانتخابات السياسية) ليس دائمًا دليلًا على الصواب، وأننا في الاقتصاد، كما في السياسة، كثيرًا ما نحتاج إلى أكثر من عد النقود، أو عد الأصوات، للتمييز بين المفيد والضار، بين الضروري وغير الضروري، بل كثيرًا ما نحتاج إلى «توجيه»، أي إلى التدخل لتحقيق الصالح العام، حتى لو تعارض مع كثير من الرغبات الخاصة.

هذا في رأيي هو الدفاع الحقيقي عن «القطاع العام»، ضد منتقديه، وهذا هو الاعتراض الحقيقي على من لا يكفون عن الدفاع عن القطاع الخاص، مهما بدا منه من أخطاء أو تقصير أو تبديد لموارد قومية فيما لا نفع منه.

الفصل الثالث

العولمة

(١)

التطور نحو «العولمة» قديم بلا شك، بل لعل تاريخ العولمة هو تاريخ الحضارة الإنسانية نفسها، ما نحب منها وما نكره. فتبادل السلع والأفكار بين الأمم، صورة قديمة من صور العولمة، ولكن كذلك الاستعمار. تعمير القارة الأمريكية بالعمالة الوافدة من بلاد أخرى، أملًا في تحقيق مستوى أعلى من المعيشة، صورة من صور العولمة، ولكن قيام مجموعة من الأشخاص (يقال إنهم من بلاد آسيوية) بتفجير البرجين الشهيرين في نيويورك، في ١١ سبتمبر ٢٠٠١، فراح ضحية ذلك آلاف من الأبرياء، هو أيضًا من قبيل العولمة (إذا صدقنا الرواية الرسمية).

ولكن معدل العولمة ارتفع بشدة في الأربعين سنة الأخيرة، بما حفلت به هذه الفترة من ثورة الاتصالات والمعلومات، وانتشار نشاط الشركات متعددة الجنسيات في مختلف أنحاء الأرض. وأنا أعتبر نفسي شاهدًا جيدًا على هذا الانتقال من عصر إلى عصر، إذ ما زلت أذكر كيف كانت الحال في صباي وشبابي، فيما يتعلق بطريقة الانتقال من بلد لبلد، ووسائل الاتصال بين شخصين يقيمان في دولتين مختلفتين، بالمقارنة بما أصبحت عليه الحال الآن.

كان سفري لإنجلترا لأول مرة في مطلع الخمسينيات بالباخرة التي استغرقت رحلتها عشرة أيام، من بورسعيد إلى لندن. ثم سافرت بعد ذلك بعشرين عامًا بالطائرة، ومعي ابني الذي لم يتجاوز عمره حينئذ شهرين، ولم ينقطع هو

وإخوته، منذ ذلك الوقت عن السفر بالطائرة، حتى رأوا من البلاد ما لا زلت أطمع في رؤيته.

كان أخواي اللذان ذهبا إلى لندن للدراسة في أواخر الأربعينيات يرسلان إلينا خطابات بانتظام، وكانت هذه الخطابات هي الوسيلة الوحيدة المتاحة لنا لمعرفة أخبارهما. فلا أذكر قط أن دق جرس التلفون في بيتنا لنتلقى مكالمة من أيهما. كان الاتصال التلفوني بين مصر وإنجلترا في ذلك الوقت، ممكنًا تكنولوجيًّا، ولكنه كان بالغ المشقة والتكلفة. لا عجب أن كانت لهفتنا على لقائهما، بهذه القوة، عندما عادا بالباخرة إلى مصر، وسافرنا بالقطار لاستقبالهما على رصيف الباخرة بالإسكندرية.

إن ما حدث من تطورات منذ ذلك الوقت له بالطبع جاذبيته وسحره، وهو قطعًا من سمات «العولمة»، ولكني أتذكر من حين لآخر بعض الأشياء التي كانت تصلنا بالعالم الخارجي، في صباي وشبابي، ولم تعد موجودة الآن رغم العولمة، أو أصابها ضعف شديد. مما جعلني أتساءل عن حقيقة «عصر العولمة» هذا، وعما إذا كان ما حدث هو في الحقيقة عولمة بعض الأشياء دون غيرها، وأن العالم قد أصبح «قرية كبيرة واحدة» في تقوية بعض الصلات، ولكن على حساب صلات أخرى مهمة.

أذكر في صباي ومطلع شبابي أشياء مدهشة لا أجد ما يقابلها الآن. كانت الحياة الثقافية في البلاد العربية أكثر توحدًا، والصلات فيما بين بلد عربي وآخر أشد قوة في هذا الميدان مما هي الآن. كنا نسمع ونعرف عن أدباء وشعراء سوريا ولبنان أكثر مما نعرف الآن، بل كنا نقرأ جدلًا ومناقشات مستفيضة بين أديب مصري وأديب سوري أو عراقي، وكانت المجلات الثقافية المصرية تصل إلى اليمن أو المغرب أكثر مما تصل الآن. هل يمكن أن نتصور أن الحياة الثقافية العربية قد أصبحت أكثر «محلية»، وتقوقعت كل دولة عربية وانكفأت على نفسها في عصر يفاخر بأنه عصر العولمة؟

شيء مماثل حدث في معرفتنا بدول أخرى غير عربية. أذكر أننا في مصر في الأربعينيات من القرن الماضي كنا نسمع بكثرة أسماء عظماء الهنود، مثل غاندي

ونهرو، ويتردد اسم شاعر الهند طاغور أكثر مما نسمع الآن. بل وكنا أكثر تأثرًا بما نسمع من أخبارهم مما نحن الآن، بما يمكن أن نسمعه عمن حل محلهم من زعماء أو أدباء.

تساءلت عما إذا كان يصلنا الآن حقًّا، في عصر العولمة، معلومات أكثر وبسرعة أكبر، عن الهند، مما كان يصلنا في أيام نهرو، أو عن الصين بالمقارنة بأيام ماوتسي تونج، أو عن إندونيسيا وغانا وكينيا والبرازيل، إلخ. هل يمكن أن يكون السبب أن ما يحدث في هذه البلاد أصبح أقل أهمية مما كان يحدث منذ خمسين أو ستين عامًا، سواء لنا أو لغيرنا؟ أي أن يكون السبب هو أنه في الوقت الذي أصبح فيه الحصول على هذه الأخبار ممكنًا بسرعة أكبر، أصبحت رغبتنا في معرفتها أقل مما كانت؟

ثم تذكرت شيئًا آخر مدهشًا. منذ قرن من الزمان (في ١٩١٤)، قام بعض المثقفين المصريين، الذين لم يكونوا قد تجاوزوا الثلاثين من العمر، بتكوين جمعية ثقافية سموها: «لجنة التأليف والترجمة والنشر»، لتشجيع هذه الأنشطة الثلاثة بالضبط: التأليف والترجمة والنشر. وقد ظلت هذه اللجنة طوال الأربعين سنة التالية تقوم بدعم تأليف الكتب العلمية والأدبية والتاريخية، وتعهد إلى مترجمين عظام، يجيدون اللغة العربية كما يجيدون اللغات الأجنبية، بترجمة مؤلفات مهمة، أوروبية وأمريكية وآسيوية، فعرَّفت عدة أجيال من المصريين بأعمال جوته الألماني، وبرنارد شو الأيرلندي، وهكسلي الإنجليزي، وأندريه جيد وأندريه موروا الفرنسيين، ومارك توين الأمريكي، وتولستوي الروسي، وطاغور الهندي، وأصدرت السلسلة الشهيرة التي كتبها هـ. ج. ويلز عن «معالم تاريخ الإنسانية» بلغة عربية رائعة، وترجمة لكتاب الداعية الإسلامي الهندي أبي الحسن الندوي «ماذا خسر العالم بانحطاط المسلمين»، إلخ. لقد تربى وتثقف جيلي على قراءة مثل هذه الأعمال، في الوقت الذي كنا نتعلم فيه لغة عربية بالغة الرقي من قصص وروايات كامل الكيلاني، الذي حبب إلينا التراث العربي والإسلامي وجعله يكتسب احترامنا، مثلما كانت الكتب الأخرى تكسبنا احترام الكُتَّاب الكبار في مختلف أنحاء العالم.

لماذا يبدو إذن أننا، في عصر العولمة الرائع الذي نعيش فيه الآن، قد قلت

معرفتنا بما يحدث في الحياة الثقافية في الخارج، حيث لا تأتينا عنها إلا أخبار سريعة مبتورة، أو أخبار شخصية مثيرة، ولكنها قليلة الصلة بمضمون أعمالهم، أو ترجمات سيئة يقوم بها أشخاص لا يحبون أو لا يفهمون ما يقومون بترجمته، وفي الوقت نفسه فقدنا القدرة على التعبير عن أنفسنا بلغة عربية صحيحة، فضلًا عن تضاؤل اهتمامنا بالتراث العربي والإسلامي؟

هل تفسير ذلك هو أننا، وإن كنا نعيش في «عصر العولمة»، نعيش في الحقيقة عصر عولمة الاقتصاد، وعولمة تسويق السلع وسرعة نقلها عبر مسافات طويلة، دون أن تنتقل الثقافة بنفس السرعة، ربما لارتفاع وزنها؟ نعم، الأفكار والمعلومات تنتقل بسرعة أكبر بكثير من ذي قبل، ولكن أي أفكار وأي معلومات بالضبط؟ هل هي في الأساس الأفكار والمعلومات التي تسهل عمليات البيع والشراء وتسويق السلع؟ إذا كان الأمر كذلك فإن النفع الناتج عن العولمة لا يبدو واضحًا تمامًا لي.

(٢)

الاقتصادي الإنجليزي الشهير «جون مينارد كينز»، الذي توفي في منتصف القرن الماضي، لم يكن فقط واحدًا من أهم الاقتصاديين على الإطلاق، بل كان أيضًا رجلًا حكيمًا، مخلصًا لأمته، وعاشقًا لثقافتها. كان لا يزال يعيش في عصر «القوميات»، قبل أن يزحف عصر «الشركات متعددة الجنسيات»، ولكنه ببعد نظره رأى الشبح قادمًا، ولم يعجبه منظره، فكتب يحذر من أخطار العولمة بقوله:

«إني أتعاطف مع هؤلاء الذين يدعون إلى تخفيض الاعتماد الاقتصادي المتبادل بين الأمم إلى حده الأدنى، أكثر مما أتعاطف مع الداعين إلى زيادته إلى حده الأقصى. نعم هناك أشياء يجب أن تظل عالمية بطبيعتها، كالأفكار والمعرفة والفنون والمعاملة الكريمة للغرباء والسياحة. ولكن دع السلع يجري غزلها في داخل الوطن كلما كان هذا ممكنًا، من دون إرهاق وأعباء تزيد على الحد. وفوق كل شيء، فلتكن حركة الأموال في الأساس محدودة بحدود الوطن».

من المعروف أن اسم كينز يقترن دائمًا بكتابه الشهير «النظرية العامة في العمالة

والفائدة والنقود» (الصادر في ١٩٣٦)، وبالسياسة الاقتصادية المعروفة باسمه، والتي كانت تستهدف أساسًا مواجهة مشكلة البطالة التي استفحلت في ثلاثينيات القرن الماضي، ولم يقض عليها إلا شيئان: قيام الحرب العالمية الثانية، وتطبيق السياسة الكينزية. ولكن مشكلة البطالة عادت من جديد ابتداء من السبعينيات، تعلو وتهبط، وكأن السياسة الكينزية لم تعد تجدي في حلها. وها هي البطالة تنتشر الآن من جديد في العالم المتقدم والمتخلف على السواء، خاصة بعد الأزمة العالمية التي بدأت في سنة ٢٠٠٨.

من الممكن أن يُفسر عجز السياسة الكينزية الآن عن أداء المهمة نفسها التي أدتها بنجاح في الثلث الثاني من القرن العشرين، بهذه الظاهرة نفسها التي حذر منها كينز وهي «العولمة». لقد كتب كينز كتابه الشهير، وطبقت سياساته بنجاح في عصر كانت فيه حدود الدولة القومية هي حدود النشاط الاقتصادي الأساسي، وكانت الدولة القومية قادرة على التحكم في هذا النشاط. ثم حدث ذلك الانفجار المروع في السبعينيات، الذي نسميه الآن بـ«العولمة»، حين بدأ نشاط الشركات العملاقة يمتد إلى كل مكان، وقفزت هذه الشركات عبر الحدود السياسية وكأنها مجرد خطوط مرسومة على ورق، وراحت رؤوس الأموال تنتقل بحرية بين دولة وأخرى، وزاد إنتاج الشركات حتى فاق إنتاج بعض الدول، وبدت الحكومات ضعيفة ضعفًا مهينًا ومخجلًا أمام سلطان هذه الشركات، وظهر أن السياسة الاقتصادية التي يمكن أن ترسمها أي حكومة، عاجزة عن التحكم في نشاط هذه الشركات، وكان لا بد أن يظهر ذلك في مشكلة البطالة كما ظهر في غيرها.

كانت ظاهرة البطالة دائمًا، منذ نشأة الرأسمالية، سلاحًا يستخدمه الرأسمالي ضد العمال، فيجبرهم على قبول الأجر المنخفض، وظروف العمل السيئة بتهديدهم بالاستغناء عنهم والاستعاضة بغيرهم من صفوف المتبطلين الباحثين عن عمل بأي أجر. ولكن البطالة الآن، في ظل العولمة، بدأت تتخذ سمات أخرى مخيفة، تختلف تمامًا عن سماتها في ظل الرأسمالية المحصورة داخل الدولة الواحدة.

في عصر الشركات متعددة الجنسيات أصبح الرأسمالي يهدد العمال بأن يغلق المصنع بأكمله، ليفتحه في بلاد أخرى، العمال فيها مستعدون لقبول الأجر

المنخفض والعمل في أي ظروف. العامل الإنجليزي يخشى المنافسة من المتبطلين في إندونيسيا، وهؤلاء يخشون منافسة المتبطلين في تايلاند أو نيجيريا، إلخ. الظاهرة مخيفة لأكثر من سبب. فالعمال المتبطلون لم تعد لهم القدرة على تخريب المصنع أو رميه بالطوب، فقد اختفى المصنع تمامًا من أمامهم. وهم لا يستطيعون تهديد أصحاب المصنع بالعمل النقابي أو الضغط على الحكومة، فالعمل النقابي لا يمتد أثره خارج الحدود، والحكومة نفسها أصبحت تأتمر بأمر الشركات العملاقة، وحتى لو لم تأتمر بأمرها فإنها لا تستطيع أن تتعقبها خارج حدود الدولة.

من السياسات التي انتشر تطبيقها في ثلاثينيات القرن الماضي لمواجهة مشكلة البطالة سياسة «إفقار الجار»، حيث تفرض الدولة حواجز جمركية عالية تمنع بها، أو تقيد بشدة، الواردات من دول أخرى، رغبة في تنشيط حركة شراء مواطنيها للسلع التي تنتجها الشركات الوطنية، وبهذا تحاول كل دولة تخفيض البطالة داخلها على حساب زيادة البطالة في دول أخرى، وهكذا تؤدي السياسة الاقتصادية لدولة ما إلى «إفقار» دول أخرى. لم يعد هذا أمرًا سهلًا في ظل العولمة. فالشركة التي طردت العمال قد هاجرت هي نفسها إلى الخارج، والقيود الجمركية أصبحت محظورة باتفاقيات دولية، ومن ثَمَّ أصبح تنشيط الطلب الداخلي لا يعني بالضرورة تنشيط الطلب على الصناعات الوطنية، بل قد ينعكس في زيادة الاستيراد بدلًا من زيادة الإنفاق على السلع الوطنية.

ولكن الشركات التي ذهبت لممارسة الإنتاج في دولة أخرى، لا تنقل بالضرورة فرص العمل من دولة لأخرى، فهي إن كانت تزيد حجم الإنتاج في الدول المضيفة التي ذهبت إليها، فإنها قد لا تزيد عدد المشتغلين فيها، إذ إن قدومها للإنتاج في هذه الدولة قد يترتب عليه إغلاق مصانع أخرى وطنية كانت قائمة قبل قدومها، وكانت تستخدم في الإنتاج تكنولوجيا أكثر بساطة وأكثر استخدامًا للعمال. فإذا بهذه الشركات العملاقة تزيد الإنتاج حقًّا، بتكنولوجيتها المتقدمة، ولكنها تزيد حالة البطالة سوءًا، سواء في الدول التي تركتها، أو الدول التي جاءت إليها.

في مقال مهم نشرته مؤخرًا جريدة «الجارديان» الأسبوعية البريطانية لاقتصادية هندية، «جاياتي جوش» (J. Ghosh)، تعمل أستاذة في «جامعة نهرو» بنيودلهي،

ووصفتها الجريدة بأنها «واحدة من أبرز الاقتصاديين في العالم»، شرحت حقيقة النمو الاقتصادي السريع في الهند، والذي لا يكف بعض الكتّاب عن تعييرنا بأننا لا نفعل مثلها، فقالت: «على الرغم من ثلاثة عقود من النمو الاقتصادي السريع في الهند، فإن الحجم الصافي (أي بعد طرح الوظائف المفقودة من الوظائف الجديدة)، لفرص العمل المسجلة رسميًّا، وهي فرص العمل التي تتيح أي نوع من الحماية للعمال وتستفيد من القوانين المنظمة للعمالة، لم يحقق أي زيادة على الإطلاق خلال هذه العقود الثلاثة».

ما الذي يمكن عمله في هذه الحالة إلا تغيير «الوطن» بأكمله، أي البحث عن عمل في وطن آخر؟ ولكن «تغيير الوطن» يثير مشكلات أخرى تتجاوز المشكلة الاقتصادية.

(٣)

منذ خمسين عامًا كان الأديب السوداني الشهير الطيب صالح يكتب روايته البديعة «موسم الهجرة إلى الشمال»، والتي وصفت بأنها قد تكون أهم رواية عربية في القرن العشرين.

نشرت الرواية لأول مرة في بيروت في ١٩٦٦، ثم أعيد نشرها في القاهرة، ثم ترجمت إلى العديد من لغات العالم، ولا يزال الاحتفاء بها مستمرًّا حتى الآن. وأنا أفسر هذا الاحتفاء العظيم بأمرين: جمالها وأهمية موضوعها. إذ تدور أحداثها حول قضية إنسانية تكاد تستحق أن توصف بالخالدة، وهي قضية الالتقاء بين حضارتين أو ثقافتين، إحداهما لديها مقومات الغلبة والانتصار، والأخرى تصارع من أجل البقاء.

من هنا بدا اختيار الطيب صالح لهذا الاسم «موسم الهجرة إلى الشمال» مفهومًا ومناسبًا، إذ إن الحضارتين اللتين تصف الرواية التقاءهما أو الصراع بينهما تنتميان إلى الشمال والجنوب، وبطل الرواية الذي يدور الصراع في عقله وقلبه، رجل من الجنوب هاجر إلى الشمال، وظل إلى آخر الرواية لا يستطيع أن يصل إلى

قرار حاسم لصالح هذه الحضارة (أو الثقافة) أو تلك. وهذا أيضًا من أسباب قوة الرواية، إذ تركها الطيب صالح ذات نهاية مفتوحة، تسمح للقارئ بإعمال عقله واتخاذ قراره الخاص في القضية المطروحة (بعكس رواية يحيى حقي البديعة أيضًا: «قنديل أم هاشم»).

ولكن مما يلفت النظر وصف المؤلف لما يحدث بأنه «موسم». نعم، في الرواية هجرة إلى الشمال بأكثر من معنى، ولكن ما الذي جعل لهذه الهجرة موسمًا؟ وفي هذا الوقت بالذات، سواء كان المقصود هو وقت وقوع أحداث الرواية، أي فترة ما بين الحربين العالميتين، أو وقت كتابة الرواية في منتصف الستينيات؟ فإذا كان هذا الوقت أو ذاك هو حقًّا «موسم» الهجرة إلى الشمال، فماذا عسانا أن نقول الآن، إذ نرى آلاف المهاجرين في كل يوم، من الجنوب إلى الشمال، وقد استعصت عليهم الهجرة المشروعة، يلقون بأنفسهم في قوارب صغيرة يحمل كل منها من الناس أضعاف حمولته الحقيقية، فيموت منهم الكثيرون غرقًا، ومع ذلك تتكرر المحاولة المستميتة كل يوم، على أمل أن تتم الهجرة بنجاح في النهاية؟ إنه إذا كان للهجرة إلى الشمال موسم حقًّا، فموسمها هو قطعًا الآن أكثر منه في أي وقت مضى، فما الذي حدث بالضبط في الخمسين عامًا الماضية لكي نصل إلى هذه النتيجة؟

كان صاحب المشكلة في رواية الطيب صالح مثقفًا كبيرًا، أتى من قرية صغيرة في السودان إلى لندن، فدرس في جامعتها حتى أصبح أستاذًا للاقتصاد فيها. وعندما قرر العودة إلى قريته في السودان كان كثيرًا ما يغلق باب حجرته ليقرأ الجرائد البريطانية والشعر الإنجليزي. لم يكن قد هاجر إلى الشمال بحثًا عن عمل، ولكن لينهل من علوم الغرب وثقافته. وعندما انتهت حياته غرقًا أو انتحارًا، لم يكن سبب اكتئابه سببًا ماديًّا، فقد كان في بحبوحة من العيش عندما ألقى بنفسه في النيل، ولكن السبب فشله في تحقيق التصالح بين الثقافتين.

الغالبية العظمى ممن يهاجرون الآن إلى الشمال، سواء من العالم العربي أو غيره من بلدان الجنوب، لا يسافرون لطلب العلم أو الثقافة بل سعيًا وراء لقمة العيش. وهم قد يكونون متعلمين أو غير متعلمين، ولكن معظمهم متبطلون عجزت بلادهم عن توفير وظائف لهم، سواء كانت وظائف لائقة أو غير لائقة. ماذا حدث

بالضبط ليحدث هذا التغير في طبيعة الهجرة إلى الشمال؟ الأسباب تتعلق بالطالب والمطلوب، أي بالبلاد المهاجر منها والبلاد المهاجر إليها على السواء.

حتى منتصف القرن العشرين، كانت صورة الغرب التي تصل إلى البلاد الفقيرة لا تكاد تصل إلا إلى المتعلمين، الذين لديهم وسيلة أو أخرى للاطلاع على ما يحدث خارج بلادهم. كانت الغالبية العظمى من شعوب البلاد الفقيرة، سواء من الفلاحين أو العمال المشتغلين في المدن، يعيشون في شبه عزلة عن العالم الخارجي، إذ لم تكن وسائل الإعلام والاتصالات قد تطورت لتتيح لهم الخروج من هذه العزلة الذهنية. كانت وسائل الإبهار والجذب لا تصل إذن إلا لأمثال بطل رواية الطيب صالح «مصطفى سعيد»: شاب نشأ في الريف حقًّا ولكنه تعلم في الخرطوم ثم القاهرة، وأتيح له من الإمكانيات المادية، فضلًا عن الطموح، ما سمح له بمواصلة دراسته في لندن. الآن صورة الغرب تصل إلى الجميع، متعلمين وعمالًا في المدن، أو فلاحين في قراهم، وهي تصل حاملة رسائل لا عن تفوق الغرب العلمي والثقافي، بقدر ما هي رسائل عن جاذبية المجتمع الاستهلاكي وبحبوحة العيش.

لا شك أن للتغير، أيضًا، علاقة بانتقال مشعل الحضارة الغربية من أوروبا إلى أمريكا، بما يتضمنه هذا الانتقال من تغير في نوع الجاذبية. بل قد يكون لهذا التغير أيضًا، في طبيعة الهجرة، علاقة باتجاهات رؤوس الأموال، إذ تجري هجرة الأشخاص عادة في نفس اتجاه رؤوس الأموال. في عصر الاستعمار الأوروبي القديم طوال العقود الأخيرة من القرن التاسع عشر والنصف الأول من القرن العشرين (باستثناء عقد الأزمة العالمية في الثلاثينيات)، كان اتجاه رؤوس الأموال في الأساس من الشمال إلى الجنوب، حيث استثمرت الدول الشمالية الصناعية في مصادر المواد الأولية في الجنوب، وفي بناء المرافق العامة في الجنوب التي تخدم هذه الاستثمارات. ثم جاء عصر المعونات الأجنبية لدول الجنوب في الربع الثالث من القرن العشرين، حيث حل النفوذ الأمريكي محل النفوذ الأوروبي، واستخدمت الولايات المتحدة سلاح المعونات الاقتصادية لتثبيت أقدامها في الجنوب، تحت ذلك الشعار الجديد: «التنمية الاقتصادية».

أتاحت هذه الاستثمارات ثم المعونات فرصًا للعمالة في الجنوب، بدأت في التقلص مع نهاية الستينيات وبداية السبعينيات، إذ بدأت استثمارات الشمال في دول الجنوب تتخذ صورة الاستثمارات الأجنبية الخاصة على أيدي ما عُرف بالشركات متعددة الجنسيات، وهي استثمارات كثيرًا ما أدت إلى تدهور الصناعة المحلية في دول الجنوب، وخلقت من البطالة أكثر مما خلقت من فرص العمل. بل وبدأت في الوقت نفسه حركة مضادة في اتجاه رؤوس الأموال، تتجه من الجنوب إلى الشمال في صورة ما تحوله هذه الشركات من أرباح إلى بلادها الأصلية، أو في صورة تدوير إيرادات النفط من دول البترول في الجنوب للاستثمار في البلاد الصناعية في الشمال، أو في صورة ما جرى تهريبه من ثروات الحكام الفاسدين في الجنوب (بدعم أحيانًا من هذه الشركات نفسها، مكافأة لهم على تسهيل عمل هذه الشركات في بلادهم).

لم يكن غريبًا إذن، في ظل هذا كله، أن تشتد حركة الهجرة إلى الشمال، ابتداء من سبعينيات القرن الماضي، وأن تتخذ صورة مختلفة عن صورتها الشائعة قبل ذلك، فتصبح هجرة شباب متبطل يبحث عن عمل، إلى أن تطورت إلى هذه الصورة الحديثة المفزعة التي رأيناها في الشهور الأخيرة، من هجرة مئات الآلاف من العالم العربي وأفريقيا إلى أوروبا، متجشمين خطر الغرق في الطريق، هربًا من الدمار الذي خلقته أو دعمته سياسة دول الشمال في بلادهم المنكوبة.

خلال هذه العقود الخمسة الأخيرة، كان التركيب السكاني في دول الشمال يتغير لصالح قبول أعداد أكبر من المهاجرين من الجنوب. إذ انخفض بشدة معدل المواليد في الشمال، ومن ثمَّ انخفضت نسبة قوة العمل في إجمالي السكان، وزادت نسبة كبار السن في دول الشمال، فزاد العبء الذي يتحمله اقتصادها، من أجل توفير حياة كريمة لنسبة متزايدة من السكان لم تعد تساهم في العمل. فُتح باب الهجرة لتعويض هذا النقص في قوة العمل، وانصراف العاملين في هذه الدول، أكثر فأكثر، إلى الأعمال التي تعتمد على القوة الذهنية أكثر من القوة الجسدية، تاركة هذه الأعمال الأخيرة للمهاجرين من الجنوب.

يبدو إذن أن هذه الأيام التي نعيشها الآن، هي الموسم الحقيقي للهجرة إلى

الشمال، وليست الأيام التي كتب فيها الطيب صالح روايته الشهيرة، وإن كان يظل للطيب صالح الفضل، ليس فقط في إنتاج رواية بديعة تصور مشكلة سوف تظل قائمة دائمًا، ولكن أيضًا في صدق حدسه بما أسفر عنه تطور الأحداث بعد ظهور الرواية.

(٤)

كنا في صبانا نفهم كلمة «النهضة» بمعنى مختلف جدًّا عن المعنى الذي نفهمها به الآن. كان المعنى القديم لـ«النهضة» أشمل وأجمل من معناها الآن، بل إن كلمة النهضة قلما نسمعها الآن، بينما كنا في الماضي كثيرًا ما نقولها ونسمعها، وكذلك كلمات أخرى تؤدي معنى مماثلًا. كنا نسمي الأمم التي نرجو أن نصبح مثلها الأمم «الراقية»، أو الأمم «المتحضرة»، بينما أصبح التركيز الآن على التقدم الاقتصادي والتنمية، وتعقد المقارنات باستمرار لتذكيرنا بمدى تخلفنا عن بلاد تحقق نموًّا اقتصاديًّا أسرع مما نحققه، أو تجذب رؤوس الأموال الأجنبية أكثر مما نجذبها. زاد الكلام عن «التنافسية»، ويكاد التنافس المقصود الآن يقتصر على التنافس الاقتصادي، الذي يقاس بأشياء مثل معدل نمو الناتج القومي، أو متوسط الدخل، أو إنتاجية العامل، أو نمو الصادرات، وكذلك برأي الشركات الأجنبية في المناخ السائد في بلادنا، بالمقارنة بالمناخ السائد في البلاد الأخرى، ومن ثَمَّ اختلاف ما يتوقعونه من أرباح هنا وهناك.

نعم، كان التقدم الاقتصادي يعتبر هدفًا مهمًّا، بلا شك في نظرنا، منذ ستين أو سبعين عامًا، ولكني أذكر جيدًا كيف كنا نعتبر الاقتصاد وسيلة لا غاية. الآن أصبحنا نطلب التقدم الاقتصادي وكأنه مطلوب لذاته. بل حتى الأشياء الطيبة الأخرى، أصبحنا نبررها بما تؤدي إليه من تقدم اقتصادي. فالارتفاع بمستوى التعليم يزيد من إنتاجية العامل، ومن ثَمَّ يزيد من درجة «التنافسية». وحتى الصحة أصبحت كثيرًا ما تبرر بأثرها على الإنتاجية وفي تقليل «الفاقد» من الإنتاج، وكأننا لا نريد تعليمًا أفضل أو صحة أكمل إلا من أجل التقدم الاقتصادي.

أذكر أيضًا كيف كان موقفنا من «الثقافة» مختلفًا عنه الآن. فمن سمات النهضة (هكذا كنا نشعر)، الارتقاء بمستوى التعليم في مختلف المجالات، وليس فقط فيما يخدم التقدم التكنولوجي. محو الأمية كان هدفًا مهمًّا، وليس لمجرد تمكين العامل من قراءة الإرشادات المعلقة على الحائط في المصنع، أو المكتوبة على الآلة التي يستخدمها. كنا نفترض أن الشخص المتعلم هو شخص «أرقى» من الجاهل، وأن الذي يجيد الكلام والكتابة بلغته القومية يزيد أمته ووطنه شرفًا، بصرف النظر عن أي اعتبار اقتصادي، وأن معرفة لغة أجنبية وإجادتها شيء يستحق التقدير لأسباب غير فائدة ذلك في التعامل مع السياح.

كان شرف الوطن يستند إلى أشياء أخرى بالإضافة إلى تقدمه الاقتصادي. فهناك تحرر أراضيه من أي احتلال أجنبي، وهناك القدرة الكافية لرد الاعتداء على تراب الوطن. كان جزء من رفعة الوطن وتقدمه يستمد من معاملة تراثه الثقافي، فكان يعتبر مهمًّا أن يبقى الإنتاج الأدبي الراقي الذي أنتجته الأمة في أي عصر في الماضي، حيًّا في أذهان الناس، وجزءًا من المقررات الدراسية، وأن يكون الحصول عليه ممكنًا في طبعات جديدة وأسعار زهيدة ودون عناء شديد. وكذلك كانت أيضًا النظرة إلى التراث الموسيقي.

هكذا، فيما أعتقد، كانت نظرة رواد النهضة في مصر منذ منتصف القرن التاسع عشر وحتى منتصف القرن العشرين. هكذا كان رفاعة الطهطاوي مثلًا يفهم نهضة الأوطان، وكذلك علي مبارك، والشيخ محمد عبده، وكذلك كان فهم جيل طه حسين والعقاد. بل حتى من كان من ذلك الجيل العظيم أكثر تعاطفًا مع الاستعارة من حضارة الغرب، كلطفي السيد وطه حسين نفسه، وتوفيق الحكيم، كانوا كلهم يضعون الاقتصاد في موضعه الصحيح من قضية النهضة العامة. كان لطفي السيد مفتونًا على الأخص بالديمقراطية الغربية، وتوفيق الحكيم بالنماذج الغربية الجديدة في الفن، وطه حسين بجرأة الغرب في نقد الفكر الديني، ولكني لا ألاحظ على أي منهم أو من زملائهم، الذهاب إلى حد اعتبار التقدم الاقتصادي هو المعيار الكافي للتقدم، بمن في ذلك سلامة موسى، الذي ربما سار أبعد من الآخرين من جيله في التأكيد على التقدم الاقتصادي. ولكن حتى سلامة موسى لم يذهب إلى

أبعد من اعتبار رفع المستوى المادي للمعيشة شرطًا ضروريًا للتقدم في جوانب الحياة الأخرى غير المادية.

بل إن طلعت حرب نفسه، الذي جدد الحياة الاقتصادية وأعاد إنشاء الصناعة الحديثة في مصر في فترة ما بين الحربين، كان يرى في التقدم الصناعي مجرد وسيلة للنهضة القومية، أسوة بالمصلح الألماني «فردريك ليست»، الذي اقتدى به طلعت حرب، والذي دعا إلى حماية الصناعة القومية في ألمانيا قبل طلعت حرب بمائة عام، وبرر ذلك بأن الأمم تبني نفسها بالصناعة، وأشاد بالآثار الإيجابية النفسية والعقلية التي تنتج عن التصنيع، ورفض مقولة «آدم سميث» الإنجليزي بأن المهم هو زيادة ثروة الأمم، بصرف النظر عن مصدر هذه الثروة. قال «فردريك ليست»: إن الإنسان ليس كما يتصور «آدم سميث» مجرد منتج أو مستهلك، بل هو قبل كل شيء مواطن ينتمي إلى أمة تهمه نهضتها.

قامت ثورة ١٩٥٢ بينما كان هذا الفهم الشامل للنهضة هو الفهم السائد في مصر، ومن ثَمَّ كان اهتمام حكومات الثورة بالثقافة خلال الخمسينيات والستينيات لا يقل عن الاهتمام بالتصنيع وبناء السد العالي (تذكر ما قام به فتحي رضوان وثروت عكاشة في ميدان الثقافة). ولكن شيئًا مهمًا حدث بعد ذلك، ليس في مصر فقط، بل وفي العالم كله، كان من مظاهره هذا التحول إلى تضييق معنى النهضة بحيث يكاد يقتصر على التنمية الاقتصادية.

هل كان الشباب الذي ثار في فرنسا أولًا في سنة ١٩٦٨، ثم انتشرت ثورته إلى بقية بلدان أوروبا والولايات المتحدة، يشعر بالخطر القادم ويحذر منه، إذ كان يشكو من أن كل شيء في بلادهم، من الإعلام والسياسة إلى نظام التعليم، يستهدف تحويلهم إلى مجرد «مستهلكين»؟ لقد انقضى على ثورة الشباب هذه ما يقرب من خمسين عامًا، وقد حدث بالضبط ما توقعوه وحذروا منه. بل الأخطر من ذلك أن رؤية الخطر القادم، التي كانت واضحة لدى الشباب منذ خمسين عامًا، قد ضعفت بشدة، إذ أضعف زحف التيار الاستهلاكي من حساسية المجتمع ومن قدرتهم على تشخيص ما يحدث. هل ساهمت في ذلك ثورة الاتصالات والمعلومات ونجاحها المبهر في توحيد العالم، ونجحت في الوقت نفسه في نشر رسالة الاستهلاك في

مختلف أنحاء الأرض، حتى أصبح هذا الانتشار نفسه حجة إضافية لإقناع من لم يقتنع بعد، بأنه ليس هناك للنهضة معنى إلا زيادة الاستهلاك، وليس للأمم هدف إلا رفع معدلات النمو، وليس هناك مجال للتنافس فيما بينها غير محاولة اجتذاب رؤوس الأموال الأجنبية؟

(٥)

تابع الناس باهتمام في السنوات الأخيرة، ما يحدث في اليونان، وبدا الأمر وكأنه دراما مثيرة يمكن أن تتحوَّل إلى مأساة.

القصة بدأت، في البداية، كمجرد أزمة اقتصادية من النوع الذي يحدث من حين لآخر، في دولة بعد أخرى، حدثت هذه المرة في اليونان، ولكن الأزمة طالت حتى تجاوز عمرها خمس سنوات. والتدهور في مختلف المؤشرات الاقتصادية الأساسية فاق الحدود المألوفة. فمعدل نمو الناتج القومي الذي كان ٤,٢٪ سنويًّا في السنوات السبع الأولى من هذا القرن، أصبح سالبًا في السنوات الثلاث الأخيرة، ويقدر الانخفاض في الناتج القومي منذ سنة ٢٠١٠ بنحو ٢٥٪. وارتفعت نسبة الديون الخارجية إلى الناتج القومي حتى بلغت ١٧٧٪، وهي تزيد بنحو الثلث عما يمكن اعتباره نسبة مقبولة. والبطالة كانت ٧,٣٪ قبيل الأزمة فأصبحت ٢٥,٦٪ في مارس ٢٠١٥، وارتفعت نسبة البطالة بين الشباب من ٢٠٪ إلى ٥٠٪. والأخبار تأتي بأمثلة صارخة في قسوتها لمعاناة الشعب اليوناني، بمختلف طبقاته (باستثناء بالطبع الشريحة العليا الصغيرة التي تنجو دائمًا من المعاناة). ولكن هناك أيضًا القسوة غير المعتادة في طريقة معاملة الاتحاد الأوروبي لليونان (الذي أصبحت اليونان عضوًا فيه منذ ١٩٨١)، وإصرار مؤسساته المالية العليا، مدعومة بحكومات أكبر الدول الأوروبية، وعلى الأخص ألمانيا وفرنسا، وبتأييد من صندوق النقد الدولي، على فرض برنامج بعد آخر للتقشف على اليونان، يزيد من معاناة اليونانيين، بما في ذلك تخفيضات كبيرة في الإنفاق على الخدمات العامة الضرورية،

وتخفيض المعاشات، من أجل إجبار اليونان على سداد ديونها للبنوك الأوروبية، ولصندوق النقد الدولي.

القصة لا بد إذن أن تهم الجميع، إذ تبدو أنها قصة تتكرر في كل مكان، وإن كانت بدرجات متفاوتة. الفقراء يخضعون لتسلط الأغنياء، ويجبرون دائمًا على المزيد من التضحيات. وأغنياء الدولة التي تمر بالأزمة، ينضمون إلى أغنياء الدول الأخرى، ويؤيدونهم في سحق فقرائهم، لتمكينهم من استمرار ما يمارسونه من فساد. الدول الصغيرة يجري إغراؤها بالانضواء تحت لواء العولمة، لما يبدو للعولمة من مزايا، ولكن هذه الدول الصغيرة هي أول ضحايا أي أزمة تمر بها الدول الكبرى، بينما قد تكون هذه الأزمة نتيجة مباشرة لما ارتكبته هذه الدول الكبرى من أخطاء.

لقد استمرت اليونان في تحقيق معدل معقول للنمو حتى وقعت الأزمة المالية العالمية، التي بدأت بانهيار بعض الشركات الكبرى في الولايات المتحدة في ٢٠٠٨. ومنذ هذا التاريخ بدأ تدهور الاقتصاد اليوناني، لاعتماده الشديد على التصدير، خاصة في خدمات السياحة والملاحة البحرية. ولكن المعاناة لا بد أن تزيد في دولة تشتد فيها درجة الفساد، وتزيف فيها الإحصاءات، وينتشر التهرب من الضرائب. لقد انتشر الحديث عن عدم مصداقية الإحصاءات الرسمية اليونانية، وقدر أن الدولة حصَّلت من الضرائب في ٢٠١٢ أقل من نصف المستحق لها، وفي السنة نفسها ذكر أحد التقارير الدولية أن اليونان هي أكثر الدول فسادًا من بين دول الاتحاد الأوروبي.

لم يسمح الوضع السياسي في اليونان، إذن، لعدة سنوات، باتخاذ إجراءات لمواجهة الأزمة الاقتصادية، عدا الالتجاء إلى الاقتراض من البنوك الأوروبية ومن صندوق النقد الدولي، رغم قسوة شروط هذه القروض. ثم تكرر العجز عن السداد بسبب استمرار الأزمة العالمية من ناحية، واستمرار الفساد من ناحية أخرى.

ثم جاءت إلى الحكم في اليونان حكومة من نوع جديد، أرادت أن تضع حدًّا لهذا التردي بأن تحاول مقاومة التسلط الخارجي (من البنوك الأوروبية

والبنك المركزي الأوروبي وصندوق النقد الدولي) وتعالج الفساد الداخلي في الوقت نفسه.

كان هذا هو مغزى الاستفتاء الذي طرحه رئيس الوزراء اليساري الجديد «تسيبراس»، إذ طلب من شعبه الاختيار بين أن يقول نعم أو يقول لا، ردًّا على آخر طلبات الاتحاد الأوروبي بالمزيد من التقشف، في مقابل دفعة أخرى من القروض. كان قول لا معناه أن تمتنع اليونان عن السداد طبقًا للبرنامج الزمني الذي يتطلبه الاتحاد الأوروبي، ومن ثمَّ تمتنع عن اتخاذ إجراءات التقشف المطلوبة من أجل ضمان السداد طبقًا لهذا البرنامج. وقد أعطى الشعب اليوناني صوته بالرفض (بنسبة ٦١٪)، كان هذا التصويت بالرفض ينذر بالطبع بمتاعب ومشقة من نوع آخر. فهو قد يعني الاضطرار للخروج من الاتحاد الأوروبي، والتخلي عن العملة الأوروبية «اليورو» والعودة إلى العملة الوطنية «الدراخما»، أي الانسحاب بدرجة أو بأخرى من «العولمة»، والاعتماد بدرجة أكبر على النفس. ولكن الاعتماد على النفس يعني بالضرورة مقاومة الفساد الداخلي حتى يمكن توجيه الموارد الوطنية إلى ما يحتاجه الوطن حقًّا.

لم يكن المسار واضحًا تمامًا إذن، أمام من يصوتون بالرفض، ولكنه بدا وكأنه الموقف الوحيد الذي يتسم بالشجاعة وتحدي الإذلال، أملًا في الخروج من نفق مظلم طويل، رغم غموض ما ينتظرهم خارج النفق. كان من الطبيعي أيضًا أن يستبد الغضب بالدول والمؤسسات المالية الكبرى في الاتحاد الأوروبي. فالبنوك تريد استرداد أموالها، والحكومات الأوروبية (ومعها صندوق النقد الدولي) تعتبر نفسها ممثلة لهذه البنوك أكثر من تمثيلها للشعوب.

لم يكن هناك بد، إذن، من أن يرى العالم مشهدًا يقف فيه طرفان موقفًا يتربص فيه كل منهما بالآخر. كان تصويت اليونانيين بتأييد الحكومة التي ترفع شعار الاستقلال والكبرياء القومي حتميًّا، إذ شعر فقراء اليونانيين بأنهم، برفضهم شروط الدائنين، ليس لديهم في الحقيقة ما يخسرونه، سواء انتصرت الحكومة أو انتصر الدائنون، فمهما كان ما يمكن أن يتعرضوا له من عقوبات، إذا اضطرت حكومتهم للتراجع، فلن يكون حالهم حينئذ أسوأ مما كان قبلها، مع وجود احتمال، مهما

كان صغيرًا، أن ينتصروا في النهاية، برضوخ الدائنين وقبولهم إلغاء جزء صغير أو كبير من الديون.

عندما سئل المفكر الأمريكي المعروف «ناعوم تشومسكي» عن رأيه في الأزمة اليونانية قال إنها «حرب طبقية»، وأظنه كعادته قد وضع يده على لب المشكلة، ولكنها في هذه المرة حرب طبقية تجري في سياق «العولمة».

(٦)

من أشهر من كتب عن أخطار العولمة وأضرارها، «جوزيف ستيجليتز»، الذي كان قد حصل على جائزة نوبل في الاقتصاد قبل أن يظهر كتابه «العولمة وآلامها» (Globalization and its Discontents) في سنة ٢٠٠٢. وقد ذكر من بين الأمثلة على هذه الآلام، ما حدث في روسيا على أثر سقوط الاتحاد السوفيتي وانفتاحه على العالم، وما حدث في جنوب شرقي آسيا من أزمة اقتصادية طاحنة ابتداء من ١٩٩٧، وعلى الأخص في تايلاند وإندونيسيا، كنتيجة أيضًا للعولمة المالية، إذ تدفقت على هذه البلاد رؤوس الأموال الباحثة عن أقصى ربح، ولو عن طريق المضاربة، ثم هربت فجأة بمجرد أن شعرت بالخطر، وتركت وراءها خسائر فادحة استغرق تعويضها وتضميد الجراح الناتجة عنها عدة سنوات. كانت من أقل الدول الآسيوية تأثرًا بهذه الأزمة، الدولة التي اتخذت موقفًا أكثر حذرًا من العولمة، وهي ماليزيا، التي أصرت على فرض درجة أكبر من الحماية لأسواقها المالية، وعلى رفض توجيهات صندوق النقد الدولي، الذي تعرض بسبب هذه الأزمة لتدهور شديد في سمعته.

استمر كثيرون رغم ذلك في التغني بمحاسن العولمة وآثارها الطيبة على الجميع، بينما اعتبرها كثيرون أيضًا ظاهرة حتمية أشبه بالظواهر الطبيعية التي لا يمكن الفرار من آثارها، الطيب منها والخبيث. ثم حدثت الأزمة في اليونان فجددت الشعور بأننا بصدد دولة تدفع ثمن انفتاحها بأكثر من اللازم على العالم الخارجي، ولم تحافظ على استقلال سياستها الاقتصادية بالدرجة الواجبة.

«العالم الخارجي» في حالة اليونان هو على الأخص الاتحاد الأوروبي، الذي أصبحت اليونان عضوًا فيه ابتداء من سنة ١٩٨١، ثم تخلت عن عملتها الوطنية (الدراخما) في مقابل العملة الأوروبية (اليورو). كان الإغراء بالانضمام إلى الاتحاد الأوروبي شديدًا بالطبع (مثل إغراء العالم الخارجي دائمًا): سوق أوسع، واستثمارات أكبر، وتكنولوجيا أكثر تقدمًا، وسلع أكثر تنوعًا. وفي سبيل ذلك كان من السهل التغاضي عن مخاطر شديدة أيضًا: تأثر أكبر بما يحدث في هذا العالم الخارجي من عواصف وأزمات، وهروب مفاجئ لرؤوس الأموال عند ظهور ما يهددها بالخطر، وتقلص الدائرة التي يمكن أن تمارس فيها الدولة إرادتها المستقلة، بل وأيضًا زيادة التفاوت في الدخل والثروة، في داخل الدولة نفسها التي رمت بنفسها في بحر العالم الواسع.

ذلك أن هناك، فيما يبدو، علاقة شبه حتمية بين العولمة وبين زيادة التفاوت في الثروة والدخل. من الممكن جدًّا أن يؤدي الانفتاح على العالم إلى زيادة الثروة والدخل في داخل الدولة أو في العالم ككل، ولكن الأرجح أن يؤدي أيضًا إلى زيادة التفاوت في توزيع الثروة والدخل. تفسير ذلك أن الانفتاح على العالم، يزيد الفرص المتاحة أمام الجميع: من يريد أن يأتي إلى الدولة بنفسه، أو بماله، أو من يريد الخروج منها، بنفسه أيضًا أو بماله. وفي الحالين تزيد فرص الإضافة إلى الدخل والثروة، على الأقل من وجهة نظر العالم ككل، وقد تزيد هذه أمام كل الدول التي زاد انفتاح بعضها على بعض.

إن شيئًا كهذا هو ما كان يدور في ذهن «آدم سميث»، الذي يعتبر مؤسس علم الاقتصاد، عندما دعا إلى أكبر قدر من الحرية الاقتصادية، ومن إزالة كل القيود على حركة رؤوس الأموال والعمل، سواء في داخل الدولة الواحدة أو بين عدة دول. ولكن هذا الانفتاح لا بد في معظم الأموال أن يقترن بتضاؤل دور الدولة، في توجيه الاقتصاد (وهو أيضًا ما تصوره «آدم سميث» ودعا إليه). وتضاؤل دور الدولة لا بد أن يضار منه الضعيف ويفيد القوي، إذ إن المفترض أن الدولة تقوم أصلًا لحماية الضعفاء من ظلم الأقوياء، ويندرج تحت ذلك تدخل الدولة، بصورة أو بأخرى، لمنع تدهور توزيع الدخل والثروة.

لم يكن من الغريب إذن أن يقترن ارتفاع معدل العولمة خلال العقود الثلاثة الماضية، بالتدهور في توزيع الدخل في مختلف دول العالم (وهو ما أكده ووثقه توثيقًا جيدًا «توماس بيكتي» في كتابه الحديث، الذي حاز شهرة واسعة، «رأس المال في القرن الواحد والعشرين»). حدث هذا في دول الاتحاد الأوروبي، كما حدث في الولايات المتحدة، وفي الدول التي تحولت من الاشتراكية إلى الرأسمالية، وكذلك في الصين: رأس المال يزداد قوة، والدولة تزداد ضعفًا، وقد يؤدي هذا إلى زيادة الثروة والدخل، ولكنه يقترن بتدهور توزيعهما، وزيادة درجة اللامساواة.

زيادة الانفتاح على العالم لا بد إذن، فيما يبدو، أن تكون على حساب الطرف الأضعف، سواء كان الطرف الأضعف هو الفقير في مواجهة الغني في داخل الدولة الواحدة، أو الدولة الأضعف في مواجهة الدول الأقوى، بين مجموعة من الدول قررت أن ينفتح بعضها على بعض، كما فعلت مثلًا دول الاتحاد الأوروبي.

كان لا بد إذن أن تواجه بعض الدول الأعضاء في الاتحاد الأوروبي من الأخطار أكثر من غيرها، وأن يواجه فقراء هذه الدول من الأخطار أكثر من أغنيائها. فإذا كانت دول الاتحاد كلها تواجه أزمة اقتصادية (كالتي تواجهها أوروبا وأمريكا منذ ٢٠٠٨) فلا بد أن تكون محنة الدول الأضعف أشد من محنة غيرها، وأن تكون محنة الفقراء داخل هذه الدول الأضعف، أشد قسوة.

فجأة يستيقظ البعض على أن للدولة دورًا لا بد أن تقوم به للحيلولة دون تفاقم الأمر. وهذا هو بالضبط ما حدث في اليونان. ولكن الدول الأقوى والأكثر ثراء لا بد أن تخشى، إذا سكتت على الأمر، أن تنتشر الثورة من دولة ضعيفة نسبيًّا كاليونان، إلى دول أخرى ضعيفة نسبيًّا بدورها، كإسبانيا مثلًا أو البرتغال أو أيرلندا. لا بد من استخدام الشدة، بل وبعض القسوة إذا لزم الأمر، أو على الأقل التظاهر بذلك حتى تخمد الثورة. وكان هذا هو بالضبط ما حدث من جانب ما يسمى بـ«الثالوث» (Troika): البنك المركزي الأوروبي، والمفوضية الأوروبية، وصندوق النقد الدولي، إزاء محاولة اليونان الثورة على ما فرضته عليها هذه

الهيئات الثلاث من شروط قاسية في مقابل بعض العون لضمان استمرار اليونان عضوًا في الاتحاد الأوروبي.

لقد شبه «جوزيف ستيجليتز» ما يحدث للدول الصغيرة بسبب العولمة، في أثناء أزمة عالمية، بإبحار زورق صغير في محيط واسع وسط عاصفة هوجاء. وقال إن صندوق النقد الدولي يرفض حتى أن يزود ركاب هذا الزورق الصغير بأحزمة النجاة من الغرق.

(٧)

بحلول عام ٢٠١٤، اكتمل نصف قرن على توقيع اتفاقية مهمة بين خمس دول عربية: مصر وسوريا والعراق والأردن والكويت، في سنة ١٩٦٤، وسميت باتفاقية «السوق العربية المشتركة». أدى تطبيق الاتفاقية إلى أن زاد نصيب التجارة فيما بين الدول الأربع الأولى (حيث اعتذرت الكويت عن التصديق عليها بعد توقيعها) في إجمالي صادرات هذه الدول بنحو الثلثين في خمس سنوات (من ٨,٣٪ في ١٩٦٤، إلى ٦,٢٪ في ١٩٦٩). ولكن الظروف السياسية التي طرأت على البلاد العربية بعد عقد الاتفاقية، وجهت ضربة قاصمة لأي محاولة لزيادة التقارب الاقتصادي بين الدول العربية، كما وجهت ضربة قاصمة لغير ذلك من أوجه الحياة الاقتصادية والسياسية في العالم العربي.

كان تحقيق الوحدة الاقتصادية العربية، واحدًا من أربعة أهداف اقتصادية تبناها الرأي العام العربي منذ خمسين عامًا. وكانت الأهداف الثلاثة الأخرى: رفع معدل نمو الناتج القومي، وتصحيح هيكل الإنتاج (وعلى الأخص بزيادة نصيب الصناعة التحويلية في الناتج القومي)، وإعادة توزيع الدخل بما يحقق درجة أعلى من العدالة الاجتماعية. ولا أظن أن هناك اختلافًا على أنه، فيما عدا إنجازات جزئية ومؤقتة في بعض هذه الأهداف، كانت حصيلة الخمسين عامًا مخيبة للآمال فيها جميعًا، وإن كان الفشل بدرجات مختلفة بين دولة عربية وأخرى.

ثم حدث منذ بضع سنوات، مع بداية سنة ٢٠١١، ما أحيا الآمال من جديد

بحلول ما عرف بـ«ثورات الربيع العربي»، التي رفعت خلالها شعارات تحمل معاني ثلاثة من هذه الأهداف الأربعة، كما داعب الأمل كثيرين ممن لم يفقدوا ثقتهم بعد في ضرورة الوحدة العربية، في أن تساعد هذه الثورات على تحقيق نوع أو آخر من الاندماج الاقتصادي العربي. ولكن ها نحن نرى، بعد مرور أكثر من خمس سنوات على قيام هذه الثورات، أن العرب لم يصبحوا أقرب كثيرًا إلى تحقيق هذه الآمال الأربعة مما كانوا قبل ذلك. ما هي أسباب الفشل طوال العقود الخمسة الماضية، ثم تكرار الفشل من جديد في الخمس سنوات الماضية؟ وإلى أي مدى يحمل المستقبل إمكانية السير من جديد نحو تحقيق هذه الأهداف؟

منذ نحو عشر سنوات صدر عن هيئة الأمم المتحدة بعض التقارير عن حالة الاقتصاد والمجتمع العربي تحمل عنوان «التنمية الإنسانية العربية»، وقد حازت شهرة واسعة، إذ حاولت شرح أوجه الفشل في الأداء الاقتصادي والاجتماعي والسياسي العربي وتفسيره، واستعانت الأمم المتحدة في كتابتها، ببعض الخبراء العرب المرموقين، كل في مجاله، ودعمت ما وصلت إليه من نتائج، بالأرقام واستطلاعات الرأي، مما أضفى على هذه التقارير سمة الموضوعية وعدم التحيز. ولكني لاحظت (كما لاحظ غيري) أن هذه التقارير أغفلت (إغفالًا تامًّا تقريبًا) ما يمكن أن يكون للعوامل الخارجية من دور في حدوث هذا الفشل العربي، وأقصد بذلك تغيرات المناخ الدولي، أو ما طرأ من تغيرات على مصالح القوى الخارجية في المنطقة العربية، منذ منتصف الستينيات. وقد أدى بي استعراض ما طرأ على العالم من تغيرات خلال الخمسين عامًا الماضية، مما يمكن أن يكون له أثر في تغير السياسات الاقتصادية العربية، إلى استخلاص تغيرين مهمين في المناخ الدولي والعلاقات الدولية، مما يمكن أن يكون له هذا الأثر على العالم العربي:

أولهما: الارتفاع الملحوظ في درجة العولمة، أي درجة الارتباط بين مناطق العالم ودوله المختلفة، من حيث تبادل السلع والخدمات والأخطار، وانتقال رؤوس الأموال والأشخاص والمعلومات.

والثاني: تراجع دور الدولة القومية في تشكيل حياة الناس الاقتصادية والاجتماعية

والثقافية، بالمقارنة بدور الشركات الدولية، وعلى الأخص ما يسمى بالشركات متعددة الجنسيات.

هذان التطوران يرتبط أحدهما بالآخر ارتباطًا وثيقًا، فالتقدم التكنولوجي الذي دفع الشركات العملاقة إلى النمو، أضعف من دور الدولة وزاد في الوقت نفسه من درجة العولمة. لم يكن في أي من هذين التطورين ما من شأنه بالضرورة أن يقلل من أهمية الأهداف الاقتصادية الأربعة، التي تبناها الرأي العام العربي منذ خمسين عامًا، ولكن الملاحظ أن كلًّا منهما كانت له آثار سلبية قوية على قدرة البلاد العربية على تحقيق هذه الأهداف.

ولنبدأ بالآثار السلبية التي ترتبت على تراجع دور الدولة.

مهما اختلفت آراؤنا حول أثر تدخل الدولة في رفع أو خفض معدلات النمو في الناتج القومي ككل، أو حول مدى كفاءة القطاع العام بالمقارنة بالقطاع الخاص، فمن الصعب أن ننكر ما يمكن أن تقوم به الدول من دور في تصحيح هيكل الإنتاج، بتشجيع نمو بعض القطاعات دون غيرها، وأهمية تدخلها في تقليل الفجوة بين الدخول، وفي تشجيع الاتجاه نحو الاندماج الاقتصادي بين عدة دول.

إن الجدل قد يحتدم حول تفسير تجارب الدول المتقدمة اقتصاديًّا حول ما إذا كانت هذه الدول مدينة في رفع معدل نموها الاقتصادي لتطبيق سياسة الحرية الاقتصادية، أو لاتباعها في البداية سياسة الحماية الاقتصادية، قبل أن تأخذ بنظام حرية السوق (فلنتذكر مثلًا دور سياسة التجاريين «Mercantilism» قبل مجيء «آدم سميث»)، وما إذا كان سقوط معظم التجارب الاشتراكية ناتجًا عن اتباعها سياسة التدخل الشديد من جانب الدولة، أو عن أسباب أخرى أكثر أهمية، سياسية أو عسكرية، ولكني لا أعتقد أن من الممكن أن ننكر أهمية الدور الذي لعبته الدولة في تصحيح الهيكل الاقتصادي بما قدمته من حماية ودعم للصناعات الوطنية في مختلف تجارب التنمية الناجحة، ناهيك عن دور الدولة في تحقيق مزيد من العدالة في توزيع الدخل، بما في ذلك تجارب الدول الرأسمالية نفسها (تذكر ما قامت به «دولة الرفاهية» في أعقاب الحرب العالمية الثانية)، وفي تحقيق الاندماج الاقتصادي في الدول الرأسمالية والاشتراكية

على السواء (تذكر تجربة السوق الأوروبية المشتركة، وتجربة الكوميكون في أوروبا الشرقية).

لقد اقترن تراجع دور الدولة في النشاط الاقتصادي في مختلف البلاد العربية في الخمسين عامًا الماضية، بانحسار أداة مهمة من أدوات التقدم الاقتصادي، وهي التخطيط المركزي. فبعد أن كان التخطيط يحاط في الستينيات من القرن الماضي بدرجة عالية من الاحترام، أصبحت كلمة التخطيط الآن من الكلمات سيئة السمعة، على الرغم من أن التقدم التكنولوجي وامتداد آجال الاستثمارات، من شأنهما أن يصبح التخطيط للمستقبل أكثر ضرورة منه في أي وقت مضى. ولكن الذي حدث في الواقع هو أن التخطيط المركزي، الذي كانت تقوم به الدولة حل محله تخطيط الشركات العملاقة، ليس فقط لنفسها، ولكن أيضًا للعالم الذي تتحرك فيه. (أي أن من لم يخطط لنفسه في العالم الذي نعيش فيه خطط له غيره).

ربما لم يظهر أثر ذلك دائمًا في انخفاض معدل نمو الناتج القومي، ولكنه ظهر بكل تأكيد في التطور الذي اتسم به تصحيح الهيكل الإنتاجي. ومن ثمَّ استمرت البلاد العربية التي يقوم اقتصادها على تصدير بعض المواد الأولية كـ«البترول» في الاعتماد على هذه المواد، بالدرجة نفسها تقريبًا التي كانت عليها قبل خمسين عامًا، وبدلًا من حدوث ارتفاع ملحوظ في نصيب الصناعة التحويلية من الناتج القومي، في هذه البلاد أو غيرها من البلاد العربية، ارتفع بشدة نصيب قطاعات الخدمات، وهي قطاعات ضعيفة الأثر في رفع مستوى الإنتاجية في الاقتصاد ككل، أو في حمايته من آثار التقلبات الاقتصادية في الخارج، أو في تعميم ثمرات النمو الاقتصادي على مختلف الشرائح والطبقات الاجتماعية.

لا يمكن أيضًا أن نتغاضى عن أثر تعاظم دور الشركات متعددة الجنسيات في تعطيل مسيرة الاندماج بين الاقتصادات العربية. إن من الممكن جدًّا أن تجد بعض هذه الشركات مصلحة لها في تحرير التجارة بين عدد من الدول المتجاورة، أو في إلغاء القيود المفروضة على انتقال العمالة، أو على حركة رأس المال فيما بينها، ولكن هذه الصور من صور التقارب بين الدول، إذا تمت لخدمة أغراض

بعض الشركات الخاصة، فلا بد بالضرورة أن تظل انتقائية، ومحكومة بالأهداف الخاصة التي ترمي إليها هذه الشركات، والتي تصب في النهاية في تخفيض نفقاتها، أو توسيع السوق لسلع بعينها تقوم هي بإنتاجها. لا بد أن تخرج عن خطط هذه الشركات صور التقارب أو الاندماج التي ترمي إلى زيادة قدرة هذه الدول على المساومة مع الدول الأخرى، أو مع الشركات العملاقة، أو حماية اقتصاداتها من آثار التقلب في الأحوال الاقتصادية في العالم الخارجي، ناهيك عن أي هدف آخر يتجاوز الأهداف الاقتصادية المباشرة، كتقوية المركز السياسي لهذه الدول مجتمعة، أو حماية ثقافتها القومية.

هذا هو ما أقصده بالقول إن تراجع دور الدولة القوية، بالمقارنة بدور الشركات الخاصة متعددة الجنسيات، كان ذا آثار سلبية مهمة على قدرة البلاد العربية على تحقيق أهدافها الاقتصادية. ولكن العامل الآخر (ارتفاع درجة العولمة) كانت له أيضًا آثار سلبية مباشرة على مسيرة الاقتصاد العربي.

كيف يمكن أن تضر العولمة بأهدافنا الاقتصادية؛ من رفع معدل النمو، إلى تصحيح الهيكل الإنتاجي، إلى تحقيق المزيد من العدالة في توزيع الدخل، إلى تحقيق المزيد من التقارب أو الاندماج بين الاقتصادات العربية؟ إن المفترض أن العولمة تقترن بالضرورة بتوسيع السوق، والمفترض أيضًا أن توسيع السوق يحفز على زيادة القدرة على التصدير ورفع معدلات الاستثمار، فكيف يمكن أن يلحق هذا ضررًا بمعدلات النمو؟

الأمر يتوقف على ما إذا كنا بصدد بلد يلعب دورًا إيجابيًّا، أو سلبيًّا في العلاقات الاقتصادية الدولية، قادر على انتهاز فرص التصدير، أم يقنع بفتح أبوابه أمام الواردات. توسيع السوق يمكن إذن أن يدفع معدل النمو إلى الارتفاع أو الانخفاض، بحسب تشجيعه أو تثبيطه للدافع إلى الادخار والاستثمار. إن من الممكن، بالطبع، أن يجذب توسيع السوق رؤوس الأموال الأجنبية للاستثمار في البلاد العربية، ولكن أثر ذلك على رفع معدلات النمو والتشغيل يمكن أن يكون ضعيفًا أو عشوائيًّا، إذا لم تتوفر لهذا البلد سياسة اقتصادية فعَّالة توجه الاستثمارات في اتجاه دون غيره، وفقًا لما تتطلبه المصلحة القومية، وليس

وفقًا لدوافع المستثمر الأجنبي. لقد كان لتطبيق سياسات الانفتاح، ابتداء من السبعينيات، في الدول العربية التي كانت أكثر انغلاقًا في الستينيات، كمصر وسوريا، أثر سلبي على الهيكل الإنتاجي، فازداد اعتماد الاقتصاد على تصدير المواد الأولية، وعلى إنتاج الخدمات، ولم يرتفع نصيب الصناعة التحويلية بدرجة ملموسة. كان لفتح أبواب الهجرة إلى دول البترول أثر إيجابي على معدلات التشغيل، ومن الممكن أن يعتبر هذا أثرًا من آثار العولمة، ولكن الطلب على العمالة المهاجرة كان مرهونًا بالظروف الاقتصادية في الدول المستقبلة لها، وهذه الدول لم تتجه بدورها إلى رفع معدلات التصنيع فيها بدرجة ملموسة، ومن ثَمَّ اتجه الجزء الأكبر من العمالة المهاجرة إلى الاشتغال في قطاعات الخدمات التي يتوقف معدل نموها على ارتفاع أو انخفاض أسعار البترول، ومن ثَمَّ فما إن اتجهت أسعار البترول إلى الانخفاض ابتداء من منتصف الثمانينيات، حتى أخذ هذا الأثر الإيجابي للهجرة في الأفول.

اقترن ارتفاع معدل العولمة كذلك، ابتداء من سبعينيات القرن العشرين، بنمو ظاهرة «المجتمع الاستهلاكي» في العالم ككل، التي أضرت بمعدلات الادخار في البلاد العربية كما أضرت بها في غيرها، واقترن كذلك باتجاه ملحوظ نحو زيادة درجة التفاوت في الدخول في معظم بلاد العالم، كما أكدت الإحصاءات المختلفة منذ ذلك الوقت، وكان آخرها ما ورد في كتاب «توماس بيكتي»، «رأس المال في القرن الحادي والعشرين». وهذه الظاهرة (أي اتساع الفجوة بين الدخول)، وثيقة الصلة بظاهرة العولمة التي تتيح من الفرص لزيادة عوائد رأس المال، أكثر مما تتيح من الفرص لزيادة عوائد العمل، سواء في الدول التي هاجر منها رأس المال، أو الدول التي أتى إليها، وهي العامرة بالمتبطلين الذين يقبلون العمل بأي أجر.

سبق أن ذكرنا أن الاقتصادي الإنجليزي الشهير «جون مينارد كينز»، في منتصف الثلاثينيات من القرن الماضي، عندما دعا إلى أن تلعب الدولة دورًا أكبر في مجموع الإنفاق كعلاج لمشكلة البطالة، دعا في الوقت نفسه إلى فرض قيود على حركة التجارة ورؤوس الأموال، وهي دعوة معاكسة تمامًا لاتجاه العولمة. إن هذا

الموقف من العولمة يصعب أن نتصور أن يتخذه كثيرون من الاقتصاديين الآن، في عصر أصبح النمو الاقتصادي في العالم كله مرتبطًا بتحرير التجارة وحركة رؤوس الأموال، ولكني أظن أن رجلًا مثل «كينز» كان من الممكن جدًّا، حتى في مثل الظروف الراهنة، أن يميز السياسة الواجب اتباعها في بلد عنها في بلد آخر، بحسب مدى حاجة البلد للتصدي لمشكلات حالة، كشيوع البطالة والفقر. بل إن اقتصاديًّا آخر أكثر حماسًا بكثير من «كينز» لتوسيع السوق، ولحرية انتقال السلع ورؤوس الأموال، وهو «آدم سميث»، أقر هو نفسه تدخل الدولة بفرض قيود على التجارة عندما تشتد فيها معاناة الناس من البطالة.

إن اتخاذ معظم الدول العربية موقف الترحيب بلا قيد، أمام ظاهرة العولمة منذ السبعينيات، ووقوفها مكتوفة الأيدي أمام حرية رؤوس الأموال والسلع في التنقل من بلد لآخر، كان من بين العوائق التي عطلت تصحيح الهيكل الاقتصادي ونمط توزيع الدخل. ولكن العولمة لم تفتح الأبواب فقط أمام السلع أو رؤوس الأموال، ولكنها فتحتها أيضًا (بما اقترنت به من ثورة المعلومات والاتصالات) أمام الأفكار وأنماط الاستهلاك. نعم كانت لهذا الانفتاح آثاره الفكرية والنفسية الطيبة في توسيع آفاق الشباب وتعريفه على مختلف الثقافات والحضارات، ولكن كانت له أيضًا آثاره السلبية على التنمية العربية. إن النهم الاستهلاكي، على النحو الذي نشهده الآن في مختلف الأقطار العربية، لم يكن معروفًا منذ خمسين عامًا، أو كان على الأقل مقصورًا على شريحة صغيرة جدًّا من المجتمعات العربية. الآن أصبحت زيادة الاستهلاك هي الهدف المرجو لشرائح واسعة من المجتمع، والحاكم لمختلف أنماط السلوك والعلاقات الاجتماعية. لم يضر هذا فقط بمعدلات الادخار والاستثمار، وإنما ألحق أيضًا ضررًا بليغًا بالشعور القومي، وبالولاء للأمة ككل، وبالتالي بالتعلق بفكرة الوحدة والاندماج العربي. لقد تفتت المشروع القومي خلال الخمسين عامًا الماضية إلى مشروعات فردية صغيرة، تتعلق بزيادة دخل وثروة الفرد أو الأسرة، وبالترقي والصعود على السلم الاجتماعي. ومع اقتران الانفتاح الاقتصادي بزيادة تغلغل الشركات الأجنبية العملاقة في الاقتصادات العربية

واتساع نفوذها، تحول الولاء للأمة، أكثر فأكثر، إلى ولاء للشركة التي تمنح هذه الفرص لزيادة الدخل والترقي الاجتماعي.

(٨)

كان ذلك منذ أكثر من ستين عامًا، عندما قرأت بعض كتابات الكاتب القومي العظيم ساطع الحصري. مما أذكره مما كتبه في ذلك الوقت تصديره لأحد كتبه، إذ ذكر أنه في إجابة على سؤال وجه إليه: «لماذا هُزم العرب في حرب فلسطين، رغم أنهم كانوا يحاربون بجيوش ست دول، ضد جيش واحد؟»، قال إن هذا هو بالضبط سبب الهزيمة، أنهم كانوا يحاربون بستة جيوش تنتمي إلى ست دول، وليس بجيش واحد لدولة واحدة.

كان إيمان هذا الكاتب السوري بالقومية العربية، وبضرورة الوحدة، إيمانًا لا يداخله أي شك، ومدعومًا بحجج قوية سياسية واقتصادية وثقافية وتاريخية، فترك فينا أثرًا قويًّا في مطلع شبابنا. ولكني لا بد أن أعترف بأني اكتشفت في ذلك الوقت أيضًا، كيف كان إيمان المصريين بالقومية العربية والوحدة، أضعف كثيرًا من إيمان سائر بلاد المشرق العربي، من فلسطين إلى العراق.

ففي سنة ١٩٥٣، وكنت طالبًا في كلية الحقوق، نظمت الكلية رحلة إلى لبنان وسوريا، فرأيت هذين البلدين لأول مرة، وقابلت شبابًا في مثل سني، لبنانيين وسوريين، فدهشت كيف كان شعورهم قويًّا بأننا ننتمي جميعًا إلى أمة واحدة، وكيف تسودهم الثقة بأن الوحدة العربية قادمة لا محالة، وأن المشكلة هي فقط وجود عقبات صغيرة، سرعان ما نستطيع التغلب عليها، فنكون دولة واحدة.

دهشت أيضًا، وسررت بشدة، إذ رأيت هؤلاء الفتية في مطلع الشباب يعرفون الكتاب والأدباء المصريين المشهورين معرفة جيدة، تفوق معرفة كثيرين من الشباب المصري بهم، وقد تكررت ملاحظتي لهذه الظاهرة، على مر السنين، كلما زرت بلدًا عربيًّا جديدًا. لم يكن غريبًا إذن أنه عندما أعلن جمال عبد الناصر في منتصف الخمسينيات، عن إيمانه بالقومية العربية والوحدة، كان لهذا مفعول السحر في بلاد

المشرق العربي على الأخص، ولا بد أن أعترف أيضًا بأن استجابة المصريين لهذه الدعوة، كانت أقل قوة منها في معظم البلاد العربية الأخرى. ولم أستغرب قط أن أسمع أن شعبية عبد الناصر أكبر في هذه البلاد منها في مصر.

ليس من الصعب تفسير هذا الفرق، ولكن ليس هذا موضوعي الآن، وإنما أريد أن أتتبع ما حدث لفكرة القومية العربية، والدعوة إلى الوحدة خلال الستين عامًا الماضية، وأن أحاول تفسير الصعود المدهش لهذه الفكرة ثم تدهورها المدهش أيضًا، حتى وصلنا إلى هذه الدرجة من الضعف في استجابتنا لما يحدث الآن في سوريا أو العراق أو غزة، من أحداث يشيب لها الولدان.

هل يكفي حقًّا أن نفسر ما حدث من تدهور في الإيمان بالقومية العربية بهزيمة العرب العسكرية في ١٩٦٧؟ لقد مر على هذه الهزيمة أكثر من أربعين عامًا، فهل كان من المستحيل أن يسترد العرب وعيهم، ويعودوا إلى إدراك أن ما يجمعهم أهم مما يفرقهم، وأنه لا مستقبل يرجى لهم في الحقيقة، إلا بمواجهة العالم ككتلة واحدة؟

لا، لم تكن الهزيمة العسكرية لتكفي وحدها. كان هناك أيضًا ما طرأ من تغيرات على السياسة المصرية لأسباب ليست الهزيمة العسكرية إلا واحدًا منها. كذلك كان هناك حلول عصر جديد في العالم ككل، هو عصر ازدياد نفوذ الشركات الدولية العملاقة، بالمقارنة بسلطة الدولة القوية، وهذه الشركات تفضل التعامل مع وحدات سياسية صغيرة على التعامل مع دولة قوية، ناهيك عن دولة تجتمع لها عناصر القوة الاقتصادية لعدة بلاد عربية. ولكن هذا العصر الجديد اقترن أيضًا بتطور مذهل في منظومة القيم، وعلى الأخص فيما يتعلق بالأهمية النسبية لتحقيق الأهداف الاقتصادية (سواء للفرد الواحد أو للأمة)، بالمقارنة بالأهداف السياسية أو الثقافية. لقد عملت هذه التطورات الثلاثة على تقويض فكرة القومية العربية والوحدة، كما يعمل السوس في الخشب. فإذا بنا بعد خمسين عامًا من إصابتنا بالحزن العميق لانفصال سوريا عن مصر في ١٩٦١، ومحاولات مستميتة لإعادة هذه الوحدة إلى الحياة، نسمع اليوم عن سقوط عشرات الألوف من السوريين في معارك مع حكومتهم، وعن هجرة عشرات الألوف غيرهم، فنتلقى الأخبار وكأنها

تحدث في بلد بعيد لا تربطنا به صلة تذكر، في جنوب شرقي آسيا أو في أمريكا اللاتينية. أما قيام فريق مجهول من الناس بإعلان ما يسمى بـ«الجمهورية الإسلامية في العراق والشام»، وبقتل العراقيين وتدمير بعض من أعز وأجمل معالم الحضارة العربية، فنتلقى أيضًا أخباره في مصر (كما أظن أنه يُتلقى أيضًا في البلاد العربية الأخرى) بمشاعر غريبة هي مزيج من الشعور بالعجز التام عن فهم ما يحدث، وانتظار حدوث الأسوأ منه في اليوم التالي، مع تسليم تام بالعجز عن عمل أي شيء لمواجهة هذا أو ذاك.

كثيرًا ما نصادف من يصف الخمسينيات والستينيات من القرن الماضي بأنه «الزمن الجميل»، ليس فقط من باب الحنين لنظام سياسي أو اقتصادي أفضل، ولكن أيضًا ترحمًا على حالة انقضت من ازدهار الفن والثقافة أيضًا. وأنا، مثل كثيرين، أعتبر ازدهار فكرة القومية العربية والأمل في تحقيق الوحدة العربية، من معالم هذا «الزمن الجميل» الذي انقضى. ذلك أن الإيمان بهذه الفكرة، والثقة في إمكانية تحقيقها كان من مظاهر مستوى عالٍ من التفاؤل والطموح، ومن توحد الإجراءات والشعارات السياسية التي تتخذها أو ترفعها القيادة السياسية (ولو لفترة قصيرة من الزمن) مع مشاعر الناس. ولكن كثيرين يظنون خطأً أن ذلك الزمن كان جميلًا لأننا كنا سعداء الحظ بنوع الأشخاص الذين تصادف أن تولوا حكمنا في غفلة من الزمن. الحقيقة في رأيي، أن ذلك الزمن الجميل، هو الذي سمح بمجيء هؤلاء الأشخاص ليتولوا حكمنا (بل وأحيانًا فرض على أشخاص عاديين أن يقوموا بأعمال عظيمة) أي أن هؤلاء الأشخاص لم يتولوا حكمنا في غفلة من الزمن، بل جاءوا في ظل وعي كامل، من الزمن أو التاريخ، وليس بالضرورة بوعي كامل منهم. ثم دخل العالم كله (ولسنا نحن فقط) في نصف قرن جديد مدهش في مساوئه. قد يستغرب البعض أن توصف الخمسون عامًا الماضية على هذا النحو، وهي التي شهدت تقدمًا تكنولوجيًّا مذهلًا في مختلف جوانب الحياة (بما في ذلك ثورة المعلومات والاتصالات)، وارتفاعًا غير معهود في مستويات الاستهلاك والرفاهية لنسبة كبيرة من السكان، ولكني لا أجد أي تعارض بين هذا وذاك. إن من الممكن جدًّا أن يزداد المرء ثراءً يسمح له بحيازة آخر منتجات التكنولوجيا الحديثة، ولكن

يصيبه الانحطاط في جوانب أخرى مهمة من حياته في الوقت نفسه. إني أجد مظاهر كثيرة لهذا الانحطاط في نوعية الحياة، لا تقتصر على تدهور البيئة المادية، بل تشمل تدهور البيئة «المعنوية» أيضًا، كتدهور في مستوى التعليم، وفي اللغة المستخدمة في التخاطب والكتابة، وفي مستوى برامج التلفزيون وسائر وسائل الإعلام والترفيه، واكتساح متطلبات «التكنيك» (أي التكنولوجيا نفسها) وسيطرتها على محتوى الأعمال الفكرية أو الترفيهية، وحلول مشروعات تنمية الاستهلاك محل المشروعات الأخلاقية أو الوطنية، إلخ.

الأمثلة على التدهور في نوعية الحياة كثيرة، ومعظمها مرتبط ارتباطًا وثيقًا بالتقدم التكنولوجي، وليس من الصعب أن نفهم لماذا رضخنا بهذه السهولة لمتطلبات التكنولوجيا الحديثة، إذ إن الإنسان فيما يبدو ضعيف جدًّا أمام كل ما يجلب له مزيدًا من «الراحة»، ولو على حساب كل شيء آخر.

إني أعتبر من قبيل هذا التدهور في نوعية الحياة، هذا التدهور الذي طرأ على الشعور القومي، وعلى الإيمان بالقومية العربية وبضرورة الوحدة. لقد مكَّن التقدم التكنولوجي الحديث، الشركات العملاقة من أن تزداد نموًّا ونفوذًا، وجعل للاعتبارات الاقتصادية الغلبة على أي اعتبارات أخرى، في سلوك الدول والأفراد على السواء، مما وجه ضربات قوية لأفكار ودعوات نبيلة، لا تدعمها قوة اقتصادية أو تكنولوجية، ومنها فكرة القومية العربية.

(٩)

ما أكبر الفارق بين جيلي وجيل أولادي في قوة الشعور بالعروبة، والإيمان بالقومية العربية، وبين شدة حماستنا وقلة حماستهم للوحدة العربية.

لقد بلغت حماستنا للوحدة العربية أقصاها في الأربع سنوات ١٩٥٨-١٩٦٢، وعلى وجه الخصوص بين إعلان الوحدة بين مصر وسوريا في أوائل ١٩٥٨، وبين قيام الانقلاب السوري الذي أطاح بهذه الوحدة في نهاية صيف ١٩٦٢. بين هذا التاريخ وذاك، زاد تفاؤلنا بإمكان تحقيق الوحدة، عندما قامت ثورة العراق

في يوليو ١٩٥٨، وأظهر رجالها تعاطفهم مع وحدة مصر وسوريا، وعندما قام الأردنيون في نفس السنة بطرد الإنجليزي جلوب باشا، الذي كان قائدًا للجيش الأردني، وعندما قامت ثورة في لبنان في السنة نفسها أيضًا، أطاحت بكميل شمعون الذي كان معاديًا لتلك الوحدة.

كنت في ذلك الوقت في الثالثة والعشرين من عمري، فما أشد أسفي وأسف جيلي إذ نرى جيل أولادنا، إذ بلغوا الآن هذه السن، لا يبدون نحو القومية العربية إلا اللامبالاة، بل وقد تقترن اللامبالاة ببعض السخرية، ويعتبرون الولاء للعروبة رومانسية تتعارض تعارضًا تامًا مع شواهد الأمور، وأي تعبير عن مجرد الأمل في تحقيق الوحدة العربية وكأنه أضغاث أحلام. فما الذي حدث خلال الخمسين عامًا الماضية، لنصل إلى هذه النتيجة؟

لم يحدث، فيما يبدو لي، أي شيء يدحض أو يقلل من أهمية المزايا المعروفة، التي يمكن أن تجلبها الوحدة للعرب، والتي طالما رددناها حينئذ، سواء فيما يتعلق بالتنمية الاقتصادية، أو القوة السياسية، أو النهضة الثقافية. نعم، ربما قويت خلال الخمسين عامًا الماضية بعض المصالح المحلية، في هذا البلد العربي أو ذاك، والتي لا ترحب بالوحدة بسبب ما تصيبها به الوحدة من أضرار، اقتصادية أو سياسية. ولكن هذه المصالح المحلية وما يصيبها من أضرار بسبب الوحدة، كانت موجودة ومعروفة، وبدرجة كافية من القوة، حتى في ذلك الوقت الذي بلغت فيه حماستنا للوحدة أقصى مداها، أي في أواخر الخمسينيات وأوائل الستينيات، بينما لا تزال روابط الثقافة واللغة والتاريخ قوية، مثلما كانت منذ عدة قرون. فما الذي حدث بالضبط فجعل إيماننا بالقومية والوحدة يصل إلى هذه الدرجة من الضعف؟

لقد اكتشف بعض الكتاب في الغرب فجأة، في أوائل السبعينيات، أن في العرب عيوبًا خطيرة. وجدوها مرة في العقلية العربية وطريقة تفكيرهم. ومرة في نفسيتهم وطريقة تعاملهم مع الأحداث، ومرة في لغتهم، ومرة في دينهم، ومرة في ميل متأصل لديهم للشجار مع بعضهم البعض، إلى حد هجوم دولة عربية على أخرى واحتلالها، إلخ، واعتبر هؤلاء الكتاب هذه العيوب السبب في فشل العرب

في تحقيق وحدتهم، وصعوبة أو استحالة تحقيقها في المستقبل. وردد كثير من العرب ما سمعوه من الغرب، أو اكتشفوا هم هذه العيوب بأنفسهم. فكتب بعض الكتاب المصريين المرموقين، ابتداء من أوائل السبعينيات، يدعون إلى نسيان العروبة والقومية العربية، رافعين شعار «مصر أولًا». وترددت شعارات مماثلة في بلاد عربية أخرى، فقال الكويتيون ما معناه أن «الكويت أولًا»، وكون أهل الخليج لجانًا ومجالس تستهدف مصلحة «دول الخليج أولًا». وعندما رأى أهل المغرب العربي ما يفعله أهل المشرق العربي بشعارات القومية العربية والوحدة، لم يجدوا أي حافز للتمسك بما تخلى عنه الدعاة الأصليون.

ولكن كل هذه الانتقادات الموجهة للعرب تتعلق بجوانب ثابتة على مر القرون من جوانب الشخصية العربية أو العقلية العربية، وسواء كانت هذه الانتقادات صحيحة أو باطلة، فقد أثبت العرب على أي حال أنهم قادرون على صنع حضارة باهرة، بنفس هذه العقلية وهذه اللغة وهذا الدين وهذه الطريقة في التفكير، إلخ. فلماذا لم يكتشف هؤلاء الكتاب في الغرب هذه الجوانب ومدى سلبيتها إلا في السبعينيات؟ ولماذا لم يسلم العرب بصحتها أثناء اشتعال حماستهم للوحدة العربية قبل ذلك بعشر سنوات فقط؟

لا بد أن هذا التحول في النظرة إلى القومية العربية والوحدة لم يكن نتيجة لطبائع ثابتة، بل إلى أحداث طارئة. أحداث مهمة ربما ولكنها طارئة، أي نتيجة لتغيرات تأتي وتذهب، ومن ثَمَّ فهي مؤقتة في جميع الأحوال، ومهما طال بها العمر.

إن الأحداث الطارئة لا تفسر فقط انحسار موجة القومية العربية والوحدة، بل تفسر أيضًا ظهورها وارتفاعها. فأنا أذكر جيدًا موقفي، وموقف المصريين عمومًا، تجاه فكرة الوحدة العربية والقضايا العربية، بوجه عام، في أواخر الأربعينيات ومطلع الخمسينيات. كنا نحن أيضًا، في ذلك الوقت، من أنصار «مصر أولًا»، ولكن ليس بمعنى إنكار فكرة القومية العربية ورفضها، كما أصبح معنى هذا الشعار في السبعينيات، ولكن بمعنى قصر اهتمامنا على المشاكل المصرية، واعتبار القومية والوطنية مترادفين يعنيان الولاء لمصر. نعم كان العرب «أشقاءنا» ولكن ليس بمعنى ضرورة الاتحاد معهم في دولة واحدة، بل كان أقصى ما تصل إليه طموحاتنا في

ذلك الوقت، فيما يتعلق بتكوين وحدة سياسية أكبر من مصر، هو «وحدة وادي النيل»، أي اتحاد مصر مع السودان.

من المدهش حقًّا ما فعلته ثورة ١٩٥٢ فجأة، من تحويل آمال مصر في الوحدة من الاتحاد مع السودان إلى تحقيق وحدة عربية شاملة لا يشكل السودان أهم طرف فيها، بل أصبح التركيز الأساسي فيها على بلاد المشرق العربي. بدأ هذا التحول في منتصف الخمسينيات، عندما بدأ جمال عبد الناصر يتكلم لأول مرة عن العروبة والقومية العربية، وتحول بين يوم وليلة من رئيس مصري إلى زعيم عربي، وأنشأت مصر إذاعة «صوت العرب» لتلهب حماسة بقية العرب لتحقيق الوحدة.

مثلما حدث هذا التحول إلى الوحدة العربية فجأة، نتيجة لتحول طرأ على السياسة المصرية، حدث التحول ضد الوحدة العربية فجأة، نتيجة لهزيمة العرب في ١٩٦٧. فمنذ هذه الهزيمة بدأ الانحسار السريع لفكرة الوحدة العربية، ولأي دعوة لها صلة بالقومية العربية. ومنذ ذلك الوقت نشط الكتاب المعادون للعرب في تسخيف فكرة القومية العربية، وفي إنتاج سيل من الإهانات للعرب.

لم يكن صعود فكرة القومية العربية ثم انحسارها ناتجين، إذن، عن اكتشاف كان غائبًا عن الأذهان، أي اكتشاف مزايا الوحدة تارة، ثم اكتشاف مساوئ العرب وأوجه النقص فيهم تارة أخرى. بل كان السبب هو التغير في مجرى الأحداث السياسية، التي أدت إلى ازدهار أحوال العرب لبضع سنوات ثم إلى انكسارهم. كان صعود الحماسة للقومية العربية لدى جيلي من المصريين، نتيجة لازدهار آمالنا وتفاؤلنا بما يمكن للعرب تحقيقه، وكان هبوط الحماسة ثم زوالها، لدى جيل أبنائنا، نتيجة لما خيَّم عليهم من يأس من تحقيق أي تقدم سياسي، سواء بالتعاون مع بقية العرب أو بدونهم.

إذا صح هذا التفسير، فإنه يضع على عاتق المؤمنين بالقومية العربية والوحدة مهمة أكثر مشقة مما يظنون. إن ما أصاب حركة القومية العربية من ضعف، لا يعود إلى ضعف في الاقتناع، بل إلى ضعف في الهمَّة. لا يعود إلى نمو الشكوك العقلية في صحة العقيدة، بل إلى نمو الشك في النفس ذاتها، مما أفقدها القدرة على الاعتقاد في أي شيء.

بعبارة أخرى: المرض ليس مرضًا عقليًّا دفعنا إلى تكذيب الحقائق وتصديق الأكاذيب، بل هو أقرب إلى المرض النفسي الذي وصل إلى درجة فقد القدرة على الحركة، والعجز عن الانتصار لأي شيء: حقًّا كان أم كذبًا.

إذا كان الأمر كذلك، فمهمة أنصار القومية العربية والوحدة، وهم الآن قلة نادرة، ليست مهمة «إقناع» بقدر ما هي مهمة «إحياء».

الفصل الرابع

الاستعمار

(١)

الاستعمار ليس إلا صورة حديثة لظاهرة قديمة جدًّا، هي سيطرة القوي على الضعيف. فكما أنه في عالم الحيوان، تلتهم السمكة الكبيرة صغار السمك، يجور الإنسان القوي على الإنسان الضعيف، وقد يحوله إلى عبد له، وتستولي القبيلة القوية على أرض القبيلة الضعيفة، وتقهر الطبقة القوية الطبقة الضعيفة، وتستعمر الدولة القوية الدول الأضعف.

وعندما كنا صبية صغارًا، كنا نعتبر أن الاستعمار هو المسؤول عن كل ما كانت مصر تعاني منه، من فقر وجهل ومرض. ولم نكن في ذلك بعيدين عن الصواب. ولكني عندما أعود بذاكرتي إلى تلك الأيام، أتعجب كيف كان الاستعمار حينئذ ظاهرة بسيطة واضحة كالشمس، وكم كان علاجها أيضًا بسيطًا واضحًا.

كم كان جيلنا سعيد الحظ، إذ كانت المشاكل والحلول بهذه البساطة والوضوح. إذ فلنقارن كيف كان الاستعمار حينئذ بما أصبح عليه الآن. كان الاستعمار في طفولتي وصباي يأتي إلينا في صورة احتلال عسكري، والقضية الوطنية تتلخص في كلمة واحدة: «الجلاء». ها نحن قد حققنا الجلاء ولم ينته الاستعمار، أي لم تنته سيطرة الدولة القوية على الدول الضعيفة، بل اكتُفي فقط بتغيير الأسماء. أصبح الآن من الممنوع استخدام كلمة «الاستعمار» نفسها، إذ يخشى من يستخدمها أن يُتهم بأنه لا يزال يعيش في الماضي، ويتكلم عن أشياء عفى عليها الدهر. ولكن

الحقيقة غير ذلك. السيطرة هي كما كانت عليه، عندما كنا نصفها بالاستعمار، بل ربما أصبحت أشد وطأة، والأهداف التي يُرجى تحقيقها من وراء هذه السيطرة لم تتغير كثيرًا، أما وسائل السيطرة فقد أصبحت تجري سرًّا وفي الخفاء، بينما يجري إنكارها في العلن.

أما عن استمرار ظاهرة السيطرة، فيمكن تفسيره بذلك القانون الطبيعي الذي ذكرته، والذي يجعل السمكة الكبيرة دائمًا تلتهم السمك الصغير. وأما التغيرات التي لحقت بالأهداف والوسائل، فلا أجد لها تفسيرًا مقنعًا غير التغيرات التي طرأت على التكنولوجيا المتاحة، في طرق الإنتاج والاتصالات.

عندما أرسلت بريطانيا جيوشها لاحتلال مصر، في سنة ١٨٨٢، كانت الأهداف تتلخص في أربعة أشياء: استغلال العمل المصري الرخيص في إنتاج القطن الذي تحتاجه الصناعة البريطانية، وفتح السوق المصرية أمام منتجات هذه الصناعة، واستثمار فائض رؤوس الأموال البريطانية في مجالات مدرة للربح، كمد خطوط السكك الحديدية مثلًا، أو إنشاء شركات الكهرباء أو الترام، أو فروع لبنوكها، وتأمين الطريق الذي يصل بين بريطانيا ومستعمراتها في آسيا، خاصة الهند. كان يجب إجبار السياسيين المصريين على تطبيق السياسات، التي تتفق مع تحقيق هذه الأهداف، وكانت الوسيلة الوحيدة المتاحة حينئذ لهذا الإجبار هي الاحتلال العسكري. في العصر الحديث، ما زال استخدام العمل الرخيص هدفًا، وكذلك فتح الأسواق واستثمار فوائض رؤوس الأموال وتأمين طرق المواصلات، ولكن أهم أنواع العمل الرخيص لم يعد العمل الزراعي، بل امتد ليشمل حتى خريجي الجامعات (الذين أصبحت تنشأ من أجلهم جامعات أجنبية). وأهم أنواع السلع المطلوب فتح أسواق لها لم تعد المنسوجات، بل امتدت لتشمل السيارات والكوكاكولا بل وحتى الأسلحة. كما تغيرت مجالات الاستثمارات المربحة لتشمل كل شيء، من إنشاء مصانع لتجميع السيارات وأجهزة التكييف، إلى فتح محلات لبيع ساندوتشات ماكدونالد. وأما وسائل المواصلات المطلوب تأمينها، فقد تطورت من السفن والقطارات، إلى الطائرات والتلفونات، إلى الرسائل الإلكترونية.

لا بد بالطبع من استمرار إخضاع السياسيين، كما كانت الحال دائمًا، ولكن كم

يبدو الآن مضحكًا أن الإنجليز اضطروا إلى استخدام الدبابات في ١٩٤٢، لإجبار الملك فاروق على تعيين حكومة بعينها، بينما لم يعد يحتاج المستعمرون اليوم إلى أكثر من مكالمة تلفونية!

لا يجب أبدًا أن نستغرب أن تحدث هذه التغيرات المهمة نتيجة لتغيرات تكنولوجية. فالتاريخ مملوء بتغيرات ليست أقل أهمية، حدثت نتيجة لتطور التكنولوجيا. فمنذ بضعة آلاف من السنين كانت القبيلة القوية تحتاج إلى إفناء القبيلة الضعيفة عن بكرة أبيها، من أجل الاستيلاء على أرضها. ثم حدث تطور تكنولوجي سمح للعامل بأن ينتج من الأرض أكثر مما يحتاج إليه هو وأسرته لمجرد البقاء على قيد الحياة. فسمح هذا للقبيلة المنتصرة بأن تحول أفراد القبيلة المهزومة إلى عبيد بدلًا من قتلهم، إذ ظهر أن نظام العبودية أفضل وأكثر فائدة من الإبادة: إذ ما المانع من إبقاء المهزوم على قيد الحياة، فينتج ما يكفيه هو وأسرته، وينتج فوق ذلك فائضًا لاستهلاك مالكه هو وأسرته؟

هكذا أدت التطورات التكنولوجية إلى تغير شكل السيطرة وأساليبها من عصر إلى عصر، مرورًا بعصور الإقطاع والرأسمالية والاستعمار القديم، وحتى عصرنا هذا، سواء سميناه عصر الاستعمار الجديد، أو عصر التبعية، أو حتى عصر احترام حقوق الإنسان!

المؤسف جدًّا في هذا الأمر، أن الخطاب المستخدم الآن، في ظل هذه الصورة الحديثة للاستعمار، هو عكس الحقيقة بالضبط. إني لا أنكر أن الخطاب في ظل الاستعمار القديم كان يتسم أيضًا بدرجة عالية من النفاق (مثل الادعاء بأن الهدف هو نشر الحضارة والنهوض بالأمم المستعمَرة)، ولكن النفاق الآن وصل إلى حد غير مسبوق، وإلى حد تضليل عدد كبير من مثقفينا، بل ومفكرينا (إذ إن الوسائل التكنولوجية المستخدمة في التضليل قد تقدمت أيضًا)، فإذا بهؤلاء المثقفين والمفكرين يتكلمون وكأننا مستقلون حقيقة، وأصحاب إرادة حرة، وأن كل ما نحتاجه هو انتخابات «حرة» (يا حبذا لو حظيت أيضًا بمراقبين دوليين!)، لكي يزدهر الاقتصاد ويعم الرخاء.

في الخطاب السياسي السائد الآن، وفي المراسم الدبلوماسية والبروتوكولات،

يعامل رئيس أي دولة، مهما كان ضعفها، المعاملة نفسها التي يحظى بها رئيس أقوى دولة. الجميع يستعرضون حرس الشرف لدى وصولهم للزيارة، ويخاطب بعضهم الآخر باحترام ظاهر، ونادرًا ما يسيء أحدهم الأدب في مخاطبة الآخرين أو في الحديث عنهم، والمناورات العسكرية المشتركة تجري وكأن الطرفين المشتركين فيها على قدم المساواة. وتأتي دخول البنوك والصناديق الدولية وكأنها تتكلم بالنيابة عن هيئات محايدة، يتساوى فيها كل الأعضاء، ولا تسيطر فيها دولة على أخرى، فتملي هذه الوفود شروطها في الخفاء، وبكل أدب، ولا يُعلن للناس مضمون ما دار بالضبط في المحادثات. فإذا بالحال تستمر بعد كل هذه الانتخابات والمراسم والمحادثات والقروض، كما كانت بالضبط قبلها، بل وربما أصبحت أكثر سوءًا. المؤكد هو فقط استمرار سيطرة القوي على الضعيف، إذ لا يمكن أن نتصور أن تقابل السمكة الكبيرة في طريقها سمكة صغيرة، دون أن تلتهمها.

(٢)

بانتهاء الحرب العالمية الثانية في ١٩٤٥، دخل العالم عصرًا جديدًا من المناسب جدًّا أن نسميه «العصر الأمريكي». في هذا العصر، شهدت البلاد التي سميت في أعقاب الحرب بـ«العالم الثالث»، استبدال استعمار جديد بالاستعمار القديم، وديمقراطية مزيفة بديمقراطية أخرى مزيفة ولكن بشكل آخر، وصورة أخرى من سيطرة رأس المال على الحكم، دون القضاء على هذه السيطرة، وفشلًا في تحقيق العدالة الاجتماعية (باستثناء فترة قصيرة للغاية). فلماذا كان هذا كله من سمات «العصر الأمريكي»؟ هذا هو ما سأحاول بيانه الآن.

كانت للولايات المتحدة في منتصف القرن العشرين سمات وخصائص مختلفة جدًّا عن خصائص الدولتين الاستعماريتين السابقتين (بريطانيا وفرنسا). فظروف الولايات المتحدة الجغرافية والسكانية والاقتصادية مختلفة عن ظروف هاتين الدولتين في أمور مهمة، فضلًا عن أن انقضاء أكثر من قرن بين بداية عصر السيطرة

الأوروبية وبداية السيطرة الأمريكية، بما حفل به من تطورات تكنولوجية، كان لا بد أن يميز العصر الأمريكي عما سبقه. ترتب على هذا وذاك أن الاحتياجات والطموحات الأمريكية في البلاد، التي سميت حينئذ ببلاد «العالم الثالث»، كان لا بد أن تختلف عن احتياجات وطموحات بريطانيا وفرنسا.

كانت الصناعة الرئيسية التي تقود النمو الاقتصادي في بريطانيا وفرنسا، طوال القرن التاسع عشر، هي صناعة المنسوجات، أما في الولايات المتحدة في النصف الأول من القرن العشرين فكانت صناعة السيارات. كانت بريطانيا وفرنسا في حاجة إلى استيراد القطن الرخيص أو المواد الأولية الرخيصة، التي تنتجها أيدٍ عاملة تقبل أجورًا منخفضة للغاية بسبب الفقر، أما أمريكا فكانت غنية بالقطن وغيره من المحاصيل الزراعية التي تبحث لها عن أسواق. في العصر الأمريكي زادت أهمية الحصول على أسواق في الخارج، ليس فقط للمحاصيل الأمريكية الزراعية، ولكن لصناعات أخرى جديدة من السيارات والكوكاكولا، وإلى بعض أنواع الآلات والسلع الوسيطة، وإلى الأسلحة. أما استيراد المواد الأولية، فكان أكثرها إغراء البترول، رغم غنى الولايات المتحدة به أيضًا، إذ أصبحت لهذه السلعة الاستراتيجية أهمية كبرى في الحروب، وفي فرض السيطرة على العالم. استمرت إذن الحاجة إلى «الاستعمار»، ولكن ما أبعد سمات الاستعمار الجديد عن سمات الاستعمار القديم.

كان الاستعمار القديم يتطلب دائمًا احتلالًا عسكريًّا، فلم يعد الاستعمار الجديد يتطلبه دائمًا، (ومن ثَمَّ أصبح من الممكن جدًّا الاستغناء عن تلك الأوصاف المثيرة للغضب بما في ذلك كلمة «الاستعمار» نفسها). أصبح من الممكن الاكتفاء بإحداث انقلاب عسكري يقوم به أشخاص من أبناء البلد المستعمَر نفسه، وفي ظل رفع شعارات تندد بالاستعمار وتمجد الحرية والاستقلال.

أنت الآن تتعامل أساسًا، ليس مع عمالة زراعية مقهورة يجب ألا ترتفع أجورها، لكي يستمر انخفاض تكاليف ما تنتجه من محاصيل، بل تتعامل مع زبون «مستهلك» يهمك أن يرتفع دخله حتى تستمر قدرته على شراء ما تنتجه أنت. هناك طبعًا صور متعددة لزيادة الدخل، بعضها يأتي من رفع القدرة على إنتاج سلع تنافس ما تريد

تصديره، وهذا يجب منعه أو التحكم فيه بشدة، وبعضها يتحقق دون زيادة تذكر في القدرة الإنتاجية، كالسياحة مثلًا، أو إنتاج سلع وخدمات أخرى لا تنافسك (مثل دخل قناة السويس أو تحويلات العاملين في الخارج في قطاعات خاضعة لك من الأصل) أو يتحقق من بيع الأصول نفسها (كالبترول إذا وجد)، أو عن طريق ما يسمى بـ«الخصخصة».

كم كان رائعًا أن تخطر بذهن البعض فكرة «التنمية الاقتصادية» كشعار من الشعارات التي دُشن بها العصر الأمريكي (وكان يجري تجنبها تمامًا في عصر الاستعمار السابق عليه). لا أحد ينكر بالطبع ضرورة انتشال البلاد الفقيرة من الفقر، ولكن أفكار ونظريات التنمية الاقتصادية التي دشنها العصر الأمريكي كانت - ولا تزال - مدهشة حقًّا في تجاهلها ما يميز بلدًا فقيرًا عن بلد آخر، وفي تلخيص الفوارق بين البلاد الفقيرة والغنية في الفارق بينهما في «متوسط الدخل»، واعتبار نقص الادخار ورأس المال أهم عقبة في طريق التنمية (وليس مثلًا العوامل المؤثرة في إنتاجية العامل غير رأس المال، أو المتعلقة بدور الدولة ومدى نزاهتها أو انتشار الفساد فيها، إلخ)، واعتبار المعونات الأجنبية تارة، والاستثمارات الأجنبية الخاصة، تارة أخرى، هي مفتاح هذه التنمية (أو حتى النهضة كلها). قدمت كل هذه الأفكار على أنها أفكار مسلَّم بها ولا اختلاف عليها في «نظرية التنمية الاقتصادية»، وقبلناها نحن أيضًا بسذاجة مدهشة دون أن نتبين أنها ليست أكثر من رؤية العصر الأمريكي للسياسات واجبة التطبيق في الدول الفقيرة.

كذلك حظيت دول العالم الثالث بنظم دكتاتورية أو ديمقراطية، بحسب متطلبات العصر الأمريكي: دكتاتوريات ما دام المطلوب إحلال النفوذ الأمريكي محل نفوذ الدول الاستعمارية القديمة، أو لمواجهة التوسع السوفيتي أثناء الحرب الباردة، وديمقراطيات مزيفة فيما عدا ذلك. أما عن العلاقة بين رأس المال والحكم، فقد انقضى بالطبع عهد سيطرة الإقطاعيين المتحالفين مع الدول الاستعمارية القديمة، وحلت محلها سيطرة الضباط المتحالفين مع الولايات المتحدة، ما دامت الحرب الباردة مستمرة. أما في عصر الوفاق بين القوتين العظميين ثم بعد سقوط الاتحاد السوفيتي، فأصبح من المناسب جدًّا أن يتحقق تزاوج بين أصحاب رأس المال

وأصحاب السلطة السياسية، على نمط شبيه جدًّا بالنمط السائد في الولايات المتحدة نفسها. وفي ظل هذا التزاوج يصبح الحديث عن هدف العدالة الاجتماعية في دول العالم الثالث حديثًا مزيفًا، مثلما هو في داخل الولايات المتحدة الأمريكية.

(٣)

ما هو الجديد بالضبط في الاحتلال الأمريكي للعراق ٢٠٠٣؟ نعم، إنه بلا شك هجمة استعمارية، ولكن فيم يختلف الاستعمار هذه المرة عن الاستعمار القديم؟

إن لهذه الهجمة الاستعمارية الجديدة الملامح القديمة نفسها المعروفة لأي غزوة استعمارية سابقة. ولكن تظهر من حين لآخر بعض الملامح غير المألوفة، تجعل هذه الهجمة تبدو وكأنها نوع جديد حقًّا من الاستعمار، أو كأن ما يحدث يمثل أعلى مراحل الاستعمار.

كان هناك أولًا نفس التعلل بحادثة مثيرة، منبتة الصلة في الحقيقة بما اتخذ بعدها من إجراءات. أقصد بهذا بالطبع حادث ١١ سبتمبر ٢٠٠١. فأيًّا كانت الحقيقة فيما يتعلق بتفاصيل ما وقع بالفعل في ١١ سبتمبر، هناك العديد من الأدلة على أن ما قيل عنه من أكاذيب، من جانب وسائل الإعلام وجهات التحقيق الرسمية على السواء، يبلغ أضعاف ما قيل عنه من حقائق.

وعلى أية حال، فقد استخدم هذا الحادث كما يستخدم دق الطبول في تهييج الجيوش للحرب: لا علاقة مباشرة في الواقع بين دق الطبول في بداية الحرب وبين الأهداف الحقيقية من الحرب، اللهم إلا تهييج الناس وخلق المناخ النفسي الملائم لما يراد عمله.

هناك أيضًا التشدق المألوف نفسه بمبادئ سامية جدًّا، لتبرير أعمال حقيرة جدًّا. فبعد أن استخدم الاستعمار شعارات نشر المسيحية مرة، في عصر الرأسمالية التجارية، ثم استخدم شعارات الوطنية وتمدين الشعوب المتأخرة، في عصر الرأسمالية الصناعية، تستخدم الآن شعارات الديمقراطية وحقوق الإنسان ومكافحة الإرهاب، في عصر الرأسمالية المعولمة. وكل هذه الشعارات، القديم منها والجديد،

لا علاقة لها بالطبع بالأهداف الحقيقية من الهجوم الاستعماري. أما الأهداف الحقيقية من الهجمة الاستعمارية، فإن لها نفس الملامح المألوفة: السيطرة على مواد أولية ثمينة، وإن كان النفط قد حل محل السلع الزراعية، وفتح أسواق جديدة، وإن كان تصريف الأسلحة قد حل محل تصريف الأقمشة، بالإضافة إلى فتح مجالات جديدة للاستثمار، وإن كان الأمر الآن كثيرًا ما يتطلب القيام بالتدمير قبل أن يعاد بناء ما تم تدميره. كل هذه الوسائل والأهداف لها إذن كثير من الملامح الرئيسية المألوفة في أي هجمة استعمارية سابقة. ولكن هناك أيضًا ملامح حديثة بشعة لهذه الهجمة الاستعمارية الجديدة، لا بد أن تستوقف النظر، وتدعو المرء إلى التساؤل عما إذا كنا قد دخلنا، دون أن نشعر، عصرًا جديدًا تمامًا لم نر قبله من قبل، بل وربما تجاوز أيضًا ما صوره جورج أورويل في «١٩٨٤».

انظر مثلًا إلى الدور الذي تلعبه وسائل الإعلام الآن، ليس فقط في نقل المعلومات والأخبار (الصحيحة والخاطئة)، وليس فقط في إثارة العواطف في الاتجاه المطلوب، بل ودورها في إدارة العمليات الحربية نفسها، بل وفي خلق الأحداث خلقًا. إن الجيش الأمريكي الذي ذهب إلى العراق في ٢٠٠٣ أخذ معه إلى جانب الأسلحة والعتاد، مندوبي التلفزيون ومصوريه، حيث يقرر قواد المعركة، ليس فقط مكان وزمان المعركة وأسلحتها، بل وأيضًا طريقة تصويرها وإخراجها للناس. وعندما يتقرر إنهاء حكم صدام حسين، يكون أمام قوات الاحتلال الاختيار بين القبض عليه فورًا ومحاكمته وإعدامه مثلًا، وبين الاكتفاء بتصوير تمثال ضخم له وهو يسقط في ميدان عام، بينما يصفق بعض الناس لسقوطه، على أن يؤجل القبض عليه إلى وقت آخر أكثر ملاءمة. المشهد، كما ترى، أورولي مائة بالمائة، حيث تضيع الفوارق بين الواقع والخيال، أو بين الأصل والصورة. ولكن الخيال هنا قد تفوق فيما يبدو على ١٩٨٤.

أو فلتنظر مثلًا إلى هذا الاهتمام البالغ بتغيير طريقة التفكير، وتبديل الولاء وإضعاف الشعور بالانتماء للدين أو الأمة، بما يتطلبه هذا من تغيير مناهج التعليم وإنشاء قنوات تلفزيونية جديدة، وصحف ومحطات إذاعة، يقال صراحة إن الغرض الأساسي منها هو تغيير طرق التفكير وتبديل الولاء. نعم، كان من بين وسائل

الاستعمار في كل مراحله، إضعاف الشعور بالانتماء للوطن، وبالولاء للأمة، واعتزازها بدينها ولغتها، وما أكثر ما فتح الاستعمار من مدارس لتخريج تلاميذ يشعرون بالولاء للدولة المستعمِرة، ويفكرون بلغتها، بل ويدينون بدينها. ولكن المدهش الآن، أن هذا يجري بعد مرور عشرات السنين على اكتشاف نسبية الثقافات وحماقة ترتيب بعضها فوق بعض، وفي وقت يدافع فيه الناس عن حق الحيوانات والطيور المهددة بالانقراض في الاستمرار في الحياة. فما بالك بحق ثقافات إنسانية أخرى في الوجود إلى جانب ثقافة الدولة الأقوى عسكريًّا؟

بل من المدهش أيضًا أن الاحتلال نفسه يجري بدعوى عدم صلاحية ثقافة ما للبقاء، أو بدعوى تعارض دين من الأديان مع احترام حقوق الإنسان، إلخ.

لقد كانت الأفكار والشعارات دائمًا سلاحًا فعَّالًا في أيدي المستعمرين، يدعمون بها السلاح المادي. ولكن هناك أشياء جديدة في هذا أيضًا.

اختراع فكرة «الإرهاب» لتبرير هذه الهجمة الجديدة يتسم بصفات جديدة لم يحظ بها أي من الشعارات الدعائية السابقة، مثل نشر المسيحية أو نشر التمدين الأوروبي، أو مكافحة الشيوعية. في كل هذه الشعارات السابقة كانت هناك نسبة لا يستهان بها من حاملي هذه الشعارات ومتلقيها تؤمن بها، أو على الأقل تصدقها، أما في استخدام شعار «مكافحة الإرهاب»، فإن الترويج له يعتمد على الضجيج المصاحب له أو مجرد التكرار والإلحاح أكثر مما يعتمد على الإقناع (وهو تطور يتفق مع التطور الذي حدث في وسائل الإعلام).

كذلك، فإنه في الهجمات الاستعمارية السابقة، كان للشعار المرفوع أساس موضوعي مستقل عند استخدامه لتبرير الاستعمار. فالمسيحية لم تنشأ أصلًا لتبرير الاستعمار، ولا التمدن الأوروبي، ولا كان النظام الشيوعي مجرد وهم ابتدعه الرأسماليون. أما «الإرهاب»، فهناك أدلة كثيرة على أن الأمر بأكمله مصنوع ومخترع لتبرير التدخل والهجوم والاحتلال. وفكرة الإرهاب، على أية حال، فكرة غريبة لا يعرف لها أحد حدودًا واضحة، أو مكانًا معينًا تسكن فيه، أو مفكرًا نادى بها وحدد أصولها وأهدافها، إلخ.

أضف إلى ذلك أن استخدام الأفكار والشعارات، كسلاح لدعم الهجمة

الاستعمارية، كان في الماضي محدودًا في نطاق ضيق، سواء من حيث الدول التي يمارس فيها هذا الاستخدام، أو من حيث النسبة من سكان أي دولة التي يوجه إليها هذا السلاح. كانت محاولات المستعمرين القدامى للتبشير بالمسيحية مثلًا، لا تمس الجماهير الغفيرة من معتنقي الديانات الأخرى، كما كانت محاولة الترويج للحضارة الأوروبية والإقناع بتفوقها مقصورة على حفنة صغيرة من المثقفين، أو المتعلمين، أو السياسيين. وينطبق هذا أيضًا على شعارات مكافحة الشيوعية. وفي جميع الأحوال، كانت هناك دائمًا بلاد وأمم نائية عن محاولات الترويج لهذه الشعارات. أما الآن فلتنظر إلى العالم بأسره، ولتخبرني أي بلاد العالم ينجو الآن من هذا الإلحاح السقيم على ضرورة التصدي لـ«الإرهاب»، وأي شعب من الشعوب نجت أغلبيته من التعرض لهذه المحاولات المستمرة لتلويث المخ؟

الجديد إذن في هذه الهجمة الأخيرة يمكن تلخيصه في عبارة واحدة، وهي «عولمة القهر»، سواء كان هذا القهر ماديًّا، أو فكريًّا، أو نفسيًّا. إذا كان الأمر كذلك فإن قضية الاستعمار لم تعد قضية شعب بعينه، أو أمة بعينها، حتى إذا كانت كذلك في أي وقت من الأوقات، بل أصبحت قضية الناس في كل مكان. وإذا كان التحرر من تضليل الأفكار والشعارات التي ترددها يوميًّا أبواق الاستعمار، شرطًا ضروريًّا دائمًا لتحرير الشعوب الخاضعة للاستعمار، فقد أصبح هذا التحرر الآن شرطًا ضروريًّا لتحرير العقل الإنساني في أي مكان.

(٤)

كثيرًا ما أعود إلى تذكر إجابة الزعيم الهندي غاندي الساخرة، عندما سأله صحفي إنجليزي عن رأيه في الحضارة الغربية، إذ قال إنها «ستكون فكرة جيدة جدًّا!». أي أنه لو تحققت هذه الحضارة بالفعل، لكان أمرًا طيبًا للغاية!

عدت إلى تذكر هذه الإجابة لدى متابعتي لتعليقات الزعماء الأوروبيين على مآسي المهاجرين، الذين يتدفقون على أوروبا من مختلف الجهات، وعلى الأخص من سوريا، وقد تحملوا في سبيل الوصول إلى أوروبا مختلف أنواع العذاب

والمخاطر، آملين في النهاية أن تقبلهم دولة أوروبية كلاجئين سياسيين، بعدما تعرضوا له في بلادهم من تنكيل وتشريد، وغرق منهم كثيرون في أثناء عبورهم البحر المتوسط بقوارب غير معدة لهذه الرحلة. اختلف الزعماء الأوروبيون في تصريحاتهم عن الموقف الأمثل الذي يجب على أوروبا اتخاذه إزاء المهاجرين، ولكن بعضهم (مثل السيدة ميركل في ألمانيا) عبر عن ضرورة اتخاذ موقف إنساني يليق بحضارة أوروبا.

نعم، اتخاذ موقف إنساني إزاء هؤلاء المشردين، واجب يليق بما رفعته أوروبا من شعارات، منذ بداية حضارتها الحديثة قبل ثلاثة قرون، ولا تزال تردده حتى الآن. ولكن إلى أي مدى التزمت أوروبا في الواقع بتطبيق هذه الشعارات، خلال هذه القرون الثلاثة؟

لا بد أن سؤالًا كهذا هو ما كان يطوف بذهن غاندي، عندما صدرت منه هذه العبارة منذ حوالي ثمانين عامًا. لم يكن غائبًا عن غاندي ما حققته أوروبا من تقدم في العلم والصناعة، وفي تطبيق الديمقراطية داخل أراضيها. ولكن غاندي عمل بضع سنوات في جنوب أفريقيا، بعد أن أتم دراسته في إنجلترا، ورأى بعينيه ما مارسه الأوروبيون من معاملة بالغة القسوة لأهل البلاد من السود، وللمهاجرين إليها من الهند. ثم شاهد بعد أن عاد إلى الهند قسوة المحتلين الإنجليز في معاملة الهنود، وتنكرهم لمبادئ الديمقراطية في مستعمراتهم، ووقوفهم ضد تقدم الهند الاقتصادي لتعارضه مع متطلبات النمو الصناعي في إنجلترا. بدت الحضارة الأوروبية إذن، في نظر غاندي، وكأنها تنطوي على كلام جميل وشعارات خلابة، كثيرًا ما يُضرب بها عرض الحائط في الواقع، ومن ثَمَّ قال ساخرًا: إنها ليست أكثر من فكرة جميلة.. ليتها تتحقق!

الأمثلة التي يمكن أن نقدمها من العالم العربي لما فعلته أوروبا ببلدانه المختلفة، من تعطيل للتصنيع، وإفساد للديمقراطية، وخلق العقبات في طريق تحقيق الوحدة العربية، بل وتجزئة الولاية الواحدة إلى أجزاء إمعانًا في تعطيل هذه الوحدة، أمثلة كثيرة يصعب حصرها. وقد استمر هذا طوال استعمار أوروبا للعالم العربي، حتى منتصف القرن الماضي، ولكنه استمر أيضًا بعد ذلك، وإن كان بزعامة جديدة من

جانب الولايات المتحدة. وكان آخر هذه المظالم هو ما نتجت عنه هذه المآسي الأخيرة، من تدمير وتشريد وهجرة عشرات الألوف من السوريين، ومن بلاد عربية أخرى، ليس أملًا في الحصول على نمط أفضل للمعيشة، بل في مجرد الاستمرار في الحياة هم وأولادهم.

كثيرون من يرفضون تحميل أوروبا، أو الغرب عمومًا، المسؤولية عن هذه المآسي. فالعرب في رأيهم هم من فعلوا ذلك بأنفسهم. إذ هل كان هؤلاء المشردون الباحثون عن ملجأ في أوروبا يعيشون قبل ذلك معززين مكرمين في بلادهم؟ هل كانوا يعيشون معززين مكرمين في ظل صدام حسين في العراق، أو بشار الأسد في سوريا، أو معمر القذافي في ليبيا، أو عبد الله صالح في اليمن، أو زين العابدين في تونس، أو حسني مبارك في مصر، إلخ؟ ولكن علينا أن نتذكر دور الغرب في وصول كل هؤلاء أصلًا إلى الحكم، وفي استمرارهم فيه، وما تدفق على هؤلاء الحكام العرب من معونات غربية، ما داموا يحققون للغرب أهدافًا مهمة، وأن أوروبا وأمريكا لم ينقلبا ضد هؤلاء الحكام إلا عندما تغيرت أهدافهما، وأنه بينما سقطت بعض النظم العربية بسرعة وحصل إسقاطها على تأييد غربي، بقي النظام السوري حيًّا، رغم كثرة ما سقط من ضحايا عبر ما يزيد على أربع سنوات، لمجرد أن الدولتين الكبيرتين، الولايات المتحدة وروسيا، لم تكونا قد وصلتا بعد إلى اتفاق بشأن هذا النظام.

إني أعرف أن أطماع الغرباء في بلد ما لا بد لتحقيقها من تعاون من جانب بعض أهل هذا البلد، ولكن مثل هؤلاء المستعدين للخيانة موجودون في كل بلد وكل عصر، ولا أظن أن نصيب العرب منهم أكبر من نصيب غيرهم. فضلًا عن أني بما أقوله الآن لا أطالب أحدًا بشيء، ولا أقوم بتوزيع الأحكام الأخلاقية، رغبة في إقناع الأوروبيين بقبول المهاجرين والمشردين العرب. فالأمل في أن يتحقق هذا عن طريق الموعظة ضعيف جدًّا، ولا جدوى في نظري من محاولة إقناع السمكة الكبيرة بألا تلتهم السمكة الصغيرة. ولكن هذا لا يمنع على الأقل من محاولة الفهم الصحيح للأسباب الحقيقية التي أدت إلى هذه المآسي. كما أن لهذه المأساة الأخيرة جانبًا شيقًا يستحق أن ينوه به.

فقد جاءتنا الأخبار مؤخرًا بانتشار حالة عامة من الحزن والتعاطف مع اللاجئين السوريين في كثير من البلاد الأوروبية، خاصة من جانب الشباب، إذ خرج آلاف منهم لاستقبال اللاجئين بالترحيب، ومطالبين بإعطائهم حق اللجوء السياسي. كما عبر كثيرون من الشباب الأوروبي عن استعدادهم لاستضافة بعض هؤلاء المهاجرين في بيوتهم، كمساهمة في التخفيف من محنتهم.

الظاهرة لافتة للنظر ومؤثرة للغاية، إذ لا شك في إخلاص هؤلاء الشباب، وصدق تعاطفهم مع اللاجئين، بل وغضب كثير منهم على ما ارتكبته حكوماتهم من أخطاء أدت إلى هذه المآسي. ولكن من الشيق أيضًا المفارقة الصارخة بين مشاعر هؤلاء الشباب، وبين سلوك قادتهم، سواء في الماضي أو الحاضر، بينما ينتمي الجميع إلى البلاد نفسها، وإلى حضارة واحدة.

كان لا بد أن يذكرني هذا بمسرحية قديمة للكاتب الأيرلندي الفذ «جورج برنارد شو»، كتبها في أواخر القرن التاسع عشر (١٨٩٢)، ولكن ظل تمثيلها ممنوعًا بأمر الرقيب حتى العشرينيات من القرن العشرين. ولما عرضت على مسرح في الولايات المتحدة قامت الشرطة الأمريكية بمهاجمة المسرح، وأوقفت عرضها وقبضت على الممثلين. موضوع المسرحية له علاقة وثيقة بالموضوع الذي نتكلم فيه الآن، وهي تحمل اسم «مهنة مسز وارين»، وتحكي قصة امرأة واسعة الثراء، ولكنها كونت ثروتها الطائلة من امتهان عمل سيئ السمعة. وقد أنجبت طفلة من علاقة غير شرعية، وترتب على ذلك أن البنت كبرت وترعرعت بعيدًا عن أمها، فلم تقابلها إلا بعد أن تخرجت من الجامعة. البنت حصلت على أفضل مستوى للمعيشة طوال حياتها، وذهبت إلى أفضل الجامعات، فلم تعانِ مثلما عانت الأم في بداية حياتها من شظف العيش، وتكونت لدى البنت، بسبب ذلك، مبادئ سامية ونفس عطوف. لم تكن البنت تعرف أن كل ما تمتعت به في حياتها من فرص رائعة في التعليم والحياة الهانئة، يرجع إلى امتهان أمها لمهنة سيئة السمعة، فلما عرفت ذلك أصابتها صدمة عنيفة، وغضبت غضبًا شديدًا على الأم. تبلغ المسرحية ذروتها بحوار طويل بين الأم والبنت، تحاول فيه الأم إقناع البنت بأنها كانت مضطرة إلى أن تفعل ما فعلته، وأن النتيجة هي على أي حال

ما تتمتع به البنت الآن. تقبل البنت في البداية أن تغفر لأمها خطيئتها في الماضي، ولكنها تصدم صدمة جديدة، وترفض رفضًا باتًّا أن تغفر لأمها أنها ما زالت مستمرة في تحقيق ثروتها من المهنة القديمة نفسها. هنا تحدث القطيعة، وتنصرف الأم بائسة، وتقرر البنت أن تقاطعها إلى الأبد.

إني أجد شبهًا كبيرًا بين موضوع هذه المسرحية وقصة الغرب معنا، سواء من جانب حكوماته، التي بنت حضارتها على حسابنا، بما في ذلك تقدمها الصناعي وتعليمها الراقي وديمقراطيتها الرائعة، أو موقف الشباب في الغرب، الذي عرف مؤخرًا فقط حقيقة الثمن الذي دفعه آخرون في سبيل أن يتمتع بحياة هانئة.

(٥)

في أعقاب الغزو الأمريكي للعراق في مارس ٢٠٠٣ (مؤيدًا بقوات أخرى من أوروبا واليابان)، سمعنا عن مختلف أنواع التدمير والتخريب، كان من أشدها إيلامًا، ما فعلته هذه القوات الغازية ببعض من أثمن وأعز آثار الحضارة العربية والإسلامية في العراق، التي كانت تؤويها المتاحف والمكتبات العامة والمدن التاريخية.

كان من الممكن النظر إلى هذه الأحداث من زوايا مختلفة: غزو دولة لدولة أخرى مستقلة ذات سيادة، بحجة ما سُمي بـ«الحرب الاستباقية» مما يمنعه القانون الدولي، أو قتل أشخاص أبرياء لا علاقة لهم بجرائم صدام حسين، ويكرهونه أكثر مما يكرهه الأمريكيون الذين ظلوا على علاقة طيبة معه، ما دام يحارب الإيرانيين، مما يجرح أي مشاعر إنسانية. ولكن هناك أيضًا، بالإضافة إلى خرق القانون الدولي ومجافاة الإنسانية، قيام حضارة بتدمير حضارة أخرى.

إن تدمير آثار الحضارة العربية والإسلامية ليس طبعًا بالأمر السهل، فهو يحتاج إلى عمل دؤوب وممتد لفترة طويلة من الزمن، وفي عدد كبير من الدول العربية والإسلامية، ومتاحف أخرى كثيرة لدول غير إسلامية. ولكن العراق من أهم البلاد التي يمكن أن يعتبرها هدفًا له عدو لدود لهذه الحضارة. وها هو التدمير

يبدأ هناك، كما رأينا توابع له في بلد عربي بعد آخر من البلاد التي شهدت ما سُمي بـ«الربيع العربي». ومنذ أيام قليلة جاءتنا الأخبار من جديد عن أن منظمة تسمي نفسها داعش، قامت بتدمير تماثيل أخرى في شمالي العراق، وذات تاريخ عريق بحجة مخالفتها لمبادئ الإسلام.

قد يرى البعض أن هذه النظرة إلى ما حدث، وما زال يحدث، في العراق، مبالغة في التشاؤم. فما زال الكثيرون ينظرون إلى ما حدث على أنه من أحداث السياسة الدولية، في نزاع بين دولة وأخرى، أو طمع دولة قوية في دولة ضعيفة، أو منافسة بين أطماع عدة دول قوية، تحاول كل منها أن تظفر ببعض الموارد الثمينة قبل أن تظفر بها الأخرى. وكل هذا موجود بالطبع، ولكن ألا يوجد أيضًا شيء أهم وأكثر خطورة، وهو تدمير حضارة لأخرى؟

إن إصدار حكم من هذا النوع على بعض الأحداث لا يأتي عادة إلا بعد مرور فترة طويلة على حدوثها. إن فترة الألف سنة التي قضتها أوروبا، بين سقوط الإمبراطورية الرومانية، وبين بدء النهضة التجارية والثقافية في القرن الخامس عشر، لم يقرر المؤرخون وصفها بـ«العصور الوسطى»، بما يتضمنه هذا الوصف من «تشخيص» هذه الفترة بأنها فترة «مظلمة» جاءت بين حضارتين مزدهرتين، إلا بعد مئات من السنين من انقضاء تلك الفترة. هل يمكن لنا إذن أن نصدر الآن حكمًا بالتشخيص الحقيقي لما يفعله الغرب بالحضارة العربية والإسلامية، ولما يمض بعد أكثر من ١٢ عامًا على غزو العراق؟

نعم، من الصعب أن نصدر الآن حكمًا نهائيًا، ولكننا يجب أيضًا ألا نمنع أنفسنا من أن نفكر فيما يحدث من هذه الزاوية (بالإضافة إلى الزوايا الأخرى). وتزداد ضرورة هذا النوع من التفكير بسبب ما ينطوي عليه هذا التشخيص من خطورة.

من المعروف أن العراق (الذي كان اليونانيون القدماء يسمونه «بلاد ما بين النهرين») يضم كنوزًا من أثمن آثار الحضارات الإنسانية، ففيه قامت أو ازدهرت حضارات السومريين والبابليين والآشوريين والكلدانيين، والحضارتان الفارسية والإسلامية. وليس من المبالغة القول بأن العراق شهدت بداية التحضر الإنساني منذ أكثر من سبعة آلاف سنة، وشهدت خلال ذلك بدايات الفكر الفلسفي والديني،

وإتقان الكتابة، ونمو التجارة الدولية، وتحول الأفكار الجمالية والفنية إلى أشكال ملموسة، إلخ.

في ١١ و١٢ أبريل ٢٠٠٣، أي بعد شهر واحد من بداية الغزو الأمريكي للعراق، بدأ نهب المتحف القومي في بغداد، الذي يضم آثارًا من كل هذه الحضارات، والذي وصف بأنه واحد من أغنى مراكز الآثار في الشرق الأوسط. وبعد يومين (١٤ أبريل) امتد النهب إلى المكتبة القومية ومحفوظاتها، وإلى مكتبة المصاحف القرآنية التابعة لوزارة الأوقاف. وفي الجنوب الأقصى من العراق، حيث تقع مدينة «أور» الشهيرة، مهد الحضارة السومرية، ويبلغ عمرها ستة آلاف سنة، ظلت الآثار في مأمن من أيدي العابثين حتى شهر أبريل ٢٠٠٣، حين قررت القوات الأمريكية بناء قاعدة جوية ضخمة على مساحة واسعة مجاورة لمدينة أور، وبجانبها أربعة معسكرات للجنود، مما قضى على أي فرصة للتنقيب عن الآثار في هذا المكان. ولكن القوات الأمريكية أقامت أيضًا في المكان نفسه مطعمين لساندوتشات البورجر والبيتزا، للترفيه عن الجنود وتعويضهم عن الإقامة بالعراق، بتقديم الوجبات التي تجلب لهم رائحة الوطن.

هذا النهب والتدمير وصفه أستاذ الآثار القديمة والحفريات بجامعة بوسطن الأمريكية «بول زمانسكي» (Paul Zimansky) بأنه «أكبر كارثة ثقافية في الخمسة قرون الأخيرة». وعلقت عليه «إليانور روبسون» (Eleanor Robson) أستاذة تاريخ الرياضيات في جامعة أكسفورد بقولها: «إن عليك أن ترجع في التاريخ إلى غزو المغول لبغداد في سنة ١٢٥٨، لكي تعثر في التاريخ على مثال للنهب يشبه هذا النهب الذي يحدث الآن».

لقد قرأت هذه التعليقات مؤخرًا في كتاب مهم لمؤرخ أمريكي «تشالمرز جونسون» (Chalmers Johnson)، بعنوان «الجزاء» (Nemesis). وهو يعني بهذا العنوان الدرامي، ما سوف (أو بدأ بالفعل) يصيب الولايات المتحدة، من جراء ما ارتكبته وترتكبه، نتيجة توسعها العسكري في خارج حدودها. وقد وصف هذا الكتاب الهلع الذي أصاب بعض الأساتذة الأمريكيين الذين قضوا عمرهم في دراسة آثار العراق وحضاراتها القديمة، ووهبوا حياتهم لمحاولة فهمها وربطها بتطور الحضارة

الإنسانية، بوجه عام. كتب بعضهم للمسؤولين في الحكومة الأمريكية، ووزارة الدفاع، يشرحون فيه خطورة ما قد يكون خافيًا عليهم، فلم تحظ هذه المحاولات من وزير الدفاع الأمريكي دونالد رامسفيلد بأكثر من قوله: «إن الأفراد الأحرار لديهم أيضًا حرية ارتكاب أخطاء وجرائم!». استنجد أساتذة آخرون بمنظمة اليونسكو، لاستنهاضها لإنقاذ ما يمكن إنقاذه. وعندما أصيب هؤلاء الأساتذة باليأس، قدم بعضهم استقالاتهم من وظائفهم في بعض الجامعات الأمريكية.

ليس لديَّ أي شك في أننا نعيش الآن في حقبة «أفول العصر الأمريكي». الفكرة ليست جديدة بل تعود إلى ما قبل ربع قرن على الأقل. في ذلك الوقت ظهر كتاب أكاديمي أمريكي «بول كنيدي» بعنوان «صعود وسقوط القوى العظمى، ١٩٨٧» وقال فيه إن الولايات المتحدة لا بد أن يصيبها ما أصاب غيرها من دول عظمى قبلها، بسبب التوسع الزائد عن الحد (overstretch) في فرض النفوذ. وقد وصل بول كنيدي إلى أن هذا الأفول يكاد يكون حتميًّا، إذ تميل الدولة العظمى، بعد بلوغها درجة معينة من القوة والسيطرة، إلى أن تمد نفوذها إلى أبعد من طاقتها، أي إلى أبعد مما تستطيع الاحتفاظ به، إذ يفرض عليها هذا التوسع نفقات اقتصادية، فضلًا عن بعض الأعباء السياسية والاجتماعية، لا تقدر على مواجهتها، فإذا بها تنكمش وتضطر إلى تقليص نفوذها، ويحمل هذا الانكماش وتقلص النفوذ كل مظاهر الأفول وفقدان القوة.

طبق «بول كنيدي» هذا «القانون» على الولايات المتحدة، فإذا به يصل إلى نتيجة متشائمة هي أن الولايات المتحدة قد أصابها بالفعل هذا المرض، الذي أصاب الإمبراطورية البريطانية في أوائل القرن الماضي، وأن مصير الولايات المتحدة هو مصير بريطانيا نفسها، وهو أن تتحول إلى دولة عادية عاجزة عن فرض إرادتها على العالم.

لم ينقطع منذ ذلك الوقت الكلام عن احتمالات تدهور مركز الولايات المتحدة في العالم، وكان من أهم ما كُتب في هذا الصدد مقال لمحلل أمريكي من أصل هندي «فريد زكريا»، في مجلة أمريكية مهمة، «الشؤون الخارجية» (Foreign Affairs)، في مايو/ يونيو ٢٠٠٨، بعنوان «مستقبل القوة الأمريكية» وتحته السؤال الآتي:

«هل تستطيع الولايات المتحدة أن تستمر في الحياة بالقوة نفسها بعد صعود قوى أخرى جديدة في العالم؟».

السؤال مهم بالطبع، وهو يهمنا في مصر بالطبع أيضًا، خاصة إذا صح اعتقادي بأن كثيرًا من أهم ما صادف مصر من مشكلات، وعطل تقدمها في الستين عامًا الماضية، كان بسبب دخولها مثل غيرها من بلاد العالم الثالث، فيما أسميته بـ«العصر الأمريكي». وعلى الرغم من محاولة مجلة الشؤون الخارجية، وهي القريبة من مراكز صنع القرار في الولايات المتحدة، الإيحاء بخطأ «نظرية الأفول»، فإني أجد الحجج المؤيدة لها أقوى بكثير، بل ويكاد يكون من المستحيل إنكارها.

انظر أولًا إلى معدلات النمو الاقتصادي، إن من بين مؤشرات تدهور النفوذ البريطاني في بدايات القرن الماضي، لصالح قوى جديدة صاعدة، كألمانيا والولايات المتحدة، أن معدلات نمو الاقتصاد البريطاني قبيل الحرب العالمية الأولى كانت أقل من ٢٪ سنويًّا، بينما كانت معدلات نمو الاقتصاد الأمريكي والألماني أكثر من ٥٪. إن الفجوة الحالية بين معدلات نمو الاقتصاد الأمريكي والاقتصاد الصيني أكبر من هذا بكثير، سواء بعد أو قبل الأزمة العالمية الراهنة، وهذا الفارق لا بد أن ينعكس في نصيب كل من القوى الكبرى في الإنتاج العالمي، وقد ظهر بوضوح أكبر في تدهور نصيب الولايات المتحدة في التجارة الدولية، نتيجة لتدهور قوتها التنافسية، خاصة إزاء دول شرق وجنوب آسيا. يضاف إلى ذلك ما حدث لمكونات الناتج القومي الأمريكي، من حيث إن نصيب الخدمات في إجمالي الناتج القومي الأمريكي، آخذ في الارتفاع على حساب الناتج الصناعي، بينما لا يحدث مثل هذا في دولة كالصين.

إن معدل الادخار في الولايات المتحدة صفر، وأحيانًا سالب، مما يؤدي إلى الاعتماد أكثر فأكثر على الاستثمارات الآتية من الخارج، وهذه ليست مضمونة، فضلًا عن أخطارها السياسية. والعجز مستمر ومتفاقم في الميزان التجاري الأمريكي، وليس هناك ما يبشر بانتهائه، إذ يعود إلى ضعف القدرة التنافسية، وهذا يرجع بدوره إلى خلل عميق يتعلق بضعف الإنتاجية، وارتفاع في النفقات مما يصعب تصحيحه. والتدهور الحتمي في قيمة الدولار، الذي لا بد أن ينتج عن العجز المستمر في ميزان

المدفوعات الخارجية، لا بد أن يهدد تلك الميزة الكبيرة التي تمتع بها الاقتصاد الأمريكي منذ نهاية الحرب العالمية الثانية، وهي استخدام الدول الأخرى للدولار كعملة احتياطي، إذ مع تدهور قيمة الدولار لا بد أن يضعف الحافز لاستخدامه كوسيلة للادخار والتأمين ضد أخطار المستقبل.

هذا في الاقتصاد. ولكننا نلاحظ ارتباكًا مماثلًا في السياسة. الدخول إلى العراق اتضح أنه كان ورطة لا بد من محاولة الخروج منها. وأمريكا تكرر تهديدها لإيران بالضرب دون أن تضرب. وأخيرًا رأينا تهديدها لسوريا ثم تغير رأيها. وفي أمريكا اللاتينية، التي كانت دائمًا تعتبر بمثابة «الفناء الخلفي» للولايات المتحدة، نرى تمردًا على التبعية التقليدية في فنزويلا وبوليفيا، وتقاربًا بين هاتين الدولتين وبين البرازيل والأرجنتين، إلخ. ونلاحظ أيضًا تجرؤًا متزايدًا من جانب الصين على إقامة علاقات مع بلاد كانت محظورة بسبب علاقاتها الخاصة بالولايات المتحدة، في أمريكا اللاتينية وفي أفريقيا.

وسمعة الولايات المتحدة في العالم كله تتدهور تدهورًا ملحوظًا، بعد ما تمتعت به من شهرة كدولة مناصرة للحريات، وللدول الفقيرة التي عانت طويلًا من الاستعمار الأوروبي، إذ ظهر أكثر فأكثر زيف ادعاءاتها بالانتصار للديمقراطية، وأنها في أهدافها وأساليبها لا تختلف عن أي دولة استعمارية قديمة أو جديدة. بل لقد قرأت مؤخرًا عن المتاعب الاقتصادية التي تصادفها بعض السلع الأمريكية الشهيرة، التي تمتعت لفترة طويلة باحتكار ملحوظ في أسواق العالم، بسبب تدهور سمعة أمريكا السياسية.

لا بد أن لهذا كله علاقة بانخفاض نسبة مؤيدي السياسة الخارجية الأمريكية، في داخل الولايات المتحدة نفسها، وانخفاض نسبة الأمريكيين الذين يتعاطفون مع حكامهم، بل وانخفاض نسبة المشتركين أصلًا في التصويت في الانتخابات.

هذه هي أعراض المرض أو بعضها. والمراقب لما يحدث له العذر إذا استنتج أن من الممكن جدًّا أن تكون أخطاء الولايات المتحدة في السياسة الخارجية، مع العنف الظاهر في تعاملها مع ما يثور في العالم من مشكلات، قد تكون نتيجة مباشرة لهذا الضعف. وقد يكون لنا العذر إذا لاحظنا بعض الشبه بين موقف أمريكا في

العراق، وطريقة تعاملها مع العراق وأفغانستان وإيران وسوريا، من عنف زائد في الضرب أو غلظة زائدة في أسلوب الخطاب، وبين موقف بريطانيا إزاء أزمة السويس في ١٩٥٦، في أعقاب تأميم عبد الناصر لقناة السويس، واستخدام بريطانيا لهجة غير مبررة في وصف ما فعله عبد الناصر، كتشبيهه بهتلر، ثم لجوئها إلى هجوم غير مبرر سرعان ما ندمت عليه ثم اضطرت إلى الانسحاب.

إلى أي مدى يمكن أن يلقي هذا كله ضوءًا على ما حدث في السنوات الأخيرة في المنطقة العربية؟ إن هناك ارتباكًا واضحًا في السياسة الأمريكية إزاء ما يحدث في سوريا وفي مصر، على الأقل. بل إن كل ما حدث في المنطقة العربية خلال الأعوام القليلة الماضية، قد يكون أيضًا وثيق الصلة بمحاولة من جانب الولايات المتحدة لـ«إنقاذ ما يمكن إنقاذه»، أو لمواجهة ظروف دولية جديدة، تختلف تمامًا عما كانت عليه ظروف العالم عندما احتلت أمريكا مقعد رئاسة العالم في أعقاب الحرب العالمية الثانية.

الفصل الخامس

الإرهاب

(١)

أصارح القارئ بأن لديَّ حساسية شديدة ضد اصطلاح «الإرهاب». لا أفهمه ولا أستسيغه، وأمتعض منه كلما رأيته يستخدم في مقال أو كتاب. بل إني إذا عرفت من عنوان كتاب، أو مقال، أو فصل في كتاب، أن الكاتب يقبل استخدام هذه الكلمة «الإرهاب» دون أن يشكك فيها (أو على الأقل أن يضعها بين قوسين للإشارة إلى أنها محل نظر) فقد يثنيني هذا عن قراءة الكتاب أو المقال بالمرة.

إن لديَّ شعورًا قويًّا بأنه اختراع شرير، يجري الترويج له لأغراض شريرة، لا علاقة لها بمكافحة «الإرهاب»، بل لها علاقة وثيقة بتسهيل نوع آخر من الإرهاب، وهو ما تمارسه دولة ضد دولة أخرى، أو ما تمارسه الدولة ضد مواطنيها.

إذا كانت هذه هي حالي مع كلمة «الإرهاب»، فليس غريبًا أن أشعر بالضيق والغيظ الشديد كلما كنت على وشك ركوب طائرة للسفر، فيُطلب مني المرور بمختلف الإجراءات الأمنية، التي يقال إن الغرض منها حماية الطائرة وركابها من «الإرهابيين»، إذ أشعر بأن هؤلاء الذين فرضوا هذه الإجراءات على المسافرين أقرب إلى ممارسة الإرهاب من أي شخص آخر، وهم على الأقل يمارسونه بالفعل، ويوميًّا، ضد ملايين من الأبرياء من ركاب الطائرات، وليسوا مجرد خطر يلوح به، ونادرًا ما يوجد في الواقع. وحتى عندما يزعمون أنهم قبضوا على إرهابيين حقيقيين، تجد أن القصص التي يروونها عنهم نادرًا ما تكون مقنعة أو مستساغة.

وأريد أن أذكر القارئ بأن هذه الإجراءات المسماة بالأمنية، والتي تمارس على راكبي الطائرات بحجة الوقاية من الإرهاب، تزداد ضراوة ووقاحة سنة بعد أخرى. بدأت بأن يطلبوا من المسافر أن يمر من خلال إطار من الصلب قادر على اكتشاف وجود أي جسم معدني في جيب من الجيوب، ووضع حقائب اليد على حزام متحرك يمر بجهاز للتصوير يكشف عن محتويات الحقيبة. وكم كان سخيفًا أن تنطلق صفارة التحذير بأن جيب المسافر يحتوي على شيء خطير، فيطلب منه أن يعود للمرور مرة أخرى خلال نفس الإطار الممغنط، وتتكرر صفارة الإنذار، ثم يظهر أن الأمر لا يزيد على وجود سلسلة مفاتيح أو بضع نقود معدنية.

تطور الأمر فطُلب من الراكب أو الراكبة أن يفتح لموظف أو موظفة حقيبته الصغيرة، فيكشف عما تحمله بداخلها. وقد تكون أشياء سخيفة جدًّا لا يحب الرجل أو المرأة أن يطلع عليها أحد.

ثم طُلب من الراكب أن يرفع ذراعيه في الهواء، ويسمح لمسؤول الأمن بأن يمر بيديه على جسمه، من أعلاه إلى أسفله خوفًا من أن يكون قد أخفى شيئًا تحت ملابسه. ثم طُلب من الركاب خلع الأحذية ووضعها في صندوق من البلاستيك، ويمر الصندوق بالحذاء تحت جهاز مماثل قادر على كشف محتويات الحذاء، خوفًا من أن يكون قد وُضع شيء في النعل مما لا تستطيع العين المجردة اكتشافه، وبُرر ذلك بأنه حدث مرة أن وضع أحد الركاب شيئًا داخل نعل الحذاء، مما يمكن أن يستخدم في صنع متفجرات.

أضيف بعد الحذاء، المعطف أو الجاكتة التي يرتديها الراكب، ثم طُلب من الراكب أن يستخرج من حقيبة اليد أي أداة حادة، مهما كان حجمها، ولو كانت مقص أظافر، إذ من يدري، فقد يستخدم هذا المقص في تهديد قائد الطائرة، وإجباره على أي شيء يريده الإرهابي.

بعد قليل اكتشف مكافحو الإرهاب أن زجاجة الماء التي يحملها كثير من الركاب بهدف تجنب العطش، يمكن أن تستخدم استخدامات خطيرة. إذ ظهر أن من الممكن، إذا صب الراكب كمية من الماء على بعض المواد الكيماوية أن

يصنع مادة متفجرة، ويستطيع بها تفجير الطائرة بأكملها (بما فيها هو نفسه). ومن ثمَّ صودرت كل زجاجات المياه التي قد يحملها الركاب، إذا زادت كمية الماء الموجودة بها على حد معين. وأصبح من هموم الراكب الإضافية أن يتأكد من أن كمية الماء التي تحتويها زجاجته أكبر أو أصغر من المسموح به.

كم كنت أشعر بالضيق والأسف، عندما أرى أمامي رجلًا مهيب الطلعة، كبير السن، يرفع ذراعيه في الهواء ريثما يمسح موظف الأمن بيديه على أجزاء جسمه، والرجل المسكين مستكين تمامًا، وقد تعوَّد على اعتبار ما يحدث له ضرورة من ضرورات الحياة. وقد سألت نفسي أكثر من مرة عن سر هذه الاستكانة الغريبة، التي يبديها المسافرون إزاء هذه الإجراءات المهينة، والتي تزداد وقاحة سنة بعد أخرى. هل السبب هو تلك الصرامة المدهشة والحزم التام اللذان يبديهما موظفو الأمن، وكأنهم يستندون في تنفيذ هذه الإجراءات إلى قوة عليا مجهولة، تحميهم ضد أي معارض أو متمرد؟ أم أن السبب أن الإنسان بطبعه قادر على التعوُّد على أي شيء، إذا تكرر عددًا كافيًا من المرات، مهما كانت غرابته؟ أم أن المسافرين يصدقون فعلًا أن ما يخضعون له من إجراءات الغرض منها هو حمايتهم هم أنفسهم، فمن الحمق الاعتراض بل عليهم أن يشعروا بالامتنان لما يبذله مسؤولو الأمن من أجل مصلحتهم؟

يساعد بالطبع على ضمان هذا الاستسلام التام من جانب الركاب، أن العملية كلها قصيرة. فالإجراءات الأمنية سرعان ما تنتهي، وتبدأ الرحلة بعد ذلك بلا منغصات. والمسافر يشاهد أمامه، على أي حال، الرجال والنساء والأطفال يخضعون كلهم لما يخضع له من تفتيش، وكلهم يبدون أنهم يفعلون ذلك عن طيب خاطر، بل وأحيانًا ترى على وجوههم ابتسامة. فهل هو أفضل من هؤلاء جميعًا؟ كما هي الحال دائمًا، يرتاح المسافر إلى ما يرتاح إليه الفرد في أي قطيع: «لا بد أن الأمر لا غضاضة فيه، ما دام كل هؤلاء لم يجدوا فيه أي غضاضة».

قبلنا جميعًا إذن أن نخضع أجسامنا وحقائبنا للتفتيش، وأن يتحسس شخص غريب أذرعنا وسيقاننا، وأن نخلع الساعة والحزام، والحذاء والجاكتة، وأن نخرج ما لدينا من نقود معدنية، وأن نعترف بأننا نحن الذين قمنا بملء حقائبنا

بأنفسنا دون مشاركة من أحد، ولم نعترض على ما يذيعه الميكروفون كل بضع دقائق، من أننا يجب ألا نترك أي حقيبة من حقائبنا، ولو للحظة واحدة بعيدة عن أنظارنا، وإلا صودرت الحقيبة مع احتمال تعرضها للإعدام. وقبلنا التنازل إلى غير رجعة عن أي شيء حاد، كمقص صغير يمكن أن يستخدم في التهديد بالفعل، وأي زجاجة ماء يمكن استخدامها في صنع قنبلة، إلخ. وقبلنا بكل غباء الزعم بأن كل هذا يجري رعاية لمصلحتنا نحن وللمحافظة على حياتنا، مع أن الأمر كله لا يمكن أن يقبله أي شخص رشيد، إذ إن كل هذا يحدث، وتزداد إجراءات الأمن تشددًا رغم عدم حدوث أي زيادة في الحوادث المسماة بـ«الإرهابية»، (اللهم إلا من جانب الدول نفسها التي تفرض هذه الإجراءات). ولا يعقل أنه إذا وضع شخص واحد مجنون مادة قابلة للانفجار في نعل حذائه، من بين ملايين الركاب الذين يسافرون كل يوم إلى مختلف بقاع الأرض، أن يصبح كل حذاء محل شبهة، أو إذا تصادف أن أخرج رجل مختل العقل، أو في حالة سكر شديد، مدية من جيبه وهدد بها أحد العاملين في إحدى الطائرات، أن يعتبر كل مقص خطرًا داهمًا يهدد سلامة الطيران، إلخ.

والمدهش أن كل قرار نتخذه في حياتنا إنما يُبنى على تقديرنا، أو تخميننا لدرجة الاحتمالات للظروف المؤثرة فيه. في حياتنا اليومية نتعرض باستمرار لمخاطر كبيرة وصغيرة، نتجاهل معظمها لأن درجة احتمال حدوثها ضئيلة جدًّا. فإن لم نفعل ذلك، فإن حياتنا تتحول إلى جحيم لا يطاق، وربما لم نتخذ أي قرار على الإطلاق، ولا نقوم بأي عمل. فالعواصف يمكن أن تهب في أي وقت، في الصيف أو الشتاء، والشجر يمكن أن يقع على رؤوس بعضنا ونحن سائرون في الطريق، والمبنى الحكومي الذي ندخله قد يكون آيلًا للسقوط، إلخ. وكذلك في الطيران. إن هناك بالطبع احتمالًا صغيرًا لوقوع الطائرة بسبب خلل مفاجئ أو عاصفة غير متوقعة، ولكن هذا لم يؤدِّ بنا إلى صرف النظر عن فكرة الطيران بأسرها، والاكتفاء بركوب السفن أو القطارات أو المشي على الأقدام. وعلى كل حال، فالسفن والطائرات وحتى المشي، معرضة كلها لأخطار، ولكننا نتجاهلها كلها إذا كانت درجة احتمال وقوعها أقل من درجة

معينة. فلماذا لا نصنع هذا مع الإرهاب؟ إن احتمال إخفاء شخص قنبلة داخل ملابسه، أو متفجرات في حذائه، من الضآلة (بحكم قلة ما حدث من أحداث كهذه من قبل) بحيث يتعين التغاضي عنه، أو على الأقل تخفيض إجراءات الاحتياط هذه إلى أقل قدر ممكن.

بل فلنلاحظ أن الاحتمال هنا يتعلق ليس فقط بحمل متفجرات لتفجير الطائرة، أو لقتل قائد الطائرة أو الركاب، بل يتعلق أيضًا بقتل المرء لنفسه. فكم يا ترى يمكن أن نصادف في حياتنا مثل هذا الشخص، الذي يفكر ويخطط ويتخذ كل الاحتياطات اللازمة لإخفاء ما يخطط له عن الجميع، ويتظاهر بكل هذا الدهاء والخبث، حتى يخدع كل من يقابله في مساره نحو الطائرة، كل ذلك من أجل أن يقتل نفسه في النهاية؟ ومن أجل أي قضية بالضبط؟ ليست هناك قضية واضحة تُروى لنا عن الهدف من هذا كله، أو كيف يساهم قتل شخص لنفسه في تحقيقها، أو كيف ساهم مفجرو الطائرات السابقون في تحقيق هذا الهدف، الذي يقال إنهم ضحوا بأنفسهم عن طيب خاطر من أجله. لا يقال لنا شيء عن الهدف سوى أن الهدف هو «الإرهاب»، والدليل الوحيد على ذلك أن الشخص الذي يقوم به هو «إرهابي»، والدليل الوحيد على أنه إرهابي أنه يقوم بأعمال «إرهابية».. وهكذا.

ما الذي منع المسؤولين عن كل هذا الكلام الفارغ يا ترى من رؤية السخافة المفرطة في كل هذه الإجراءات والاحتياطات؟

ولكن الأمر يبدو أنه لم ينته بعد. فقد قرأت أنه بدأ في الولايات المتحدة تطبيق إجراء جديد لتوفير مزيد من الأمان، وأكثر فعالية في مكافحة الإرهاب. هذا الإجراء الجديد هو أن يُعطى المسافر الخيار بين استمرار الطريقة القديمة في التفتيش، والتي تتضمن تحسس أجزاء الجسم بأيدي المسؤولين عن الأمن، أو أن يمر المسافر داخل إطار معدني من نوع جديد، مركب فيه جهاز جديد يكشف صورة المسافر لمسؤولي الأمن، وهو عريان تمامًا (أو عارية تمامًا)، فيمكن لهم التيقن التام مما قد يكون ملتصقًا بجسمه من متفجرات، دون المرور بأيديهم على الجسم. للمسافر الآن الاختيار بين إجراءين: الأول يعرض جسمه لأيدي الآخرين، والثاني يكشفه

عاريًا أمام عيون الآخرين. فللمسافر الآن مطلق الحرية في تفضيل إحدى الطريقتين على الأخرى في العبث به وتعريضه للامتهان.

(٢)

عندما وقع ذلك الحادث المؤلم منذ أكثر من عشرين عامًا، حادث الاعتداء على الأستاذ نجيب محفوظ، من شخص لا تُعرف هويته، فاجأ الأستاذ نجيب وهو يركب سيارته، فطعنه في رقبته ويده، لم أصدق قط ما قيل وقتها من أن السبب هو اعتقاد المعتدي أن الأستاذ نجيب قد خرج عن الإسلام، في كتابه «أولاد حارتنا»، وما زلت لا أصدق هذا الزعم حتى الآن.

كتاب «أولاد حارتنا» مجرد رواية، يمكن أن تفسر بعشرات التفسيرات، وفهمها على أنها تمس عقيدة المسلم، أو أي متدين، فهم سقيم، ولكنه يحتاج أيضًا إلى بعض التفكير الذي لا يرجح توفره لدى شخص قادر على ارتكاب مثل هذه الجريمة، ولا حتى لدى شخص أصدر أوامره لشخص آخر بارتكابها. وفضلًا عن ذلك، فإن الرواية كانت قد نشرت في ١٩٥٨، أي قبل حادث الاعتداء بستة وثلاثين عامًا، وليس من المألوف أن يظل شخص متألمًا طوال هذه المدة، بسبب ما كتبه روائي عن الدين، ثم يقرر الانتقام منه بطعنه عدة طعنات بعد مرور هذه المدة الطويلة.

الأمر لا يقبله العقل. ثم لفت نظري توقيت الجريمة، إذ وقعت قبل يوم أو يومين من ذكرى حصول نجيب محفوظ على جائزة نوبل قبل الاعتداء بستة أعوام، أي أن الجريمة وقعت قبيل إعلان أسماء الفائزين بجائزة نوبل للعام الجديد، وهو إعلان تردده وسائل الإعلام في العالم كله، فإذا بإعلان هذه الأسماء يقترن في وسائل الإعلام بخبر الاعتداء على الأديب المصري، الذي فاز بالجائزة قبل بضعة أعوام، وأن الاعتداء تم بيد مسلم متطرف. وجدت حينئذ أن العلاقة بين الحادث وبين توقيت إعلان الفائزين بجائزة نوبل، أقوى من العلاقة بين الحادث وبين عاطفة ثارت في نفس أحد المهووسين ضد هذا الأديب منذ ٣٦ عامًا.

سمعنا بعد ذلك عن القبض عن المعتدي، ولكني لم أظفر، ولا توقعت أن

أظفر، من وسائل الإعلام المصرية، ولا من غيرها، بأي تفاصيل عما جرى في التحقيق معه، رغم الأهمية القصوى لهذه التفاصيل من أجل فهم الدوافع الحقيقية للاعتداء. لم أتوقع ذلك لأننا تعودنا على مثل هذا السكوت، فيما ينشر عن أحداث أخرى مهمة، كمقابلات الزعماء والسياسيين بعضهم لبعض، أثناء أزمات خطيرة، حيث ينشر عنها ما لا يزيد على القول بأن المقابلات تناولت «العلاقات الثنائية»، أو «تطور الأحداث في المنطقة»، إلخ، فلا يخرج المرء بأي شيء مفيد في فهم أسباب الأزمة أو مواقف الزعماء منها. لم أتوقع أن ينشر شيء مفيد عن حادث الاعتداء على نجيب محفوظ، وسكتُّ على مضض، كما سكت غيري على مضض، في هذا الظرف وغيره.

ولكني كتبت مقالًا في إحدى الصحف المصرية، بعد الاعتداء ببضعة شهور، عبرت فيه عن شكوكي فيما يُروى من أن سبب الاعتداء هو الغيرة على الدين. ثم فوجئت بأن كاتبًا من كتَّاب مجلة «صباح الخير»، كان يكتب صفحة أسبوعية في صيغة سؤال يوجهه إلى أحد المشاهير، أشار في إحدى مقالاته إلى ما عبرت عنه من شكوك حول الاعتداء على نجيب محفوظ، وطلب من الأستاذ نجيب أن يقول لنا رأيه في هذا الأمر. ولكننا نعرف جيدًا أن نجيب محفوظ ليس من عاداته أبدًا أن يرد على مثل هذه الأسئلة. إنه يكوِّن رأيه في مثل هذه الأمور ثم يحتفظ برأيه فيها لنفسه. ولا أخفي عن القارئ أنني رجحت (وما زلت أرجح) أن نجيب محفوظ كان رأيه في تفسير الحادث قريبًا من رأيي، كما أستطيع أن أخمن ما يمكن أن يكون قد منعه من التعبير عن ذلك صراحة.

ثم مرت أعوام كثيرة، ما أكثر ما حدث فيها من حوادث لا تقل قسوة ووحشية عن حادث الاعتداء على نجيب محفوظ. وما زلنا نسمع أمثالها كل يوم في منطقتنا السعيدة في هذه الأيام، مقترنة بأسماء مثل داعش أو أنصار بيت المقدس، إلخ. وما زالت الأخبار تأتينا أيضًا على نفس النحو من الغموض، وتحجب عنا، وعن الرأي العام في العالم كله، أي تفاصيل قد تساعدنا في فهم الدوافع الحقيقية لما يحدث، وذلك في عصر يفاخر غيره من العصور بما يتمتع به من «شفافية» و«ديمقراطية».

من بين هذا النوع من الأخبار، خبر نُشر منذ فترة قصيرة في جريدة بريطانية محترمة، جاء فيه أن الشرطة الإنجليزية قامت بالقبض على أسرة مكونة من أب وأم وثلاث بنات، بسبب معلومات وصلت عن علاقة هذه الأسرة بشخص يقيم في بلد عربي، وله علاقات بمنظمة إرهابية، ويقوم بتهريب بعض الأشخاص من بريطانيا إلى تركيا، ثم إلى سوريا للاشتراك فيما تقوم به هذه المنظمة من أعمال، وأن هذه الأسرة التي تم اعتقالها مشتركة في هذه الأعمال. هذا هو كل ما احتواه الخبر المنشور: لا شيء عن الشخص ذي العلاقة القوية بالمنظمة الإرهابية، أو صفاته، أو عن اسم هذه المنظمة، ولا عن الدافع الذي يمكن أن يكون وراء علاقة هذه الأسرة بتلك المنظمة، ولا شيء بالطبع مما يمكن أن تكون قد أسفرت عنه التحقيقات الأولية، يتعلق بتاريخ هذه الأسرة أو دوافعها، إلخ. باختصار، لا يكاد أن يكون هناك أي خبر مفيد على الإطلاق، يساعد على فهم أي شيء جديد عن ظاهرة الإرهاب، وعما يمكن أن يكون وراء تلك الظاهرة الجديدة، التي تتمثل في سفر مئات من حاملي الجنسيات الأوروبية أو الأمريكية للانضمام إلى منظمات إرهابية في البلاد العربية، مع غرابة هذه الظاهرة واشتياقنا للعثور على تفسير لها، وصعوبة تصديق أن الدافع الحقيقي لها هو الرغبة في تحقيق مجد الإسلام.

(٣)

ها قد مر أكثر من ١٤ عامًا على حادث ١١ سبتمبر ٢٠٠١، الذي «ملأ الدنيا وشغل الناس». أقصد بالطبع تفجير البرجين الكبيرين في نيويورك، وضرب وزارة الدفاع في واشنطن. خلال هذه الفترة حدثت أشياء وتفجيرات كثيرة، بعضها وصف بالإرهاب، كتفجير قطار في إسبانيا، أو حافلة ركاب في بريطانيا، وجرائم جماعة داعش في سوريا والعراق، وبعضها لم يوصف بالإرهاب، كقيام أمريكا وحلفائها بضرب وتدمير العراق في ٢٠٠٣، وضرب وتدمير ليبيا في ٢٠١١، وضرب إسرائيل لغزة في ٢٠١٤، إلخ، مع أن هناك «إرهابًا» أو «تخويفًا» في كل هذه الحالات.

خلال هذه الأربعة عشر عامًا لم تغير الإدارة الأمريكية قناعتها بأن الذي دمر

البرجين وضرب وزارة الدفاع مجموعة من الأشخاص المصريين والسعوديين، كما أني لم أغير قناعتي بأن الذي دبر هذا وذاك أشخاص ينتسبون إلى الإدارة الأمريكية نفسها، أكثر مما ينتسبون لمصر أو للسعودية.

الحقيقة أن هذه الفكرة (أي أن الأمريكيين هم الذين دبروا أحداث ١١ سبتمبر) وردت بذهني بعد معرفتي بالحادث بساعتين أو ثلاث، ولكن لم يحدث خلال الأربعة عشر عامًا التالية ما يغير رأيي، بل كل ما سمعته وقرأته مما له علاقة بالحادث، أكد لي أني على صواب. وقد يكون من المفيد أن أذكر للقارئ بعض هذه الأشياء التي أكدت لي هذا الاقتناع، والتي قد لا يكون القارئ قد قرأها أو سمع بها، أو قد يكون قرأها أو سمعها ولكنه نسيها، إذ إني أعتقد أيضًا أن من بين ما يعتمد عليه المدبرون الحقيقيون لهذه الأحداث، والمروجون للاتهامات الظالمة، أن «آفة الناس النسيان».

عندما سمع المصريون بهذا الاتهام المدهش، بأن مصريين اشتركوا في أحداث ١١ سبتمبر، أصابهم بالطبع الذهول وعدم التصديق، بمن في ذلك رئيس الجمهورية في ذلك الوقت حسني مبارك، الذي أعلن بصراحة رفضه لهذا الاتهام. أذكر أيضًا أن بعد الحادث بأيام قليلة نشرت جريدة الأهرام لأستاذ في كلية الهندسة في مصر (نسيت اسمه للأسف) مقالًا يشرح فيه كيف أن هناك من الوسائل التكنولوجية الحديثة ما يجعل من السهل توجيه طائرة من جهاز ثابت على الأرض، لضرب هدف ما، كالبرجين مثلًا، وتدميرهما، دون حاجة إلى وجود إرهابيين على هذه الطائرة.

أذكر أيضًا أن جريدة بريطانية نشرت، بعد الحادث بأسابيع قليلة، أن مؤسسة قانونية محترمة في بريطانيا صرحت بأن الأدلة التي اعتمدت عليها الإدارة الأمريكية في توجيه الاتهام بشأن هذا الحادث، ليست فقط غير كافية لإدانة المتهمين، بل ولا تكفي حتى لتقديمهم للمحاكمة. مما أذكره أيضًا حديث نشر في جريدة مصرية لوالد أحد المتهمين المصريين ينفي فيه على نحو مقنع للغاية أي أساس لاتهام ابنه، ويقدم من الأدلة من جانبه، على استحالة وجود ابنه في الولايات المتحدة في ذلك الوقت، أو اشتراكه على أي نحو في تدبير الحادث. ثم

جاءتنا أخبار عن أن بعض الأسماء، التي ذكرت لسعوديين متهمين في الحادث، قد وافتهم المنية قبل الحادث بفترة طويلة. ومثل هذا كثير، بالإضافة إلى كتاب شهير، لمؤلف فرنسي، مليء بالأدلة التي تدحض هذه الاتهامات وتشير بالاتهام إلى الإدارة الأمريكية نفسها.

لقد نسيت أنا أيضًا تفاصيل كثيرة تتعلق بهذه الاتهامات ودحضها، ولكن هذا النسيان للتفاصيل لم يؤدِّ بي إلى تغيير رأيي في المدبر الحقيقي لهذا الحادث. ولكن من الأشياء التي لم أنسها أن رئيس الجمهورية المصري، بعد أيام قليلة من إعلانه نفيه القاطع لفكرة اشتراك مصريين في هذا الحادث، قام برحلة مفاجئة إلى فرنسا (والظاهر أنه استدعي إلى فرنسا على عجل)، حيث قابل الرئيس الفرنسي، في ذلك الوقت، شيراك (وكانت علاقة مصر بفرنسا في ذلك الوقت أقوى من علاقتها بالدول الأوروبية الأخرى)، ونشر وقتها أن الرئيس الفرنسي نصح الرئيس المصري بتغيير موقفه (وقد فهمت أنا ما حدث على النحو التالي: الولايات المتحدة اتصلت بحليفها شيراك، وأفهمته أن الأمر جد، وأنها لا تقبل التشكيك في الرواية الرسمية، وطلبت منه أن ينقل هذه الرسالة لصديقه المصري ففعل). وفعلًا لم يصدر من الرئيس المصري بعد هذه الزيارة شيء ينفي الرواية الرسمية، بل اشترك الجميع، في مصر وخارجها، في نفس الهستيريا الجماعية بقبول الاتهام الذي وجهته الإدارة الأمريكية للعرب والمسلمين، والذي بدأ باتهام السعوديين والمصريين.

من بين الأسباب المهمة التي تجعل من الصعب جدًّا قبول الرواية الرسمية عن أحداث ١١ سبتمبر (وهو سبب على أهميته أجد من الغريب ندرة ذكره)، هو أن هذا الاتهام يفترض أشياء من الصعب جدًّا تصديقها، بل وحتى تصورها. فالمفترض في هذا الاتهام، أن هناك مجموعة كبيرة من الرجال، يشعرون بالولاء التام لقضية الإسلام والمسلمين بدرجة تدفعهم إلى التضحية بأنفسهم طوعًا من أجلها. كم من الناس ممن نعرفهم أو نسمع عنهم، يمكن أن تتوفر فيهم هذه الصفة (الولاء لدرجة التضحية طوعًا بالنفس)؟ وما هي بالضبط رؤية هؤلاء لقضية الإسلام والمسلمين اليوم التي يضحون بأرواحهم من أجلها؟ ولماذا لا يفصح هؤلاء بوضوح أكبر عن ماهية هذه القضية، وعن مضمون طلباتهم بشأنها؟ وكيف

بالضبط يأمل هؤلاء الناس في أن يؤدي تدمير بعض الأبراج والمنشآت إلى تحقيق مصلحة الإسلام والمسلمين؟ وما الذي حدث بالفعل خلال الفترة الطويلة التي انقضت منذ ١١ سبتمبر ٢٠٠١ مما يدل على أن مثل هذه التفجيرات قد ساهم في تحسين أحوال الإسلام والمسلمين، مما قد يقنع غيرهم بأنه عمل مثمر يحسن تكراره؟ بل وما الذي أنجزه التنظيم المسمى بـ«القاعدة» خلال فترة أطول بكثير لصالح الإسلام والمسلمين؟

لم أصادف طوال هذه الفترة أي إجابة يمكن أن تقنع أي شخص، ولو كان صبيًّا صغيرًا، بأن من الممكن أن يكون المقصود بهذه التفجيرات هو تحقيق مثل هذه الأهداف. لا بد إذن أن يكون الهدف شيئًا آخر.

(٤)

عندما أعلنت الولايات المتحدة نبأ مقتل أسامة بن لادن في ظروف غريبة في باكستان، انتشر الخبر على الفور في العالم كله، ونشرت صحف العالم مختلف الصور للمكان الذي كان يسكنه وقت الهجوم عليه، وحجرة نومه التي اغتيل فيها. ولكن كان من بين الصور المتعلقة بالخبر صورة مدهشة، تثير الكثير من المعاني الجديرة بالتأمل.

أحد عشر شخصًا من أكبر الشخصيات الأمريكية، جالسون وهم ينظرون جميعًا في اتجاه واحد، وقد ارتسمت على وجوههم سمة الاهتمام البالغ بما يشاهدون، وكأنهم لا يريدون أن تفوتهم لحظة واحدة أو أي من التفاصيل الصغيرة للمشهد. جلس بينهم الرئيس أوباما خاشعًا مثل الآخرين، بينما وضعت وزيرة الخارجية هيلاري كلينتون يدها على فمها مستغرقة تمامًا فيما تراه، وظهر وزير الدفاع في الوسط في حلة عسكرية بكامل نياشينها، وهو يضغط على أزرار أمامه مما يدل على أنه يتحكم فيما يراه الآخرون.

أمام كلٍّ من الجالسين جهاز كومبيوتر مفتوح، كالذي نشاهده كثيرًا هذه الأيام، وأصبح يعتبر، خاصة من الشباب، ضروريًّا للحياة مثل كوب الماء.

كان من أول ما خطر لي لدى رؤية هذه الصورة أن هذا مثال جيد للدور الذي أصبحت تلعبه «الشاشة» في حياتنا. أنا أنتمي إلى جيل قديم لم يعرف شاشة التلفزيون إلا بعد أن تجاوز العشرين من عمره. ولكني أنظر إلى جيل أحفادي فأجدهم لا يستغنون عن شاشة الكومبيوتر سواء للاتصال بالعالم، أو بأصدقائهم، أو لممارسة مختلف الألعاب الإلكترونية، فإذا لم يكونوا أمام الكومبيوتر، فهم يحملقون في جهاز صغير له أسماء مختلفة تتغير كل بضعة شهور، ولكن له دائمًا شاشة صغيرة أصبحت هي نافذتهم التي يطلون منها على العالم، وإن كانت تسد أبصارهم عن الأشخاص الحقيقيين المحيطين بهم.

ها هي الشاشة الشيطانية تبدو قادرة على إخضاع حتى أهم الرجال والنساء، في أقوى بلاد العالم، بمن فيهم رئيس الجمهورية نفسه، فهم جالسون أمامها كما يجلس التلميذ الصغير أمام أستاذ عظيم، يتلقى منه المعلومات والتوجيهات، ولا يتجرأ على توجيه سؤال له أو مناقشته. أما وزير الدفاع فسبب ما يتمتع به في هذه الجلسة من مقام متميز، ليس إلا قدرته على اللعب ببعض الأزرار، ومن ثَمَّ قدرته على التحكم فيما يشاهده أو لا يشاهده الآخرون.

الأكثر مدعاة للدهشة هو ما جلس هؤلاء جميعًا لمشاهدته. إنهم يتفرجون على جريمة قتل. ليس فيلمًا بوليسيًّا خياليًّا جرى إنتاجه للتسلية، بل جريمة قتل حقيقية يجري تنفيذها لحظة بلحظة أثناء جلوس هؤلاء أمام الشاشة. والقتل في هذه الحالة ليس تنفيذًا لحكم صدر من محكمة معترف بها، بعد تقديم الحجج على إدانة المتهم وسماع أقواله دفاعًا عن نفسه، بل قرار القتل صادر من حكومة دولة لا تكف عن الكلام عن حقوق الإنسان، ووقعه رئيس الجمهورية نفسه، وأمر رجاله بتنفيذه في دولة أجنبية لم تستأذن فيما إذا كانت توافق على هذا العمل. وأعطى لهم سلطة قتل من يعترض طريقهم، من حراس المتهم أو أقاربه، ولو كان من بينهم زوجة المتهم وبعض أولاده.

ها هو هذا الرجل الذي جاء إلى منصب رئيس الجمهورية منذ أعوام قليلة، محاطًا بمختلف أنواع التهليل والإعجاب (حتى في بلادنا نفسها)، وقال عبارات كثيرة عن تقديره للإسلام والمسلمين، يجلس كما يجلس الآخرون لمشاهدة تنفيذ

عملية القتل، بعد أن وقع عليها بالموافقة، بدم بارد تمامًا، مع أنه كان بإمكانه القبض عليه وتقديمه للمحاكمة، خاصة وأن هذا المتهم سبق أن اتهم اتهامات متعددة بقصد تبرير الهجوم الأمريكي على العراق، ثم تبين أنه بريء من هذه الاتهامات. الخطأ إذن جائز، ولا يجوز في إثبات جرائم فظيعة كهذه، الاعتماد على تسجيلات لأشرطة سبق إذاعتها بالصوت والصورة، من قناة الجزيرة في قطر، وظهر فيها هذا الرجل، أسامة بن لادن، وهو يعترف فيها بتخطيط هذه الجريمة أو تلك، مثل تفجير البرجين الشهيرين في نيويورك في ١١/ ٩/ ٢٠٠١. إذ إنه، في العصر الذي نعيش فيه، يسهل جدًّا تزييف مثل هذه التسجيلات، وإضافة أي صوت لأي صورة، وإذاعته من قنوات تلفزيونية، خاصة إذا كانت من دولة صديقة للولايات المتحدة، وقد يكون لها مصلحة في تأكيد التهم الموجهة لأسامة بن لادن.

هذا التناقض بين الادعاء بمراعاة حقوق الإنسان، ومثل هذا الاعتداء بالقتل دون محاكمة، ليس جديدًا بالطبع، ولا حتى على الولايات المتحدة الأمريكية، خاصة في السنوات الأخيرة. فما أكثر ما يقول السياسيون من أشياء ولا يصدقونها، بل هو النقيض التام لما يعرفون أنه الحقيقة. وأظن أن هذا الاعتياد على الكذب المستمر هو الذي يفسر ما لاحظته مما يعتري السياسيين الكبار من مظاهر الشيخوخة المبكرة، بعد وقت قصير جدًّا من اعتلائهم الحكم. وربما كان هو أيضًا ما يفسر ما لاحظته من تغير على ملامح السيدة هيلاري كلينتون وتعبيرات وجهها، منذ اعتلائها منصب وزير الخارجية، إذ كثيرًا ما تبدو الآن في الصور بوجه جامد كالشمع، لا يفصح عن أي خلجة من المشاعر.

ليس هذا بالضبط هو موضوعنا على أي حال، فالأكثر أهمية من الصور، وأكثر مدعاة للدهشة، هو ما تضمنته التقارير الواردة عن حادثة القتل، من أخبار متناقضة وغير قابلة للتصديق. وأعترف للقارئ من البداية، بأن هذه ليست أول مرة أرفض فيها تصديق ما يقال عن أسامة بن لادن، بل إني منذ سمعت عن تفجيرات نيويورك، ونسبتها إلى بن لادن وإلى تنظيمه المسمى بـ«القاعدة»، توقفت تمامًا عن أخذ ما ينشر عن بن لادن مأخذ الجد، بل نظرت إلى ما ينشر ويقال عنه وكأنه أقرب إلى الروايات الخيالية منه إلى الحقائق الواقعية، بما في ذلك ما قيل عن مقتله.

ففي ساعة مبكرة جدًا من صباح أحد الأيام دق جرس التلفون في بيتي على غير المعتاد في مثل هذه الساعة، وكان المتكلم حفيدي الذي اعتقد أن لديه خبرًا مهمًّا يبرر الاتصال بي في هذا الوقت. قال لي: إن أسامة بن لادن قُتل. شكرته على تبليغي الخبر، وإن كنت لم أجد من المناسب أن أعبر له عما يدور بذهني بصدد هذا الخبر، إذ لم أتوقع أن يكون في تجاربه ما يسمح له بالتعاطف مع وجهة نظري.

كان كل ما ورد إليَّ من أخبار عن أسامة بن لادن، منذ وقعت أحداث سبتمبر، قبل نحو عشرة أعوام، غير قابل للتصديق، أو على الأقل يناقض بعضه البعض، بدرجة تدفع إلى تقليل الاهتمام بالأمر برمته. كنت قد قرأت مثلًا، مقالًا مطولًا، بعد أحداث ١١ سبتمبر مباشرة، في مجلة إنجليزية محترمة، عن تاريخ حياة بن لادن، ورد فيه أنه كان في شبابه يقضي أيامه في العبث والعربدة، يتنقل في بيروت من ملهى ليلي إلى ملهى ليلي آخر. ثم حدث بعد فترة غامضة من حياته أن انضم في أوائل الثمانينيات إلى صفوف المجاهدين الإسلاميين ضد الاحتلال السوفيتي لأفغانستان. ما أكبر هذا التحول وما أغربه أيضًا! شاب ثري ينتقل فجأة من حياة العبث واللامبالاة بأي شيء، إلى حياة الورع والتقوى والتضحية بالنفس من أجل المبدأ؟ ممكن، ولكنه ليس من الأمور المعروفة عن الطبيعة البشرية. تصادف أن هذا الكفاح ضد السوفييت في أفغانستان في الثمانينيات كان ملائمًا تمامًا لأهداف السياسة الأمريكية في المنطقة، فهل يجوز أن يكون ما حدث من تحول لبن لادن قد جاء نتيجة اتفاق أو صفقة؟ ليس من المستبعد. ولكن حدث أيضًا بعد انتهاء الاحتلال السوفيتي لأفغانستان أن أعلن أن بن لادن قد أصبح زعيمًا لتنظيم إرهابي اسمه «القاعدة»، ثم تكرر المرة بعد الأخرى، أن نسبت إلى هذا التنظيم أعمال قتل وتفجير بالغة العنف والقسوة في أماكن مختلفة من العالم، تصادف أيضًا أنها من الممكن أن تتفق مع الأهداف الأمريكية في هذه الأماكن المختلفة، أو على الأقل أن تستخدمها الإدارة الأمريكية والإعلام الخاضع لتأثير قوي من الولايات المتحدة، لخدمة هذه الأهداف، ولكنها تتعارض تمامًا مع روح الإسلام ومبادئه وتعاليمه. الجهاد من أجل تحرير دولة من نفوذ أجنبي ممكن ومشروع، ولكن

ارتكاب مختلف أنواع العنف بما في ذلك قتل الأبرياء في كل مكان، هل يسمح الإسلام بهذا؟ فهل حدث يا ترى تحول آخر في تفكير بن لادن، من شاب عابث، إلى مجاهد في حرب تحريرية، ثم إلى مفجر للقنابل، مع نسبة هذا التفجير إلى الإسلام؟ هل هذه التحولات المذهلة مما يتفق أيضًا مع الطبيعة البشرية، أم هي أقرب إلى تنفيذ أهداف غير معلن عنها لأنها ذميمة أخلاقيًّا، مع تحقيقها في نفس الوقت لهدف تشويه سمعة الإسلام والمسلمين؟ أي التفسيرين أقرب إلى العقل؟ وهل نقنع بتصديق كل ما يقال لنا مهما خالف مقتضيات العقل، لمجرد ظهور شريط مسجل على شاشة تلفزيون دولة صغيرة معروفة بعلاقتها الطيبة بالولايات المتحدة، يقول لنا إن بن لادن رجل ورع يعمل لصالح الإسلام، أو يظن أنه يعمل لصالحه، فيفجر هو وأنصاره المتفجرات في كل مكان في العالم؟

الآن يخبروننا أنه تم قتله، وفي عقر داره، ودون مقاومة، وفي قصر منيف على بعد أمتار قليلة من مقر المخابرات الباكستانية (الصديقة أيضًا للمخابرات الأمريكية)، بعد أن دوخ بن لادن الولايات المتحدة كلها، ورؤساءها المتعاقبين، وأجهزة مخابراتها لمدة تقرب من عشرين عامًا، دون جدوى. هل هذا أيضًا قابل للتصديق؟ ولكن القصة تزداد درجة عبثيتها (بل وجنونها) عندما يضيفون إليها أن الأمريكيين قاموا، بعد قتله، بتغسيله طبقًا للقواعد الإسلامية (هل كان هذا يا ترى إسعانًا سنهم في استخدام الرأفة؟ أم هو إمعان في احترام الإسلام وتقديره على النحو نفسه الذي عبر عنه الرئيس الأمريكي أوباما في جامعة القاهرة قبل سنتين؟). ولكن للأسف لم تلتقط صور له بعد مقتله. لماذا يا ترى؟ مع أن التقاط الصور هي مهنة العصر؟ وألقيت جثته للأسف في مياه المحيط. لماذا يا ترى، مع أن تعاليم الإسلام تقضي بدفنه؟

هناك فيما يبدو من اكتشف في لحظة عبقرية، ولكنها أيضًا شريرة جدًّا، أن الإنسان كائن ذو عقل هش جدًّا، بحيث يمكن التلاعب به، والتمويه عليه بسهولة بشرط اتباع مجموعة من القواعد. منها التكرار. لا تكف عن تكرار الأكذوبة تجد أنها تحولت إلى حقيقة. العقل الإنساني يبدو ضعيفًا جدًّا أمام الإلحاح، أيًّا كان مضمون الرسالة التي يجري الإلحاح عليها. ومن قبيل الإلحاح أيضًا استخدام

الوسائل الجماهيرية في الإعلام، إذ سوف يساعدك العدد الكبير من الناس الذين يتعرضون للأكذوبة، المرة بعد الأخرى، في تكرارها ونشرها، فيقومون هم، بالنيابة عن مختلق الأكذوبة، بالإلحاح عليها وترويجها حتى يتم تصديقها. ومن الوسائل الفعَّالة أيضًا في خداع العقل الإنساني، استخدام الصورة، ويا حبذا لو كانت صورة متحركة، وكانت أيضًا تقترن بالصوت. فالعقل الإنساني ضعيف أيضًا أمام الصور المتحركة، خاصة إذا اقترنت بموسيقى مثيرة وإيقاع عالٍ. من هذه الوسائل الفعَّالة أيضًا في التمويه، اقتران الكذب بالتخويف. إذ بالتخويف يمكن أن يفقد العقل الإنساني قدرته على المقاومة، فيصدق ما لا يجب تصديقه.

لا شك في أن هذه الوسائل وغيرها قد نجحت نجاحًا تامًّا في تثبيت أكذوبة بن لادن، إذن فلتنظر إلى خروج المظاهرات في أماكن كثيرة من العالم للتنديد بالولايات المتحدة، ليس بسبب اختلاق الأكذوبة والترويج لها، بل بسبب قيامها بقتل رجل ورع ومخلص للإسلام. بل لقد وصل هذا النجاح في الترويج للأكذوبة أن قرأنا المقالات والتعليقات من كثير من الكتَّاب، بعضهم يبدون عقلاء تمامًا عندما يكتبون في موضوعات أخرى، فيعبرون عن تقديرهم البالغ لبن لادن، وما كان يقوم به ويرمز له، إلى حد أن وصفه كاتب كبير بأنه مزيج من رجلين عظيمين: «المهاتما غاندي» و«تشي جيفارا»!

بدا لي ظريفًا جدًّا من الرئيس الأمريكي أوباما أن يصدر تعليماته (أو هكذا فهمنا من وسائل الإعلام) للجهات المسؤولة عن التحقيق في حادث الانفجارات، التي شهدتها مدينة بوسطن، بأن تتروى في الأمر، فلا تتسرع بإلقاء التهم على أشخاص دون أن تتوفر أدلة كافية لاتهامهم.

كان هذا ظريفًا منه، لأن من المؤكد أن من الظلم التسرع في مثل هذه الأمور الخطيرة، واتهام بعض الناس واعتقالهم دون دليل قوي. ولكن لا بد أن يثير هذا التصريح بعض التساؤلات، فأولًا: ألا يبدو غريبًا بعض الشيء أن يحتاج رئيس دولة كالولايات المتحدة، لها هذا التاريخ العريق في الدفاع عن الحرية وحقوق الإنسان، إلى إصدار مثل هذا التنبيه على رجاله، بأن يفعلوا شيئًا كنا نظن أنه مفروغ منه، ولا يحتاج إلى أي تذكرة، وهو عدم التهور باتهام الناس بلا دليل؟

وثانيًا: هل لصدور هذا التنبيه بصدد حادث التفجير في بوسطن علاقة بما حدث منذ عدة أعوام، عندما وقعت تفجيرات البرجين الشهيرين في نيويورك ومبنى وزارة الدفاع في واشنطن، فأعلن فورًا عن اتهام أشخاص كلهم من العرب، وعلى الأخص من السعوديين والمصريين، ثم ظهر أن بعض هؤلاء المتهمين لا علاقة لهم البتة بالحادث؟ هل كان من المفيد يا ترى إلصاق تهمة تفجيرات ١١ سبتمبر ٢٠٠١ بالعرب والمسلمين تمهيدًا لغزو العراق واحتلاله؟ ثم القبض على طالب سعودي جاء للدراسة في بوسطن، وذهب مثل كثيرين غيره، للتفرج على سباق الماراثون، إذ رُئِي وهو يجري بعد الانفجار مباشرة. ثار الشك فيه لأنه كان يجري ولا يسير بتؤدة، مما يثير شبهة أنه بعد أن ألقى القنبلة جرى خوفًا من أن يقبض عليه. ولكنه لما سئل عن ذلك قال إنه جرى للنجاة بنفسه من آثار انفجار القنبلة، ومن ثمَّ أُخلي سبيله. كان هذا ظريفًا منهم أيضًا: أن يخلوا سبيل طالب سعودي يحاول أن ينجو بنفسه مثل أي شخص عاقل آخر، من آثار انفجار قنبلة، وألا يعتبروا جري شخص سعودي شيئًا مختلفًا عن جري أي شخص له جنسية أخرى. ولكن هل يفصح مجرد القبض عليه ابتداء عن سوء نية المحققين في مثل هذه الأحداث؟

ولكنْ، هناك شيء أهم من هذا كله، لا بد أن يلفت النظر، في تكرر أحداث من هذا النوع خلال العشرين سنة الأخيرة، منذ أن سمعنا عن شيء اسمه تنظيم «القاعدة»، وكثر الكلام عن «الإرهاب». فمنذ ذلك الحين كثرت التفجيرات والجرائم التي لا يظهر لها دافع واضح، ولا يعرف من الذي يمكن أن يستفيد منها. فإذا كان الغرض هو «الإرهاب»، فإن الإرهابي نادرًا ما يقول لنا من الذي يريد إرهابه وتخويفه بالضبط؟ وما الذي يغضبه فيدفعه إلى ارتكاب جريمته؟ وما الذي يريده أو يطالب بتنفيذه حتى يتوقف عن إرهابه؟ كلَّا، ليس هناك إلا «إرهاب»، والفاعل دائمًا (أو تقريبًا دائمًا) مجهول، وكذلك هدفه، ومن ثمَّ لا يبقى أمامنا إلا الحزن على الضحايا الأبرياء، ولا يبقى أمام السلطات المسؤولة عن الأمن إلا اتهام مجموعة أخرى من الأبرياء.

إن من الممكن وصف هذه الجرائم بـ«جرائم هذا الزمان». كنا في الماضي (بقدر ما تسعفني الذاكرة) إذا وقعت جريمة شخصية أو سياسية، نعرف عادة هدفها ومن المستفيد منها. وحتى إذا فشلنا في تحديد شخصية المجرم، فإننا كنا نعرف سبب

ارتكابه لها، كالسرقة أو الانتقام أو التخلص من سياسي مكروه، إلخ، وذلك إما بصدور اعتراف من المجرم بعد القبض عليه، أو من الملابسات المحيطة بالجريمة. أما الآن، فمن الذي يمكن أن يستفيد من تفجير قنابل بوسطن؟ ومن الذي استفاد من تفجيرات ١١ سبتمبر ٢٠٠١، أو من تفجير القطارات في إسبانيا أو في لندن بعد حوادث ١١ سبتمبر بقليل؟ لا أحد طالب ببعض المطالب قبل أو بعد هذه التفجيرات، فهدد بارتكاب الجريمة أو بارتكاب المزيد من أمثالها لو لم تنفذ طلباته، ولا ظهر لنا أي شخص أو جماعة حققوا أي فائدة من وقوعها، لا الإسلام استفاد شيئًا ولا أحد من العرب. أقصى ما حصلنا عليه، بخصوص تفجيرات ١١ سبتمبر، ظهور صور مضحكة لشخص يدعى «بن لادن»، على شاشة التلفزيون التابع لدولة صديقة صداقة حميمة للولايات المتحدة، يهدد الولايات المتحدة بمزيد من التفجيرات، إذا لم...؟ إذا لم تفعل ماذا؟ لم يفصح الرجل، ولا أحد من أنصاره، ويا ليته كان قد أفصح، حتى يصبح من الممكن للحكومة الأمريكية أن تنظر في تلبية طلباته. ولكنه سكت، حتى قبض عليه بعد سنوات كثيرة عجزت خلالها أكبر وأقدر مخابرات في العالم عن معرفة مكانه، ثم ظهر أنه كان مختبئًا في دولة صديقة هي الأخرى للولايات المتحدة، ثم جرى التخلص منه بطريقة مدهشة أيضًا، وقيل إن جثته ألقيت في البحر، خوفًا من أن يحوله أنصاره إلى «أسطورة»، وكأن مجرد إلقائه في البحر يمنع من ذلك.

إن تكرار مثل هذه التفجيرات والجرائم الغريبة، التي لا يبدو لها صاحب، ولا يُعرف من الذي يمكن أن يستفيد منها، فلا يعرف إلا ضحاياها، لا بد أن يثير شكوكًا قوية حول المرتكبين الحقيقيين لهذه الجرائم. هل من الممكن أن يكونوا هم الممسكين بالسلطة أنفسهم؟ ولكن ما الذي يمكن أن يستفيده الممسكون بالسلطة من جرائم تهدد الاستقرار، وتشيع الخوف بين الناس، وتقضي على حياة بعض الأبرياء، وتضر بالاقتصاد، إلخ؟ الإجابة هي أن الفائدة قد تكون أكبر بكثير مما نظن. إن إشاعة الخوف بين الناس يمكن عن طريقها تبرير أي قيود قد يحب أصحاب السلطة فرضها، لأغراض لا علاقة لها بمكافحة هذه الجرائم، بل تبرر استمرار نفس الفئة الحاكمة في الحكم، وتبادل أفراد الطبقة نفسها مقاعد الحكام،

مهما اختلفت أسماء الأحزاب. وإشاعة الخوف بين الناس تفيد أيضًا في تبرير مغامرات الطبقة الحاكمة في خارج البلاد، والهجوم على بلاد صغيرة، لا حول لها ولا قوة، بغرض استغلال خيراتها، ولكن يتم ذلك باسم مكافحة الإرهاب، خاصة إذا ادُّعي أثناء ذلك أن هؤلاء «الإرهابيين» يكرهون نمط الحياة الأمريكي، أو يريدون حرمان الأمريكيين منه. وإشاعة الخوف مفيدة أيضًا في تبرير الإنفاق الباهظ على السلاح باسم الإرهاب أيضًا، والذي لا يفيد منه إلا صانعو الأسلحة أنفسهم وتجارها.

هل بمثل هذا التفسير، يمكن أن نفسر الفرق بين ظروف مقتل الرئيس الأمريكي إبراهام لنكولن في ١٨٦٥، وظروف مقتل الرئيس الأمريكي جون كنيدي بعد نحو مائة عام؟ ففي الجريمة الأولى، قبض على المجرمين وحوكموا، وتم إعدامهم شنقًا، وعرف الجميع الدافع إلى الجريمة، وهو العمل على إسقاط الحكومة الاتحادية التي أرادت إلغاء نظام الرق. أما مقتل الرئيس كنيدي في ١٩٦٣، فما زلنا حتى الآن، رغم مرور نصف قرن على وقوع الجريمة، لا نعرف الدافع إليه، ولا الدافع إلى قتل من قتله، ولا المستفيد من هذا القتل أو ذاك؟

نحن نعيش في عصر، الأشياء المدهشة فيه كثيرة. وتتضاءل فيه شيئًا فشيئًا نسبة ما يقال لنا من حقائق وتزداد الأكاذيب.

ربما كان قهر الأقلية للأغلبية شيئًا حتميًا في جميع العصور. في ظل الدكتاتورية يتم القهر باستخدام جهاز الشرطة وضرب المقهورين وسجنهم، وربما تعذيبهم. أما الآن، في عهد الديمقراطية الرائعة، فإن القهر يتم بطريقة أخرى، منها التخويف المستمر للناس.

(٥)

لا أعرف الكثير من التفاصيل عن المأساة التي حدثت في باريس في سنة ٢٠١٥، وراح ضحيتها عدد كبير من الصحفيين والرسامين الفرنسيين، وقيل إن السبب هو إساءتهم للإسلام، وأن قاتليهم من المسلمين الغاضبين من هذه الإساءة. ولكني

أعترف بأني لا أريد أن أعرف المزيد من التفاصيل. فقد بلغ السيل الزبى، وبلغ بي الملل أقصاه.

القصة تتكرر في أماكن مختلفة، وبتفاصيل مختلفة، ولكن المعنى واحد والتفسير واحد. ولم يعد يساورني شك في صحة التفسير الذي وصلت إليه. إنه تفسير لا يصل إلى حد توضيح كل شيء، وتقديم سبب لكل التفاصيل. ولكن هذا أيضًا لم يعد يسبب قلقًا لديَّ. إني قانع بما أفهمه، وراضٍ تمامًا عن تشخيصي للمجرمين الحقيقيين والضحايا الحقيقيين.

إني مثل غيري أشعر بصدمة وبالكثير من الأسى، كلما حدث حادث من هذا النوع. وأتصور كيف تنتهي حياة أشخاص أبرياء، في بداية حياتهم، دون أن يرتكبوا خطأ، أو لارتكابهم خطأ لا يستحق كل هذه القسوة. وأتصور مشاعر أهلهم وذويهم عندما تصل إليهم الأخبار عما حدث. ولكن هذه المشاعر لم تعد تمنعني من الشعور أيضًا بالملل. والملل قد يكون في بعض الظروف شعورًا صحيًا جدًّا وإيجابيًّا. وهو كذلك في هذه الحالة.

لقد أعلنت دوائر اتخاذ القرار في الدول الغربية، ومراكز البحوث الاستراتيجية فيها، ومنظمو المؤتمرات والندوات، وبالطبع وسائل الإعلام هناك أيضًا، منذ حوالي أربعين عامًا، أن الإسلام قد أصبح هو العدو الأساسي للغرب. لم يكن الحال كذلك خلال سنوات الحرب العالمية الثانية مثلًا، ولا في الخمسينيات ولا في الستينيات. شيء ما حدث بعد ذلك جعل هذا الاتهام مفيدًا لجهات ما، واستمرت هذه الجهات تؤكد وتلح عليه (بل وزاد التأكيد والإلحاح عليه مع مرور الوقت)، حتى أصبح الناس مستعدين أكثر فأكثر لتصديق هذا الاتهام، في داخل الغرب وخارجه، لأسباب واضحة ومفهومة. فمجرد التكرار له مثل هذا الأثر، والخوف من الموت يزيد من احتمال تصديق وجود الخطر، والدين المخالف لدينك يمكن أن تصدق أي اتهام يلصق به، وثقة غير الغربيين بما يقوله الغرب في أي موضوع تزيد عن الحد المعقول، لأسباب كثيرة لا ضرورة لشرحها. ولكن هذا الاتهام يحتاج، فضلًا عن كل ذلك، من أجل تأكيده وترسيخه، إلى ظهور أدلة توحي بصحته من حين لآخر. ومن ثمَّ فلا بد أن يحدث حادث يؤكده من حين لآخر، فيتخذ أشكالًا

مختلفة، ويقع في بلاد مختلفة، ولكن المتهمين دائمًا هم هم، أي لا بد أن يكونوا إسلاميين بشكل أو بآخر.

إن صحة هذا التشخيص لا تتعارض مع وجود بعض «الإرهابيين» الحقيقيين بين المسلمين. فالمسلمون لديهم مظالم كثيرة وقديمة ضد الغرب. والمظالم يمكن أن ينتج عنها ردود فعل كثيرة من بينها «ممارسة الإرهاب». ولكن هذا الإسلامي الإرهابي لا بد أن يكون واحدًا من اثنين: إما مجنونًا أو مأجورًا. فالشخص العاقل الذي يريد أن ينتقم لمظالم قديمة، أو يأمل في استعادة مجد الإسلام، لا يستمر طوال أربعين عامًا في ارتكاب أعمال يائسة لا ينتج عنها أي خير للإسلام والمسلمين، ولا حتى يمكن أن تشفي غليل رجل عاقل لديه دافع للانتقام. ولكني أفترض أيضًا أن المجانين، وإن كانوا موجودين، ليسوا بهذه الكثرة، سواء بين المسلمين أو غيرهم، كما أنهم لا يملكون في العادة من المواهب والأساليب التكنولوجية الحديثة ما تتطلبه هذه الأعمال الإرهابية، كما أن من الصعب تصور إمكانية تنظيمهم على هذا النحو الرائع، الذي يجعلهم يظهرون (كجماعة داعش مثلًا) مرة في سوريا، ومرة في العراق، ثم في ليبيا، ثم في مصر، وربما أيضًا في أمريكا وباريس.

الاحتمال الآخر إذن أقرب إلى العقل، وهو أن يعرض بعض المسلمين (غير المجانين) خدماتهم (أو يتم اختيارهم) للقيام ببعض الأعمال الإرهابية في مقابل أجر. قد تكون هذه الأعمال الإرهابية خطرة جدًّا، وقد تؤدي إلى موت القائم بها. ولكننا نعرف أن البائسين في العالم الإسلامي (وفي غيره أيضًا) كثيرون، ولدى كثيرين منهم الاستعداد لتعريض أنفسهم لمثل هذه المخاطر في سبيل الحصول على ما يسد رمقهم، أو يحقق بعض آمالهم (مثل الذين يغرقون بين حين وآخر في قوارب مطاطية أثناء محاولتهم عبور البحر المتوسط، هربًا من البطالة والفقر في بلادهم).

هناك إذن أشخاص، غير مجانين، مستعدون لركوب المخاطر من أجل أجر مناسب، ولو كان هذا بارتكاب أعمال إجرامية تترتب عليها مآسٍ لأشخاص أبرياء. ولكني أعرف أيضًا، من قراءاتي السياسية والتاريخية أن المستعدين والقادرين على

دفع هذه الأجور المناسبة لارتكاب مثل هذه الأعمال، موجودون دائمًا وكثيرون. فالسياسة في كثير من الأحوال، تتطلب أعمالًا غير أخلاقية، وهناك من المشتغلين بالسياسة من لا يتورع عن القيام بمثل هذه الأعمال، فلا غرابة إذن في أن تحدث من حين لآخر مثل هذه الأعمال المسماة بالإرهابية.

الوضع محزن جدًّا بالطبع، ولكنه أيضًا ممل. ومما يساعد على استمراره، رغم ما يبعثه من ملل، كثرة من يكمن مصدر رزقهم في الاشتراك في هذه الزفة، فلا دافع لديهم للتوقف للسؤال عن حقيقتها. يساعد على استمرار هذا الوضع أيضًا كثرة الكتاب والمعلقين الذين قد يوافقون في داخل أنفسهم على صحة التحليل المتقدم، ولكنهم لا يسمحون لأنفسهم بالشعور بالملل لأن ذلك يتعارض مع استمرارهم في كتابة ما يكتبون. ذلك أن من هؤلاء الكتاب والمعلقين من لا يريد أن يمس من قريب أو بعيد أي طرف لهذه القوى التي تستأجر الإرهابيين، أو لمن يسير في ركابها. وكثيرًا ما يجد هؤلاء الكتَّاب والمعلقون من المناسب أن يضيفوا إلى عزف نغمة الإرهاب الإسلامي، والتطبيل لها، عبارات أو مقالات كاملة تنفي عن الإسلام أي شبهة تأييد أو دعم لهذه الأعمال الإرهابية. فإذا بهم يتظاهرون بالتشنج أو العصبية، وهم يقولون إن الإسلام بريء من هذا كله، وأنه ضد قتل الأبرياء، بل يدعو إلى الجدل بالحسنى، ومقارعة الحجة بالحجة وليس بالرصاص، إلخ، وكأن هناك شخصًا عاقلًا يحتاج إلى من يذكره بهذه الأشياء. فإذا بهؤلاء الكتَّاب والمعلقين يضاعفون شعورنا بالسأم والضيق.

(٦)

من القصص المشهورة قصة عالم دين جليل، كان يجلس في المسجد لإلقاء درس في الدين على عدد كبير من الناس، وقد وضع بجواره مصحفًا ثمينًا كان يستخدمه من حين لآخر للاستشهاد بآية من آياته. ولكنه نظر مرة إلى حيث وضع المصحف فلم يجده. فسأل عمن يمكن أن يكون قد أخذه أو يعرف من أخذه،

فلم يعترف أحد، رغم أن سارق المصحف كان لا بد أن يكون واحدًا من الجالسين. بل شرع كثير من الحاضرين في البكاء حزنًا وأسفًا على أن يتجرأ أحد على سرقة مصحف العالم الجليل. فقال هذا العالم قولته التي صارت مثلًا: «كلكم تبكون، فمن الذي سرق المصحف؟».

كان لا بد أن أتذكر هذه القصة عندما رأيت صورة ذلك المنظر المذهل لمئات الآلاف المجتمعين في أكبر أحياء باريس، احتجاجًا على قتل بعض الصحفيين الفرنسيين على أيدي من وصفوا بالإرهابيين الإسلاميين. وإلى جانب هذه الصورة صورة مهيبة أخرى لصفوف من زعماء ورؤساء وملوك العالم الذين جاءوا بدورهم خصيصًا للاشتراك في مظاهرة يعبرون بها عن رفضهم لمثل هذه الأعمال الإرهابية. تبينت في الصف الأول صورة الزعيمة الألمانية ميركل، والرئيس الفرنسي هولاند، والرئيس الفلسطيني محمود عباس، وعلى اليسار رئيس الوزراء الإسرائيلي نتنياهو، إلخ، وقد ارتسمت على وجوههم جميعًا علامات الأسى والغضب. وقد سمعت فيما بعد عن وصول ملوك ورؤساء آخرين، كملك وملكة الأردن، وملك المغرب، إلخ.

لاحظت مما نشر عن الحادثة ووثائقها، أن الإرهابيين الثلاثة الذين ارتكبوا الجريمة قد تم قتلهم جميعًا برصاص رجال الشرطة الذين بحثوا عنهم حتى وجدوهم وقضوا عليهم. سألت نفسي: لماذا تنتهي مثل هذه الجرائم في العادة هذه النهاية؟ فلا يبقى أحد المجرمين حيًّا لاستجوابه، ومعرفة المزيد عن أصل الجريمة وأهدافها والمحرضين عليها. وإذا كان قد بقي أحد من المجرمين على قيد الحياة، فلا أذكر أني قرأت نتائج منشورة بالتفصيل الواجب (في جرائم بهذه الأهمية) عن نتائج التحقيق، وما يستفاد منه من معلومات لا بد أن تكون عظيمة الفائدة في منع تكرار مثل هذه الجرائم في المستقبل.

هل تذكرون مثلًا نتائج منشورة عن التحقيقات التي جرت في حادث الاعتداء على نجيب محفوظ منذ أكثر من عشرين عامًا؟ أو في حادث مذبحة الأقصر بعدها ببضع سنوات؟ أو حادث الاعتداء الوحشي على السياح في شرم الشيخ، إلخ؟ ألم نستفد شيئًا من هذه التحقيقات مما كان من الممكن عن طريقه تجنب حدوثها

بعد ذلك؟ وإذا كانت هذه التحقيقات قد أسفرت عن معلومات مهمة، ألا يتم تبادل هذه المعلومات بين الدول المهتمة بهذا الأمر، كما يتم تنسيق وسائل التفتيش في المطارات مثلًا؟

هذا السؤال يلح عليَّ منذ فترة، وها هو حادث آخر يثيره من جديد، ولكن لفت نظري أيضًا في حادث باريس الأخير، خبر مدهش آخر هو انتحار أحد المحققين الفرنسيين المشتركين في تحقيق هذه الجريمة. قيل إنه كان يشعر باكتئاب قبل انتحاره (فكم منا يا ترى يدفعه الشعور بالاكتئاب إلى الانتحار؟). ولكن قيل أيضًا أنه ربما اكتشف أشياء لا يراد لها أن تُعرف. ذكرني هذا الخبر بحادث انتحار آخر جرى قبيل الغزو الأمريكي والبريطاني للعراق في سنة ٢٠٠٣، وهو انتحار عالم بريطاني «دافيد كيلي» كانت له علاقة بوزارة الدفاع البريطانية، أثناء انشغالها بتحديد ما إذا كان لدى العراق أسلحة للدمار الشامل، وقيل وقتها إن الرجل كان لديه رأي مخالف لرأي وزارة الدفاع، كما قيل أيضًا بعد انتحاره إنه كان يشعر باكتئاب شديد قبل ذلك، ولم تنشر منذ ذلك الوقت أي تفاصيل تلقي ضوءًا جديدًا على ظروف وفاته. الحادث الأقدم هو حادث مقتل الرئيس الأمريكي كنيدي في نوفمبر ١٩٦٣، الذي سرعان ما سمعنا بعد حدوثه بمقتل الرجل الذي قتله، وتلت ذلك أحداث عدة زادت قضية مقتل الرئيس غموضًا، مما لم يكشف عنه حتى الآن، أي بعد مرور أكثر من خمسين عامًا على مقتله.

عندما رأيت صور آلاف المتظاهرين ضد حادث الاعتداء على الصحفيين في باريس، يتقدمهم زعماء ورؤساء وملوك العالم، وقد ارتسمت على وجوههم جميعًا مختلف المشاعر التي يتطلبها الحادث، قلت لنفسي إن من بين هؤلاء المتظاهرين (بل ربما من بين بعض هؤلاء الزعماء والرؤساء) لا بد أن يوجد من تقع عليه مسؤولية ما عما حدث، أو على الأقل من يشعر بالرضا على ما حدث لأنه يخدم أغراضًا مهمة لديه. ربما كانت المسؤولية مصدرها رئاسة هيئة اشتركت في تدبير الأمر، أو رئاسة دولة قامت إحدى هيئات مخابراتها بتدبير الأمر (سواء أحيط هو بتفصيل ما تم تدبيره أو لم يحط)، أو ربما كانت المسؤولية مجرد المعرفة بالحادث قبل وقوعه والسكوت عليه، أو ربما كانت المسؤولية هي المساهمة في

استمرار ظروف اقتصادية وسياسية صعبة تشجع على نمو التفكير الإرهابي، أو تقديم الدعم لحكومات ظالمة وفاسدة، تعمل كل ما من شأنه تشجيع هذا النوع من التفكير، ولا تعمل شيئًا من شأنه إضعافه والقضاء عليه، إلخ. على هؤلاء جميعًا بالطبع أن يتظاهروا بعكس ذلك، ومن ثمَّ كان تذكري لقصة: «كلكم تبكون، فمن الذي سرق المصحف؟».

(٧)

كان من الطبيعي أن يقل الحديث شيئًا فشيئًا عن أحداث ١١ سبتمبر ٢٠٠١ مع مرور الزمن، ولكن يلاحظ أن الحديث عن «الإرهاب»، بوجه عام، لم يتناقص، بل بالعكس، أصبح الإرهاب هو الموضوع الذي يحوز أكبر قدر من اهتمام وسائل الإعلام. بل وأكثر من ذلك، أصبح كل منا محلًا للشك والارتياب، وأصبحنا جميعًا نعامل، أكثر فأكثر، كـ«إرهابيين محتملين». يظهر هذا مثلًا في طريقة التعامل معنا لدى دخولنا إلى كثير من الأماكن العامة أو الفنادق الكبيرة، حيث أصبحنا، أكثر فأكثر، نتعرض للتفتيش، وقد تستخدم الكلاب المتوحشة لتشم سياراتنا قبل السماح لنا بالمرور. ولكن هذه الطريقة في التعامل تظهر على الأخص في المطارات، حيث تطلب منا أشياء مهينة، كرفع الذراعين، وقبول أن يتحسس موظف الأمن أجسامنا، وخلع الأحذية والجاكيتات وربما الأحزمة أيضًا، والتخلي عن زجاجات الماء لاحتمال استخدام الماء في صنع مواد متفجرة داخل الطائرة، إلخ.

هذا التطور في معاملة الناس العاديين كإرهابيين متنكرين، حتى كاد يعتاده الناس ويقبلونه وكأنه من طبائع الأمور، اقترن بزيادة الأعمال الإرهابية الحقيقية التي تقوم بها دول أو أشخاص هم أنفسهم الذين يوجهون إلينا هذا الاتهام. إن ما حدث مثلًا خلال الأعوام القليلة الماضية من تدمير لليبيا، على أيدي دول حلف الناتو، وتدمير للعراق، على أيدي الولايات المتحدة وحلفائها، وما حدث وما زال يحدث في سوريا والعراق على أيدي ما يسمى بجماعة «داعش»، والذي تتخذ إزاءه حكومات هذه الدول التي تتزعم اتهام الآخرين بالإرهاب، مواقف

سلبية، أو مائعة على الأقل، مما يزيد من الشك في أنهم يلعبون دورًا حاسمًا فيه، كل هذا هو من قبيل الإرهاب الحقيقي الذي لا يمكن منعه للأسف بأعمال التفتيش أو الاعتقال، إذ إن القائمين به دول محترمة تشتهر بالسهر على حقوق الإنسان، وبالدفاع عن الديمقراطية.

هناك نكتة قديمة (ترجع فيما أظن إلى غزو أمريكا للعراق في ٢٠٠٣)، ولكنها ما زالت ملائمة تمامًا لما نحن فيه الآن، عن الفرق بين الإرهاب كعمل غير مشروع، والحرب كعمل مشروع، إذ تقول إن الحرب المشروعة تتمثل في ضرب العدو من فوق (كضرب أمريكا مثلًا لبغداد لإسقاط صدام حسين)، أما الإرهاب فهو ضرب العدو من الجنب، كاختراق الطائرتين المحملتين بإرهابيين، للبرجين الشهيرين في نيويورك في ١١ سبتمبر ٢٠٠١.

هذه النكتة تشير بالطبع إلى سخافة لفظ «الإرهاب» وخلوه من أي معنى مفيد. فهي كلمة لا تعني أكثر من «التخويف»، ولكنها لا تفصح عن أي شيء فيما يتعلق بالغرض من هذا التخويف أو حتى وسيلته، أو عن جنسية وطبيعة الشخص الذي يقوم به (سوى أنه يخيف الناس طبعًا).

لم يكن لفظ «الإرهاب» يستخدم كثيرًا في أيام الحرب الباردة بين المعسكرين الشيوعي والرأسمالي، حيث شاع الحديث عن الخطر الشيوعي، وكثر الكلام في الغرب عن أن الموت ربما كان أفضل من الخضوع للشيوعية (better dead than red)، أو العكس، أي أن انتصار الشيوعية أقل سوءًا على الأقل من الموت (better red than dead). ولكني الآن (وبعد ربع قرن من سقوط الشيوعية وانتهاء الحرب الباردة) أرى علاقة قوية بين التخويف من الخطر الشيوعي، الذي شاع في الخمسينيات والستينيات من القرن الماضي، وبين التخويف من الإرهاب، الذي بدأ يشيع بمجرد انتهاء ذلك الخطر. إذ يبدو لي أن هناك شيئًا مصطنعًا في الحالتين، بمعنى أن كلًّا منهما يتضمن المبالغة في تصوير الخطر، بل وربما اختلاق خطر موهوم اختلاقًا، كما يبدو لي أن الهدف في الحالتين قد يكون واحدًا، يتحقق بمجرد إشاعة الخوف بين الناس.

لم يكن الأمر بهذا الوضوح عندما كان يرجى تخويفنا من الشيوعية. إني أذكر

أن الزعيم السوفيتي خروتشوف قال مرة، وهو يرد على مزاعم الغرب بأن الشيوعية تهدد باكتساح العالم: «نحن أيها السادة لا نأكل الأطفال!» مشيرًا إلى الصورة التي دأبت وسائل الإعلام في الغرب على رسمها للروس وزعمائهم. توقفت هذه العادة بمجرد سقوط حائط برلين في ١٩٨٩، وسقوط دولة شيوعية بعد أخرى، وتفكك الاتحاد السوفيتي إلى عدة دول، تطبق هي أيضًا نظام السوق الحرة، وظهر أن الروس أطيب قلبًا وأظرف مما كانوا يصورون لنا، ولكن ظهر أيضًا أن الحاجة إلى تخويف الناس ما زالت مستمرة، ومن ثمَّ الحاجة إلى اختراع خطر جديد.

هذا الخطر الجديد هو «الإرهاب»، ولكنه يختلف عن الخطر الشيوعي في أنه لا يُعرف له مبدأ محدد، أو زعماء مشهورون، أو كتب قديمة أو حديثة، بل ولا يُعرف له هدف أو قضية واضحة ولا موطن محدد. فأهدافه متغيرة لا يفصح عنها، وقضاياه، إذا ذكرت على الإطلاق، متعددة، قد يتعارض بعضها مع البعض الآخر، ومن الممكن أن يظهر الإرهاب في أي مكان في العالم ثم يختفي ليظهر في مكان آخر (وعندما ينتهي الغرض منه يلقى بجثة زعيمه في المحيط، حتى تضيع أي وسيلة للتحقق من أن الذي تم قتله هو حقًّا ذلك الزعيم الإرهابي دون غيره). وهو لا يترك أبدًا وراءه ورقة ليخبرنا فيها بسبب الإرهاب وهدفه، بل إنه يبدو وكأنه لا يحقق أي هدف على الإطلاق، أو أي مصلحة لمن يقوم به، وإن كان يحقق بالضرورة مصالح مهمة لمن اخترعوا فكرة الإرهاب أصلًا.

شيئًا فشيئًا بدأت أدرك أن خطر «الإرهاب» هو البديل الجديد، في العصر الذي نعيش فيه، للخطر الشيوعي. وكما أن التهديد بالخطر الشيوعي حقق مصالح متعددة للولايات المتحدة، عن طريق تبرير التدخل في دولة بعد أخرى من دول العالم الثالث، بل وفي دول أوروبا الغربية نفسها، وفي إنتاج المزيد من الأسلحة وبيعها لحكومات، بعضها لا يستخدم السلاح أصلًا، وكذلك لتبرير المعونات العسكرية والاقتصادية التي تهدف إلى أشياء أخرى غير تنمية البلاد الفقيرة، فإن التهديد بخطر الإرهاب استخدم ولا يزال يستخدم لتبرير مصالح مماثلة، من احتلال العراق، إلى ضرب ليبيا، إلى تقسيم بلاد يراد تقسيمها لسبب أو آخر (لم يتضح تمامًا بعد)، فضلًا بالطبع عن استمرار إنتاج السلاح وبيعه.

لتحقيق هذه المصالح لا بد من إشاعة الخوف، إن لم يكن بإرهاب حقيقي، فعلى الأقل بإرهاب مزعوم.

(٨)

الحرب ظاهرة قديمة جدًّا، قدمت لها مختلف التفسيرات الاقتصادية والنفسية والبيولوجية. من السهل أن نفهم لماذا تسهل تعبئة الناس للحرب بإثارة تعصبهم القبلي أو الديني أو القومي، وإثارة مشاعر الكراهية والنفور لديهم ضد من كانوا من جنس مختلف، أو يعتنقون دينًا مختلفًا، أو يحملون جنسية غير جنسيتهم، ولكن النجاح في إثارة هذه المشاعر العدائية ضد الغير لا يتعارض مع كون الدوافع الأصلية للحرب دوافع اقتصادية.

هذه الدوافع الاقتصادية تتغير مع تغير الظروف وتطور التكنولوجيا. فالاستيلاء على ماشية وأغنام الغير، قد يكون دافعًا كافيًا للحرب في عصر، وغير كافٍ في عصر آخر، حين تصبح الزراعة هي النشاط الرئيسي بدلًا من الرعي. وفي عصر الصناعة قد يصبح الدافع الرئيسي للحرب الاستيلاء على مزارع القطن، أو مناجم الفحم والحديد، لتزويد المصانع بما تحتاجه من مواد أولية. وعندما يزيد فائض الإنتاج عن حاجات السوق المحلية، قد تشن الحرب لفتح أسواق جديدة، إلخ.

ولكن في جميع الأحوال، لا يقال للناس السبب الحقيقي للحرب، بل تبرر الحرب إما بالرغبة في التخلص من عدو شرير، أو في نشر مبادئ الدين الصحيح، أو تحويل أمم همجية إلى أمم متحضرة، أو الدفاع عن حقوق الإنسان، أو حتى القول بأن الغرض من الحرب هو عكسها بالضبط وهو السلام. كل هذه التبريرات استخدمت عبر عصور التاريخ المختلفة، بما في ذلك القرن العشرون، الذي شهد حربين عالميتين في فترة لا تزيد على ٢٥ عامًا، راح ضحية الأولى ١٧ مليونًا من البشر، وراح ضحية الثانية ستون مليونًا. كانت أهداف الاستعمار الاقتصادية هي الدافع إلى كلتا الحربين، ولكن استغل الاستعماريون في الحالين «حب الوطن»، لحث الناس على الحرب من الجانبين، وطالبوهم

بالتضحية بالنفس والنفيس من أجل الانتصار في الحرب. وعندما ألقيت في نهاية الحرب الثانية القنبلة الذرية على هيروشيما ونجازاكي في اليابان، وراح ضحيتها أكثر من ١٣٠ ألف قتيل، كانت أقوى حجة قدمت لتبريرها هي أنه لو لم تلق القنبلتان لكان عدد الضحايا أكبر.

ها قد مر الآن، منذ أن ألقيت هاتان القنبلتان، أكثر من سبعين عامًا، حدثت خلالها أشياء كثيرة، من أهمها ظاهرة العولمة، التي أحدثت تغيرات مهمة في طبيعة العلاقات الاقتصادية بين الأمم، حل بسببها الاعتماد المتبادل بينها محل التنافس. لم تختف المنافسة الاقتصادية بالطبع، فاستمر الإنفاق على التسلح، واستمر التلويح بالحرب يستخدم لخدمة المصالح الاقتصادية، ولكن أصبح من الصعب تصور نشوب حرب من نوع الحربين العالميتين، حيث يصطف جيش دولة أمام جيش دولة أخرى، وتستمر الدولة في ضرب الدول المعادية لها حتى تعلن استسلامها، وتعتمد كل دولة على الشعارات القومية وعاطفة حب الوطن لحث الناس على تقديم مختلف التضحيات. فالتطور الذي حدث في الأسلحة أصبح يهدد بفناء الجميع، الضارب والمضروب. كما أدى الاعتماد المتبادل وتشابك المصالح إلى أن أصبحت الخسارة الاقتصادية بدورها تشمل الجميع، إذ من الصعب في عصر الشركات متعددة الجنسيات، تحديد جنسية الضارب والمضروب، وقصر الأضرار الاقتصادية على طرف دون آخر.

التنافس الاقتصادي لا يزال موجودًا، ولكن حدود المصالح الاقتصادية المختلفة لم تعد متطابقة مع الحدود الجغرافية المألوفة. الضرب والقتل والتدمير ما زالت وسائل مفيدة لفرض إرادة على أخرى، ولكن هذه الوسائل كان لا بد أن يتم تطويرها لتصبح مثل الشركات، أي «عابرة للقارات». لم تعد الحدود السياسية للأمم هي التي تحدد متى تبدأ المصالح الاقتصادية ومتى تنتهي، ومن ثمَّ فلا بد أيضًا أن تصبح أعمال القتل والتدمير خفيفة الحركة، قادرة على القفز فوق هذه الحدود، مثلما تقفز السلع والمعلومات.

ولكن هذا التغير في طبيعة القتل والتدمير كان لا بد أن يستدعي أيضًا تغييرًا في مفهوم «العدو». العدو لا بد أن يظل بالطبع، كما كان دائمًا، مكروهًا ومحتقرًا،

ولا بد أن تظل صورته في أذهان الناس كصورة الوحش المفترس عديم الضمير. ولكن لم يعد ممكنًا أن تتوحد هذه الصورة مع صورة دولة أو أمة بعينها. فما رأيكم في «الإرهاب» كبديل؟

«الإرهابي» خفيف الحركة، قادر على القفز فوق الحدود، وعلى التنقل من موقع داخل أي دولة إلى موقع آخر في دولة أخرى، وأن يستخدم مختلف أنواع الأسلحة، الخفيف منها والثقيل، حسب الحاجة في كل موقع. وهو فوق ذلك «عديم الهوية»، لا يفصح اسمه «الإرهابي» عن أي جنسية أو هدف، فقد يكون الهدف دينيًّا تارة، وقوميًّا تارة أخرى، أو مجرد الحقد الدفين غير محدد السبب. وهو بعكس المحارب في الحروب التقليدية، كثيرًا ما يكون «ملثمًا»، ولكنه مع ذلك ذو سيطرة مدهشة على وسائل الإعلام، وعلى مصادر الأسلحة والذخيرة، بل وعلى البنوك ومصادر التمويل.

وللإرهاب، فضلًا عن وظيفة الردع لأي تهديد لمصلحة اقتصادية لدولة أو شركة، وظيفة أخرى لا تقل أهمية وهي تبرير الاستمرار في إنتاج الأسلحة التي تمثل بذاتها مصدرًا مهمًّا للأرباح، إذ يستخدم «الإرهاب» في داخل الدول المنتجة للسلاح، لإقناع شعبها بجدوى (أو ضرورة) الإنفاق على التسلح، وفي داخل الدولة غير المنتجة للسلاح، لإقناع شعبها بضرورة شرائه من الخارج. وقد ثبت حتى الآن نجاح «الإرهاب» في تأدية هذه الوظيفة الأخيرة، في الدول المنتجة للسلاح والمشترية له، أما نجاحه في الوظيفة الأولى، أي تحقيق مصالح اقتصادية محددة، في كل موقع على حدة، فيستحيل علينا تقديره، إذ من النادر أن تذكر لنا بأي وضوح أو صراحة، ما هي المصالح المطلوب تحقيقها بالضبط، من كل ضربة إرهابية.

خلال الثلاثين عامًا الماضية، أي منذ بداية التفكك في المعسكر الاشتراكي، ثم سقوطه في دولة بعد أخرى، زاد بشدة الحديث عن الإرهاب، حتى استقر في أذهان الناس أنه هو العدو الجديد، بل يكاد أن يصبح هو العدو الوحيد، رغم أنه يتخذ صورًا مختلفة في البلاد المختلفة: يدمر برجين شهيرين في نيويورك بسبب الغيرة من جمال نمط الحياة الأمريكية، ثم ينتقل إلى تدمير القطارات ووسائل

المواصلات وتهديد ركابها في إسبانيا وبريطانيا، دون توضيح الدافع بالضبط، ثم يهدد المدن العربية ويحرق القرى بهدف إنشاء خلافة إسلامية، إلخ. وأثناء ذلك يستمر تفتيش الناس بطرق غريبة لدى ركوبهم الطائرات أو دخولهم الأماكن العامة، المهم أن يستمر هذا التخويف بمختلف الوسائل، حتى يستقر في أذهان الناس أن الإرهاب ظاهرة حقيقية، وأنها مستمرة حتى بعد قتل قائدها وإلقاء جثته في البحر، على مرأى من مشاهدي التلفزيون في العالم أجمع، إذ لا يمكن أن يكون للإرهاب اسم يتردد يوميًّا ودون انقطاع، عبر ثلاثين عامًا، دون أن يكون له وجود حقيقي، أو هكذا يتصور الناس.

(٩)

ألاحظ منذ وقت ليس بالقصير، كثرة الأمثلة التي أصبح يصادفها جيلي، ثم زادت في جيل أولادي ثم أحفادي، لأخبار تبعث الخوف في النفوس، وتكرار ذلك حتى أصبحت أكثر الأخبار شيوعًا، سواء تعلق الخوف بإرهاب خارجي أو داخلي، أو بجرائم الاعتداء على الحياة أو المال، أو بزيادة التلوث في البيئة، أو بخطر انقطاع تدفق مياه النيل إلى مصر، بعد أن كان يرد إليها بانتظام لآلاف من السنين، أو بانقطاع مفاجئ ومتكرر للكهرباء، بعد أن اعتدنا استخدام اللمبة الكهربائية وحتى جهاز التكييف، أو بإلغاء الدعم على سلع أو خدمات ضرورية بعد أن اعتدنا على كونها في متناول اليد، أو بخطر ارتفاع شديد ومفاجئ في الأسعار في المستقبل، إلخ.

إني أعود بذاكرتي إلى أيام أبي وأمي، اللذين توفيا منذ ستين عامًا، فأتذكر أيامًا أفضل بكثير (على الأقل في هذا الأمر بالذات). كان هذا قبل قدوم عصر التضخم الجامح (الذي لم يبدأ إلا في سبعينيات القرن الماضي)، ومن ثمَّ الخوف من مزيد من ارتفاع الأسعار، وقبل اشتداد الحرب الباردة، ومن ثمَّ الخوف من اشتعال حرب عالمية، وقبل شيوع الاهتمام بأحوال البيئة، وتوقع المزيد من تدهورها، ناهيك بالطبع عن ظهور ما يسمى بـ«الإرهاب»، الذي كان لا بد أن يجده أبي وأمي شيئًا

غير مفهوم بالمرة، وتهديد هذا الإرهاب لسلامتنا ولنمط حياتنا اليومية (بما في ذلك انقطاع الكهرباء أو المياه). نعم، ربما كانت الحياة في أيام أبي وأمي رتيبة أكثر من اللازم (وإن لم يكونا يعتبرانها كذلك)، ولكن الناس في أيامهما، بكل تأكيد، لم يكونوا يتعرضون لهذا التخويف المستمر الذي نتعرض له الآن.

هذه الظاهرة لا تقتصر على دولة دون أخرى، سواء كانت الدولة متقدمة أو متخلفة. إني أسافر إلى خارج مصر مرة على الأقل في كل عام، وأشهد أن ظاهرة التخويف منتشرة هناك مثلما هي في بلادنا، وأن الأمر لم يكن كذلك بالمرة في سنوات بعثتي بإنجلترا، منذ ما يقرب أيضًا من ستين عامًا. أذكر مثلًا أن جريدة «التايمز» اليومية الإنجليزية الشهيرة، خلال سنواتي الأولى في إنجلترا كانت تشعر بالخجل من نشر العناوين المثيرة في الصفحة الأولى، فكانت تخصص هذه الصفحة للإعلانات المبوبة التي تنشر بخط صغير جدًّا، ولا تبدأ الجريدة في نشر الأخبار السياسية المهمة إلا في الصفحات الداخلية. لم يكن التلفزيون قد انتشر بعد في أوروبا مثل انتشاره الآن، والتلفزيون يعتبر وسيلة مهمة للتسلية، ولكنه أيضًا مصدر مهم من مصادر التخويف، فهو يستخدم الصوت (بما في ذلك الموسيقى) إلى جانب الصورة، لإلهاب المشاعر. والصحف والمجلات لم تكن تحتوي على هذه الكمية التي تحتويها الآن من أخبار تتعلق بالموت والقتل والاعتداءات الجنسية والكوارث الطبيعية والأزمات الاقتصادية، وتطورها اليومي، والتنبؤات المختلفة، سواء تعلقت بالأسعار أو الدخل أو حالة الجو، أو الآثار الجانبية التي تحدث (أو يظن البعض أنها تحدث) نتيجة لمختلف الأدوية، إلخ.

كيف يمكن أن نفسر هذه الظاهرة؟

خلال العقود السبعة التي انقضت منذ انتهاء الحرب العالمية الثانية، حدثت أشياء كثيرة مهمة، ولكن من أهمها نمو قوة الشركات الاقتصادية العملاقة، حتى أصبحت منافسًا جديًّا لقوة الدولة، وعاملًا من العوامل الحاسمة في تشكيل سياسة مختلف الحكومات. نحن نشهد بلا شك عصر أفول الدولة الوطنية، وصعود نجم الشركات العملاقة. وكان لا بد أن يقترن هذا أيضًا بزيادة نفوذ هذه الشركات في وسائل الإعلام، حيث أخذت تتقلص سيطرة الدولة على الراديو والتلفزيون ووكالات

الأنباء، لصالح الشركات الكبيرة التي زادت سيطرتها أيضًا على المؤسسات الصحفية ودور النشر. ولكن هذه الشركات يحكمها في الأساس الدافع إلى تحقيق أقصى ربح، أيًّا كانت السلعة أو الخدمة التي تقدمها، ولو كانت الأخبار، فاقترن نمو سيطرتها على وسائل الإعلام بزيادة أثر دافع الربح على الإعلام، سواء في ذلك التلفزيون، أو الراديو، أو الصحف والمجلات، أو نشر الكتب. والربح يزيد مع اتساع السوق، ومن أشد الموضوعات أثرًا في توسيع السوق، بالإضافة إلى الجنس والفضائح، أخبار الموت والكوارث والجرائم، فلا عجب أن زادت المساحات المخصصة لهذه الموضوعات، بما في ذلك أي خبر يثير الخوف، ويدفع إلى التلهف إلى معرفة المزيد من الأخبار.

من المهم أن نلاحظ، أيضًا، أن ارتفاع درجة الخوف لا يزيد فقط من التلهف على معرفة المزيد من الأخبار المتعلقة بالأحداث المثيرة للخوف، ومن ثَمَّ مزيد من الإقبال على وسائل الإعلام، ولكنه أيضًا يقوي الرغبة في استهلاك سلع، قد لا تبدو ثمة علاقة بينها وبين الشعور بالخوف. إن الملاحظ أن الإنسان قد يجد في استهلاك المزيد من الطعام، أو حتى زيادة ما في حوزته من أي سلعة، مصدرًا من مصادر تهدئة الخاطر والشعور بالاطمئنان، مثلما نلاحظ لجوء الأم أو الأب إلى تهدئة الطفل الخائف بإعطائه ما يأكله أو يشربه. فإذا كان الأمر كذلك، فإن من مصلحة الشركات العملاقة المنتجة لمختلف سلع الاستهلاك تقوية شعور الناس بالخوف، سواء فيما تقدمه من إعلانات عما تنتجه من سلع، أو فيما تنشره من موضوعات فيما تملكه من وسائل الإعلام. (بل لقد لاحظ البعض العلاقة بين تسويق السلع والخدمات وبين نمو ظاهرة الفردية، واستقلال الرجل أو المرأة، في سن مبكرة، بسكن خاص، بل وبنمو الحركة النسوية التي كثيرًا ما أضعفت روابط الأسرة، وأدت إلى زيادة الميل إلى استقلال الرجل أو المرأة بسكن خاص).

حدث أيضًا خلال العقود الأربعة، أو الخمسة الماضية، شيء آخر زاد من قوة هذا الاتجاه إلى التخويف، وأقصد به ما يسمى بثورة المعلومات والاتصالات، مما ضاعف من نهم الناس إلى معرفة المزيد من الأخبار. لم تعد نشرة إخبارية

واحدة تكفي في اليوم، بل لا بد من نشرة في كل ساعة، ولا تكفي معرفة الأخبار المهمة المتعلقة بقريب لنا أو صديق، عن طريق تلقي خطاب أو مكالمة تلفونية بين الحين والآخر، بل لا بد من مكالمة أو رسالة كل بضع دقائق. إذا كان الأمر كذلك فالفرصة عظيمة لمن يربح من بيع الأخبار، عن طريق تضمين الأخبار أشياء مما يتلهف المرء على معرفته، وفي مقدمتها ما يثير الخوف.

ولكن هذه الشركات العملاقة لا تبيع فقط الأخبار، ومختلف أنواع المأكولات والمشروبات والملابس، ولكنها تبيع أيضًا شيئًا آخر مهمًّا للغاية، ومدرًّا للأرباح الوفيرة، وهو الأسلحة. والأسلحة قد تباع للأفراد بكثرة (كما في الولايات المتحدة)، من باب الرغبة في الدفاع عن النفس، ولكنها تباع أساسًا للحكومات، من باب الحفاظ على الأمن في الداخل والخارج. والرغبة في الدفاع عن النفس تشتد بالطبع مع اشتداد الشعور بالخوف، كما أن مهمة المحافظة على الأمن تحتاج دائمًا إلى مبررات، إما بوجود عدو خارجي ظاهر أو باختراع عدو موهوم، في الخارج أو الداخل، مما يمكن تسميته بـ«الإرهاب». وهذا «الإرهاب» له ميزة لا يستهان بها تتمثل في أنه يتخذ ألف صورة، ويمكن أن يتحدث بأي لغة، مما يمكن أن يستخدم في إشاعة الخوف في أي مكان.

الفصل السادس

الديمقراطية

(١)

قرأت مؤخرًا كتابين مهمين، وثيقي الصلة، أحدهما بالآخر. أحد الكتابين من تأليف طارق علي، ذلك الكاتب والناشط السياسي الفذ، وهو بريطاني الجنسية من أصل باكستاني. سمعت اسمه لأول مرة منذ نحو نصف قرن، في سنة ١٩٦٨، عندما قامت تلك الثورة الشهيرة في فرنسا، ثم امتدت إلى دول غربية أخرى كثيرة، وعرفت باسم «ثورة الطلاب»، وذكر فيها اسم طارق علي كواحد من أهم خطبائها، وكان عمره وقتها لا يتجاوز ٢٥ عامًا. ثم ظهر له الكثير من الكتب والروايات، وهو الآن من المشرفين على أهم مجلة يسارية في بريطانيا هي «نيو لفت ريفيو» (New Left Review).

كتابه الذي أريد أن أتكلم عنه الآن، صدر بعنوان «الوسط المتطرف» (The Extreme Centre) ويشرح فيه ما حدث للأحزاب اليسارية في الدول الغربية، وما أصابها من ضعف وذبول، فكريًّا وعمليًّا، حتى أصبحت تنتمي أكثر فأكثر، لا لليسار ولا لليمين، بل إلى الوسط. ولكن حتى هذا الوسط أصبح يلعب في الحياة السياسية دورًا معيبًا للغاية، إذ تخلى عن مسؤوليته التقليدية في الدفاع عن حقوق الفقراء أو الضعفاء، ومال أكثر فأكثر إلى خدمة سياسات يمينية، بل ومتطرفة في بعدها عن مصالح الفقراء، ومن ثَمَّ استحق أن يوصف بـ«الوسط المتطرف».

يقول طارق علي: إن هذه الظاهرة عامة. تنطبق على بريطانيا، التي كانت

سياساتها في عهد «توني بلير» (العمالي)، مجرد امتداد لسياسات «تاتشر» (المحافظة)، كما تنطبق على الولايات المتحدة التي أصبح من الصعب، مع مرور الوقت، التمييز فيها بين برنامجي الحزب الجمهوري والحزب الديمقراطي، كما زاد التشابه في فرنسا بين الاشتراكيين والمحافظين، وبين التحالفات المختلفة في ألمانيا، وبين يمين الوسط ويسار الوسط في الدول الإسكندنافية، إلخ. أما الحديث عن «الموجة الثالثة»، أي نمو تيار ثالث جديد يتميز عن اليمين واليسار القديمين، فقد ظهر مع الزمن أنه سراب أو عمل دعائي أكثر منه وصفًا لتغير حقيقي.

يذكر طارق علي عدة أمثلة واقعية لتشابه المواقف بين الأحزاب، سواء بين حزب معارض وحزب حاكم، أو بين مواقفها عندما تتولى الحكم بالفعل، وسواء بين سياساتها الداخلية أو الخارجية. إن مواقفها متشابهة من قضية التفاوت المتزايد في الثروة والدخل، وإزاء معاملة المهاجرين الزاحفين من بلاد أوروبا الشرقية، أو من بلاد الجنوب الفقيرة، إذ تتفق هذه الأحزاب في اعتبار هؤلاء المهاجرين منافسين للعمال الوطنيين، ومصدر تهديد لمستوى معيشتهم، يجب التصدي له بحزم.

الظاهرة مهمة، كما أن عمومها وانتشارها في مختلف الدول الغربية يستدعي البحث عن تفسير عام لها. وطارق علي يجد هذا التفسير في انتصار الرأسمالية (أو على الأقل زيادة درجة تجبرها أو توحشها)، على الأخص بعد سقوط الحكومات الاشتراكية في دولة بعد أخرى في أواخر الثمانينيات. يقول طارق علي: إن أنصار الرأسمالية كانوا يدافعون عنها، قبل ذلك، بنوع من الاستحياء، ويتجنبون استخدام اسمها الحقيقي، «الرأسمالية»، فيستخدمون بدلًا من ذلك وصفًا ألطف هو «الديمقراطية». أما الآن فقد زال الحياء، وأصبح الدفاع عن الرأسمالية وحرية السوق يجري بجرأة، مقترنًا بالادعاء بأنه لم يعد للنظام الرأسمالي بديل، وأن الداعين إلى نوع أو آخر من الاشتراكية، أو المدافعين عن القطاع العام، هم «ديناصورات» محافظة تنتمي إلى عصر قديم تمت إبادته. وفي ظل هذا الانتصار الحاسم للرأسمالية لم يعد أمام اليساريين القدامى إلا الانضمام للطرف المنتصر،

فينسحب بعضهم من ساحة النزال انسحابًا تامًّا، ويغير الباقون جلودهم، حتى وإن زعموا بأنهم لا يزالون ينتمون إلى «المعارضة»، أو إلى نوع جديد من «اليسار»، أو إلى نوع أو آخر من «الوسط»، وإن كان هذا الوسط في رأي طارق علي، ليس أقل تطرفًا من اليمينيين التقليديين.

الكتاب الآخر يذهب إلى أبعد مما ذهب إليه طارق علي، إذ إن الأمر في نظر كاتبه لا يقتصر على أفول النظام الحزبي، بل هو أفول الديمقراطية كلها. الكاتب أيرلندي متخصص في العلوم السياسية، «بيتر مير» (Peter Mair) توفي قبل أن ينشر كتابه في ٢٠١٣، واسم الكتاب «أن تحكم في فراغ» (Ruling the Void)، وعنوانه الفرعي: «انحسار الديمقراطية الغربية» (The Hollowing Western Democracy).

يبدأ المؤلف كتابه بالقول بأن السياسيين، سواء كانوا محبوبين أو مكروهين، يثق فيهم الناس أو لا يثقون، أصبح تأثيرهم في حياة الناس أضعف بكثير مما كان في الماضي، وتدهورت مكانتهم في نظر الناس. هذا التدهور نتج عن عدة عوامل منها انصراف الناس، أكثر فأكثر، عن السياسة، وتوجيه اهتمامهم بدلًا من ذلك إلى مشروعاتهم الخاصة، ومنها ما طرأ من تطورات على سلوك الأحزاب السياسية (كما شرحه كتاب طارق علي)، ومنها أيضًا خضوع الدولة لمؤثرات خارجية أو لقرارات تصدرها مؤسسات دولية، كالاتحاد الأوروبي مثلًا، أو صندوق النقد الدولي، أو منظمة التجارة الدولية، إلخ، مما يقلل من أهمية ما تتخذه الدولة بمفردها من قرارات.

يقدم الكتاب أرقامًا بالغة الدلالة، على الانخفاض الملحوظ في عدد المشتركين في الانتخابات العامة، كنسبة من إجمالي من لهم حق التصويت، خلال الخمسة والعشرين عامًا الأخيرة. فيذكر مثلًا أن هذه النسبة في بريطانيا في سنة ٢٠٠١ كانت أقل منها في أي وقت منذ عرفت بريطانيا النظام الديمقراطي. ويقدم ما يدل على انخفاض مماثل في فرنسا وإيطاليا والنرويج والبرتغال وإسبانيا وسويسرا والنمسا وفنلندا. ولكن المشاركين في الانتخابات، فضلًا عن انخفاض نسبتهم، أظهروا أيضًا ميلًا واضحًا لتغيير ولائهم، بالانتقال من التصويت لحزب إلى التصويت لحزب آخر.

يلاحظ المؤلف أيضًا انخفاضًا ملحوظًا في عدد المنضمين لأي حزب من الأحزاب خلال العشرين سنة الأخيرة من القرن العشرين، في ١٣ دولة من أعرق الدول الأوروبية في الديمقراطية، سواء كنسبة من إجمالي المشتركين في الانتخابات، أو حتى كأعداد مطلقة للأعضاء في الأحزاب السياسية. ويستخلص المؤلف من ذلك أن السياسة، بالمعنى المعروف، قد تحولت من نشاط يساهم فيه الناس إلى نشاط «يتفرج الناس عليه».

يعترف المؤلف، قرب نهاية الكتاب، بأن معظم دول العالم اليوم يمكن أن توصف بالديمقراطية، إذ من الممكن إطلاق هذا الوصف على ٦٣٪ من مجموع الدول المستقلة، ويعيش فيها ٥٨٪ من إجمالي سكان العالم. ولكن أي ديمقراطية هذه بالضبط؟ ففي الوقت الذي تحولت فيه دولة بعد أخرى إلى تبني «النظام الديمقراطي»، أصبح من اللازم، أكثر من أي وقت مضى، إعادة تعريف ما نقصده بـ«الديمقراطية»، بعد كل هذه التغيرات التي طرأت على موقف الناس من السياسة، وموقفهم من حكوماتهم، وموقف الحكومات من الناس، وتضاؤل الفوارق بين الأحزاب المتنافسة، بل وتضاؤل سلطة الدولة نفسها، سواء كانت ديمقراطية أو لم تكن.

(٢)

ليس من المألوف أن يحتفل العالم بذكرى صدور رواية من الروايات، ناهيك عن أن يتذكرها ويحتفل بها بعد أربعة قرون من صدورها. ولكن هذا هو الذي حدث منذ تسع سنوات، بمناسبة مرور أربعمائة عام على صدور رواية «دون كيخوته» للكاتب الإسباني «ثيربانتس»، الذي وضعته هذه الرواية في مصاف أعظم الكتاب على مر العصور، وقالت عنها دائرة المعارف البريطانية إن «الأطفال يقلبون صفحاتها، وصغار السن يقرؤونها، والكبار يفهمونها، والشيوخ يمتدحونها».

رواية «دون كيخوته» هي قصة إقطاعي في الخمسين من عمره، يعيش مع ابنة أخيه وخادمته، ولكنه أدمن قراءة القصص الخيالية، التي تصف شهامة

الفرسان ومروءتهم، فتصور أن كل قصة منها قد حدثت بالفعل، ولم يعد قادرًا على التمييز بين الممكن وغير الممكن، أو بين ما يقع بالفعل وما هو من صنع الخيال. يقرر أن يتجول في العالم لإصلاح ما فسد منه، فيعامله العالم معاملة قاسية بسبب تجرئه على محاولة إصلاحه، ويتعرض للضرب والإهانة المرة بعد المرة.

نشاهد مثلًا دون كيخوته في رحلاته وهو يعامل النساء غير المحترمات وكأنهن سيدات فاضلات، وينزل في فندق بسيط فيعتبره قلعة من القلاع. ويعامل صاحب الفندق وكأنه قائد عظيم، ويخلع عليه صفات الفرسان، ويقابل في طريقه رجلًا يعامل صبيًّا صغيرًا بقسوة بالغة، إذ ربطه بالحبال بشجرة وانهال عليه ضربًا، فينهره دون كيخوته ويعنفه، ويطلب منه أن يعده بحسن معاملة الصبي من الآن فصاعدًا، فيعده الرجل بذلك ثم يشرع في ضربه من جديد، بمجرد أن يغادر دون كيخوته المكان. ثم يصادف مجموعة من الرعاة البسطاء فيقرر أن يلقي عليهم خطبة، يتكلم فيها عن مزايا السلام والتخلي عن أي نوع من أنواع الملكية الخاصة. ولكن لعل أشهر موقف في الرواية، وهو ما يعرفه الجميع، سواء من قرأ الرواية أو سمع بها فقط، هو موقف دون كيخوته عندما مر بطواحين الهواء، حيث تصور أنها جماعة من العمالقة الأشرار، فقرر أن يدخل معها في معركة وشرع في مصارعتها.

لقد اتخذ دون كيخوته، على مر العصور، رمزًا لما يفعله شخص يرفض أن يرى الواقع، كما هو في الحقيقة، بل يراه كما يصوره له خياله. قد يكون رجلًا نبيلًا وصاحب مبادئ سامية، ولكنه يتعامل مع الواقع على نحو غير ملائم بالمرة، فينتهي الأمر بمأساة. والرواية تنتهي فعلًا نهاية مأساوية، إذ يعود دون كيخوته حزينًا إلى منزله، مرهقًا ومحبطًا ويائسًا تمامًا من إصلاح العالم، ومعترفًا بهزيمته أمام عالم مادي ومجنون. وعندما يجلس لكتابة وصيته قبيل وفاته، يوصي بأمواله لابنة أخيه ولكن بشرط، وهو أن تمتنع بتاتًا عن قراءة الكتب الخيالية التي تتكلم عن شهامة الفرسان.

ما هي بالضبط طواحين الهواء التي نحاربها الآن؟ خطر لي أولًا ما يبديه كثيرون

منا من غرام جامح بالستينيات، وكأن من الممكن أن يعود جمال عبد الناصر (أو شخص شبيه به) إلى الحياة، فيطبق إجراءات صارمة لصالح الفقراء، ويتحدى الدول الكبيرة، وينادي بالوحدة العربية، ويبدو لفترة وكأنه كاد ينجح في تحقيقها، ويغلق باب الاقتصاد في وجه العالم مناديًا بـ«التنمية المستقلة».

كيف يمكن لنا أن نتصور أن تصرفات من هذا النوع يمكن أن يصبر عليها العالم اليوم، في ظل ما صار إليه من عولمة، ووصول الشركات العملاقة بمنتجاتها وإعلاناتها إلى أقصى أطراف الأرض، وعبور القنوات التلفزيونية كل العوائق، لتصل إلى أصغر فلاح في أفقر قرية، وانتشار التلفون المحمول، في مختلف صوره ليربط الناس بعضها ببعض بأقل مجهود، وهجرة الشباب بحثًا عن عمل في أي مكان، ولو كلفهم السفر حياتهم، إلخ؟

هل نحن بذلك التصور نصارع طواحين الهواء، كما كان يفعل دون كيخوته؟

أو فلننظر إلى حماسنا منقطع النظير لـ«الديمقراطية». ألا ترى ما حدث للديمقراطية في مختلف بلاد العالم؟ إنجلترا، مهد الديمقراطية، تذهب لاحتلال العراق (إلى جانب الولايات المتحدة)، بالرغم من خروج الشعب الإنجليزي بأسره إلى الشوارع معارضًا ومنددًا بهذا الغزو. قرارات أوباما بضرب ليبيا تارة، أو التهديد بضرب نظام الأسد في سوريا تارة أخرى، أو بضرب أو عدم ضرب جماعة داعش في العراق، تتم بموافقة صورية من المجلس النيابي، ويفاجأ بها الشعب الأمريكي، كما يفاجأ بها بالضبط الشعب الليبي أو السوري أو العراقي. ووسائل الإعلام، التي تملكها وتوجهها الشركات الكبرى، تتحكم في الرأي العام فتوجهه إلى اليمين تارة، وإلى اليسار تارة، وتزعم في الوقت نفسه أنها «ديمقراطية» تعكس رغبات الناس. أو فلننظر إلى ما حدث للديمقراطية عندنا بعد ثورة ٢٥ يناير ٢٠١١. كان يأسنا من «ديمقراطية» حسني مبارك مفهومًا تمامًا، في ظل تزوير الانتخابات المرة بعد الأخرى، واصطناع مختلف الطرق لاستبعاد أي مشاركة من جانب الوطنيين، سواء في الوصول إلى الحكم، أو في التأثير في الرأي العام، مما دفع الناس إلى القيام بثورة يناير، ولكن كيف نبرر ما عشنا فيه من خيال، والاستسلام للأحلام خلال السنوات التي تلت هذه الثورة؟

كيف خدعنا بدعوتنا إلى حوار بعد آخر، وإلى استفتاء بعد استفتاء، وأنفقنا الأيام والليالي في صياغة مواد دستور جديد، سرعان ما ظهر أنه ليست هناك أي نية للالتزام به؟ هل وقعنا نحن أيضًا ضحية قراءة روايات خيالية، أو حتى تحليلات غير صحيحة بالمرة، قام بها كثيرون ممن صوروا عهد عبد الناصر على غير حقيقته، ونسبوا لعبد الناصر أفضالًا تعود إلى طبيعة العصر الذي كان يعيش فيه أكثر مما تعود إلى صفات شخصية فيه، ولا تعترف بأن مجيئه هو نفسه إلى الحكم كان نتيجة لأن عصره كان يتطلب ويسمح لرجال مثله بأن يصلوا إلى الحكم، ويستمروا فيه أكثر من عشر سنوات، قبل أن يتدخل العالم بضربه ووضع نهاية لطموحاته؟

هناك من قال إن «ثيربانتس» كان يقصد برواية «دون كيخوته» أن يصور مرحلة فاصلة في التاريخ بين العصور الوسطى، التي سادت فيها أخلاق الفروسية والشهامة والمروءة، وبين العصر الحديث الذي بدأت تحل فيه الدوافع المادية والتجارية، محل الاعتبارات الأخلاقية، وأن المؤلف كان يعبر عن حزنه وحسرته لما حدث، فهل يمكن أن نجد نحن، أيضًا في الرواية، ما يلائم أحوالنا الآن، فنرى في سلوكنا الآن تمسكًا بمبادئ آخذة في الزوال، ورفضًا لأن نتعامل مع العالم الجديد على حقيقته؟

(٢)

قامت السفارة الهندية بالقاهرة مشكورة، بدعوة ثلاثة من الكتاب المصريين، وثلاثة من الكتاب الهنود، إلى حلقة نقاش حول الديمقراطية. قادني التفكير في موضوع الندوة إلى أن أستعيد في ذهني ما مر على مصر من نظم سياسية، زعم كل منها أنه يطبق «الديمقراطية»، واستغربت أن أجد أن مصر مرت خلال حياتي وحدها، بأربعة نظم مختلفة (وقد يقول البعض إنها خمسة)، ولم يحظ أي منها من الديمقراطية إلا بالاسم، أو على الأقل عانى كل منها من نقص خطير يجعل وصفه بالديمقراطية بعيدًا جدًّا عن الحقيقة.

إني أقصد بهذه النظم الأربعة، النظام الذي طبق في عهد الملك فاروق، أو ما يسميه البعض بالعصر الليبرالي، ونظام عبد الناصر، ونظام أنور السادات ومبارك (الذي قد يعتبره البعض نظامين، ولكني أرى أن الشبه بينهما فيما يتعلق بالديمقراطية أهم من الاختلاف)، ثم نظام الرئيس محمد مرسي، الذي لم نكن قد رأينا منه إلا عشرة أشهر.

لا يجب أن يستغرب القارئ كثيرًا أن تكون هذه هي كل حصيلة مصر من الديمقراطية: أربعة أو خمسة عهود من الديمقراطية الناقصة نقصًا خطيرًا. إذ هل عرف تاريخ الديمقراطية في العالم شيئًا أفضل من ذلك بكثير؟ لقد كان كل عهد من عهود الديمقراطية في التاريخ يستبعد ويهمش نسبة كبيرة من السكان، في الوقت الذي يدعي فيه أنه يعامل الناس جميعًا معاملة متساوية. كانت الديمقراطية اليونانية تستبعد الرقيق، الذين ربما كانوا يمثلون أكثر من نصف السكان. والثورة الفرنسية، التي رفعت شعارات الحرية والمساواة والإخاء، على أساس أن الناس كلهم ولدوا أحرارًا، لم تكن في الحقيقة أكثر من ثورة البورجوازية ضد الإقطاع، فاستبدلت دكتاتورية طبقة بدكتاتورية طبقة أخرى. والديمقراطية المطبقة اليوم في الولايات المتحدة، وصفت بحق (في رأيي) بأنها أفضل نظام سياسي يمكن شراؤه بالنقود. فكيف نستغرب إذن أن توجد نقائص خطيرة في تطبيق الديمقراطية في مصر، في عصر بعد آخر؟

في عهد الملك فاروق (وبالطبع أيضًا في عهد الملوك السابقين عليه) كان المهمشون المستبعدون من الاشتراك في الحياة السياسية أكثر من ٨٠٪ من السكان، إذ كان المشهد الديمقراطي الكبير، لا يشترك فيه أكثر من ٢٠٪ من السكان، ويعمل لصالح نسبة أصغر بكثير، هي نسبة ملاك الأراضي الكبار الذين يتبادلون كراسي الحكم وتوضع لخدمة مصالحهم القوانين. كان هؤلاء يبررون هذا التهميش لغالبية السكان بقولهم إنهم هم الذين لا تزيد نسبتهم على ١٪ أو ٢٪ من السكان، هم «أصحاب المصالح الحقيقية» في البلاد، ومن ثَمَّ فهم الأجدر والأحق بإدارتها.

كان نظام جمال عبد الناصر مختلفًا جدًّا بالطبع، إذ قضى بضربة واحدة على سيطرة الإقطاع، ولكنه أيضًا قضى قضاء مبرمًا على نظام الأحزاب، واستعاض عنه بنظام الحزب الواحد، وقام بتأميم المشروعات الصناعية والتجارية، وكذلك بتأميم الصحف. وكان تبريره لذلك أن الحرية الحقيقية هي حرية «الحصول على لقمة العيش»، فلا فائدة من تنافس الأحزاب، وتبادل المراكز السياسية، إذا ظل معظم الناس محرومين من فرص العمل المجزي والعيش اللائق بالآدميين. لقد فعل عبد الناصر الكثير من أجل هؤلاء المحرومين، ولكنه قام في الوقت نفسه بتهميش طائفة مهمة من المصريين، وهم المثقفون وأصحاب الآراء المخالفة لرأيه. بل وحتى المبرر الاقتصادي الذي قدمه لنظامه السياسي سقط بدوره، عندما ظهر عجز هذا النظام عن الاستمرار في توفير العيش اللائق للناس، بعد الهزيمة العسكرية في ١٩٦٧.

في عهد الرئيسين أنور السادات وحسني مبارك سمح للناس بتكوين الأحزاب، وبالتعبير عن آراء مختلفة عن رأي النظام الحاكم، وبدأ تقلص دور الدولة في الاقتصاد، تحت شعار الانفتاح الاقتصادي. أما الفقراء والمحرومون فقد برر النظام إهماله لهم بنظرية خاطئة تعرف لدى الاقتصاديين باسم «نظرية التسرب إلى أسفل»، أي أن أفضل طريقة للارتفاع بمستوى الفقراء والمحرومين هي السماح بزيادة الأغنياء غنى، إذ إنهم هم الذين يقومون بالادخار والاستثمار وتوظيف الناس، ومن ثَمَّ «تتسرب» ثمار التنمية إلى الطبقات المحرومة. لقد ثبت خطأ هذه النظرية بتجارب متكررة في التاريخ الاقتصادي، للدول المتقدمة والمتخلفة على السواء، إذ لم يحصل الفقراء على حقوقهم إلا بالثورات، أو بتكوين النقابات القوية، أو بتدخل الدولة لإعادة توزيع الثروة، أي بإجبار الأغنياء على التخلي عن جزء من دخولهم وثرواتهم.

لم يسمح السادات أو مبارك بشيء من ذلك، ومن ثَمَّ قال السادات لمعارضيه محذرًا إن «ديمقراطيته لها أنياب»، وكان حسني مبارك أقل فصاحة، ولكنه أظهر من استخدام الأنياب ما فاق ما استخدمه السادات.

كان لكل نظام من هذه النظم الثلاثة عبارات مشهورة، في وصف كل من يشكو من الظلم والتهميش. ففي عهد الملك فاروق كان المعارضون يسمَّون بـ«أصحاب المبادئ الهدامة»، وفي عهد عبد الناصر كانوا يسمَّون بـ«الرجعيين وأعوان الاستعمار»، وفي عهد السادات ومبارك كانوا يسمَّون بـ«القلة المندسة أو المنحرفة». وكان لكل من النظم الثلاثة طريقته في التلاعب بالانتخابات مما يضمن استبعاد المهمشين. كان الفلاحون، في عهد الملكية، تجري تعبئتهم بأمر العمدة أو مأموري الأقسام للذهاب للتصويت لهذا المرشح أو ذاك، وكانت الانتخابات في عهد عبد الناصر لا يسمح بالترشيح فيها لمن لا يرضى عنه النظام، مع وجود مرشح واحد لرئاسة الجمهورية، وفي عهد السادات ومبارك كانت نتائج الانتخابات والاستفتاءات تزور تزويرًا صريحًا.

كان كل هذا وغيره هو ما أدى إلى قيام ثورة ٢٠١١. وخلال الفترة التي انقضت منذ الثورة، حكم مصر أولًا مجلس عسكري رفض أن يشاركه أحد في اتخاذ القرارات. واستمر ذلك سنة ونصف السنة، وأجريت خلال ذلك انتخابات لمجلس الشعب، كانت بصفة عامة انتخابات نظيفة (رغم ما وزع خلالها من سلع تموينية مجانًا على الناخبين). ثم أجريت انتخابات لرئيس جديد للجمهورية كان فيها مرشحان، أحدهما يمثل النظام الذي قامت الثورة ضده، والآخر يمثل التيار الديني، فاز في انتخابات الرئاسة نكاية في مرشح النظام السابق من ناحية، وحبًّا في الدين من ناحية أخرى. ولكن خلال الشهور العشرة التي حكم فيها رئيس ينتسب للتيار الديني، ويفخر بأنه أتى إلى الحكم بطريقة ديمقراطية، ظهر مرة أخرى أنه لا بد أن يكون هناك مستبعدون ومهمشون. والمهمشون في هذه المرة ليسوا الفلاحين، ولا المثقفين، ولا الفقراء والكادحين، بل هم خليط من هؤلاء جميعًا بالإضافة إلى الأقلية الدينية، والعلمانيين من كل صنف، الذين يرون ضرورة الفصل بين الدين والدولة. ويطلق على هؤلاء المعارضين الآن أوصاف، منها أنهم يعملون بإشارة من «أصابع خارجية»، ومنها أيضًا التنكر للدين ومخالفة شرع الله أو حتى الكفر.

هل نستخلص من هذا الاستعراض التاريخي السريع، أن الديمقراطية هي في

الحقيقة سراب، لا نكاد نقترب منه حتى يظهر أنه زائف؟ أم أن تحقق الديمقراطية يفترض توفر شروط كثيرة لا نكاد نحقق بعضها حتى نفقد غيرها؟

(٤)

على مر العصور، ظلت القدرة على تعبئة الجماهير، وحثهم على الاشتراك في عمل واحد، كالقيام بمظاهرة أو بثورة ضد الممسكين بالسلطة، قرونًا كثيرة، محدودة للغاية، رسمت حدودها التكنولوجيا المتاحة. فما دامت تكنولوجيا الاتصال بسيطة وبدائية، ظلت القدرة على تعبئة الجماهير والتأثير فيهم بسيطة أيضًا ومحدودة.

هكذا ظلت قدرة الثائرين والمهيجين على جمع المؤيدين محدودة بدرجة قدرتهم على الخطابة المؤثرة. أي مدى ما يتوفر لهم من فصاحة وبلاغة، وقوة الصوت ووضوح النطق. وفي تاريخ مصر الحديث، وحتى منتصف القرن العشرين ظهر عدد قليل من الناس الكثيرين تمتعوا بهذه القدرة، من أبرزهم عبد الله النديم (خطيب الثورة العرابية)، ومصطفى كامل، وسعد زغلول، ومصطفى النحاس، ثم أحمد حسين، ومكرم عبيد، وفتحي رضوان. وهؤلاء جميعًا كانوا يتمتعون بدرجة عالية من الفصاحة والبلاغة، وإتقان اللغة العربية ووضوح النطق وقوة الصوت، فلم يكونوا بحاجة إلى ميكروفونات لتكبير الصوت، ولم يكن الميكروفون معروفًا في مصر، على أي حال حتى بداية القرن العشرين، ولم يستخدم بكثرة، حتى بعد أن عرف، إلى منتصف القرن.

كانت هناك بالطبع صحف، حتى قبل بداية القرن العشرين. ويذكر المؤرخون تهافت الناس على الصحف حتى قبل الحرب العالمية الأولى، لمتابعة بعض القضايا والفضائح. وظهرت الإذاعة في بداية الثلاثينيات، ولكن ظلت الصحف والإذاعة محدودة الأثر جدًّا في مجتمع الغالبية العظمى من سكانه من الأميين، ويسكنون في قرى لا تعرف الكهرباء.

كان الوضع قد بدأ يتغير منتصف القرن، لكن من المهم أن نتذكر أن ثورة ١٩٥٢ لم يكن لديها وسائل لإثارة حماس الناس وتعبئتهم تختلف كثيرًا عما

كانت عليه الحال في ثورة ١٩١٩ . كانت الصحف ما زالت قليلة الانتشار، في ظل أمية نسبتها تزيد على ٨٠٪ من السكان، وحرمان سكان الريف (الذين كانوا يكونون نسبة قريبة من هذه) من الكهرباء، مع انخفاض قدرتهم الشرائية إلى ما لا يسمح لهم باقتناء الراديو وشراء البطاريات اللازمة له. كان عدد أجهزة الراديو في كل قرية محدودًا للغاية. إذن، فلا يكاد يحوزه، غير عمدة القرية، إلا عدد صغير جدًّا من الأشخاص.

عندما أرسل الضباط الأحرار الذين قاموا بالثورة في ٢٣ يوليو ١٩٥٢، واحدًا منهم إلى مبنى الإذاعة لإذاعة البيان الأول، الذي يعلن للناس استيلاء الضباط على الحكم، كان اختيارهم لأنور السادات لإلقاء البيان مبنيًّا بلا شك، على قوة صوته وحسن إلقائه، وقدرة تفوق قدرة بقية الضباط على تجنب ارتكاب أخطاء شنيعة في النحو. ولكن أثر الإذاعة في الناس ظل ضئيلًا ومحدودًا بحدود سكان المدن لعدة سنوات، حتى بعد قيام الثورة. كانت واحدة من أوائل الأغنيات التي ظهرت بسبب الثورة، وحازت شهرة واسعة، أغنية جميلة لمطرب شعبي مطلعها «ع الدوار، ع الدوار، راديو بلدنا فيه أخبار». وهذه الكلمات وحدها تدل على أن الراديو الوحيد (أو أحد أجهزة الراديو القليلة في القرية) كان في دوار العمدة. ولكن سرعان ما اكتشف الثوار أهمية تقوية الإذاعة في تعبئة الجماهير لتأييد الثورة، وساعدها على ذلك ظهور الراديو الصغير المحمول (الترانزستور)، الذي سمح للبرنامج الجديد الذي أنشأته الثورة تحت اسم «صوت العرب» بأن يُسمع في القرى النائية في مصر وبقية أنحاء العالم العربي، وقد ساهم مساهمة كبيرة في انتشار شعبية جمال عبد الناصر، وجعل هذا من مدير برنامج صوت العرب (أحمد سعيد) شخصية مهمة في تاريخ ثورة ١٩٥٢.

فعلت الإذاعة المصرية كل ما تستطيع لتعبئة الناس وراء الضباط الأحرار، وكان من البديهي أن تلجأ إلى أكثر المطربين شعبية (أم كلثوم ومحمد عبد الوهاب) للمساهمة في هذه التعبئة، فقدموا أغاني تشيد بالضباط. كما ساعدت الإذاعة على تحقيق شعبية واسعة لمطربين شباب جدد كـ«عبد الحليم حافظ، وفايدة كامل»، ارتبطت أسماؤهم لمدة طويلة بالأغاني الحماسية التي تشيد بزعيم الثورة، وبكل

عمل مهم من أعماله، من تأميم قناة السويس إلى توحيد مصر وسوريا إلى تأييد الثورات الجديدة في كل مكان، إلخ.

أنشأت الثورة أيضًا صحفًا جديدة كـ«الشعب» و«الجمهورية» لتنافس بها الجرائد التقليدية كـ«الأهرام» و«الأخبار»، ومجلات جديدة كـ«التحرير» و«الرسالة الجديدة» لتنافس مجلات عريقة كـ«روزاليوسف» و«المصور» و«آخر ساعة». ولكن سرعان ما تبينت صعوبة الاطمئنان إلى صحفيين نشأوا وترعرعوا في ظل الملكية والأحزاب القديمة، ففاجأتنا حكومة الثورة بخطوة بالغة الجرأة و«التهور»، وهي تأميم الصحف والمجلات، واستبدال «أهل الثقة» بأهل الكفاءة، إذ قيل إن المهم ليس مستوى الأداء الصحفي بقدر درجة الإخلاص للثورة.

ظلت كل هذه التغييرات في الإذاعة والصحافة مقبولة من الناس ما داموا متعاطفين مع الثورة، وما داموا يشعرون باستمرار بأن الحكم الجديد، رغم دكتاتوريته، يترجم مطالب الناس الحقيقية إلى أعمال وقوانين، ولكن ضعف هذا التعاطف شيئًا فشيئًا، وأحس الناس بوطأة قيد وسائل الإعلام، أكثر فأكثر، عندما بدت وسائل الإعلام وكأنها تعمل فقط لمجرد تكريس الحكام في أماكنهم.

هكذا نجد أن الناس تعاطفوا مثلًا مع أغنية صلاح جاهين احتفالًا بتأميم قناة السويس، وأغنية عبد الحليم حافظ التي تنتقد البنك الدولي لرفضه تمويل السد العالي، أكثر بكثير مما تعاطفوا مع الدعاية التي صاحبت هزيمة ١٩٦٧، فسخر الناس من تسمية وسائل الإعلام الهزيمة بمجرد «نكسة»، ولم يصدقوا ما يقوله الإعلام عن «اقتصاديات الحرب»، وأنه لا يجب «أن يعلو صوت فوق صوت المعركة»، إلخ.

كان إسراع حكومة الثورة بإدخال التلفزيون مفهومًا تمامًا من نظام جديد في الحكم، يحاول تغيير أفكار الناس وأن يخلق شعبية لحكام من نوع جديد تمامًا.

ومع ذلك فقد ظل تأثير التلفزيون في مصر محدودًا بحدود القدرة الشرائية لمعظم المصريين، طوال السنوات العشر الأولى من عمره، أي طوال الستينيات، ولم يصبح له أثره الكاسح إلا عندما أدت الهجرة إلى بلاد الخليج، ابتداء من أوائل السبعينيات، إلى تمكين الملايين الجدد من المصريين من اقتناء جهاز

التلفزيون، وكما هو متوقع من شعب قليل الإقبال على قراءة الصحف، بسبب انتشار الأمية، ومع جهاز لا يمكن مقاومته، إذ يحل محل الصوت المجرد الذي يأتي من الراديو، صوت وصور خلابة، تعرض على رجال ونساء وأطفال، نادرًا ما يخطون خطوة واحدة خارج قريتهم أو مدينتهم الصغيرة، أصبح التلفزيون ابتداء من منتصف السبعينيات، وسيلة النظام الأساسية في كسب تأييد الناس وتشكيل أفكارهم.

* * *

من المهم أن نلاحظ الفارق الكبير بين دور وسائل الإعلام في قيام وتطور ثورة ١٩٥٢، وبينه في أحداث ثورة ٢٠١١، وهو ما يمكن اختصاره في القول بأنه بينما كان دور الإعلام في ثورة ١٩٥٢ دورًا «كاشفًا» في الأساس، أصبح دوره في ثورة ٢٠١١ دورًا «صانعًا» للثورة ابتداء.

لقد بدأ ما نسميه الآن بثورة ١٩٥٢، بمجرد حركة (وكانت تسمى أحيانًا «الحركة المباركة»)، قام بها عدد صغير جدًّا من الضباط، أخبروا الشعب بما صنعوه بعد أن أتموا عمله، دون الاستعانة بأي عمل شعبي لإسقاط الملك ونظامه.

فعلى الرغم من عموم السخط على العهد الملكي بين جميع طوائف الشعب، كان أقصى عمل جماهيري يمكن القيام به في ظل الملكية، هو انضمام تجمعات طلابية إلى تجمعات عمالية، تحمل شعارات وتصيح بهتافات مثل: «يحيا تضامن الطلبة مع العمال» ثم «يسقط هذا أو ذاك»، والسير في الشوارع حتى يفضها رجال الشرطة.

لم يكن التجمع «الجماهيري» متاحًا إلا في فناء الجامعة أو الجامعتين، وبعض المدارس الثانوية، وفي بعض المصانع التي تشغل عددًا كبيرًا من العمال، وكانت بدورها قليلة العدد. كان عدد الصحف والمجلات المناوئة للنظام قليلًا أيضًا، وأعجز في تعبئة الناس حتى من خطباء الجامعات أو المصانع، رغم شدة اللهجة المستخدمة في الهجوم على الملك والنظام، وبلاغة المعارضين بسبب ما ذكرته من ضآلة توزيع الصحف.

لم يكن هناك طريقة إلا الانقلاب العسكري، يقوم به عدد من الضباط الواثقين

من تأييد الناس لهم، دون أن يستطيعوا تعبئة الناس وراءهم ابتداء. هذا ما أقصده من القول بأن الإعلام في ١٩٥٢ كان يقوم في الأساس بدور «كاشف»، لا خالق أو صانع للثورة، وإنما تحولت الحركة إلى «ثورة» لا بالتعبئة الجماهيرية، بل بما قامت به الحركة من أعمال، واتخذته من إجراءات، وأصدرته من قوانين. هذا هو الذي جعلها تستحق بجدارة أن تصبح «ثورة» بعد أن كانت مجرد «حركة».

* * *

في سنة ٢٠١١ كان من الممكن وصف ما حدث في ٢٥ يناير، في نفس اليوم، أو بعد أيام قليلة جدًّا، بأنه كان «ثورة» بمعنى الكلمة، ليس بسبب ما قام به الثوار من أعمال، وما رفعوه من شعارات، بل لمجرد قدرتهم على تجميع هذه الحشود الهائلة من الناس، والتي وصفت بحق بـ«المليونية». ولم يكن هذا ممكنًا بالطبع إلا عن طريق وسائل الإعلام. هذه الأعداد الكبيرة التي لم يكن من الممكن تعبئتها في ١٩٥٢، عن طريق التجمع في الجامعات والمدارس والمصانع، أمكن تعبئتها بالتلفون المحمول والإنترنت والفيس بوك، وهي وسائل إعلامية لا يجدي في تكميمها سيطرة الحكومة على الصحف والإذاعة.

وبمجرد أن نجح الشباب وأنصارهم في التجمع في الميادين، قام جهاز التلفزيون بدور مهم في زيادة حماسهم ومضاعفة أعدادهم. صحيح أن الحكومة كانت تسيطر على قنوات التلفزيون الرسمية، ولكن هذه القنوات كانت قد فقدت منذ سنوات احتكارها وكثيرًا من شعبيتها، وحلت مكانها قنوات خاصة مصرية وعربية وأجنبية، اكتسبت ثقة أكبر من الناس، وحاولت الاحتفاظ بهذه الثقة عن طريق نقل ما يحدث بالفعل في الشارع.

أضاف التلفزيون إلى الصوت الذي تنقله الإذاعة، والكلمة التي تطبع في الصحف، الصورة التي ضاعفت من تأثير الخبر، خاصة إذا كان من نوع قيام ثورة شعبية. واستخدام الصورة في الإعلام يمكن بسهولة التلاعب به بما يضاعف من تأثيره. فمجرد ترتيب الصور واحدة بعد أخرى، وإطالة عرض صورة معينة دون غيرها، واختيار الصور المؤثرة في اتجاه معين، واستبعاد غيرها، يزيد أو يقلل من أثر خبر معين، بل وقد يحول الخبر إلى خطبة حماسية أو عمل فني،

يصيب الهدف بأقوى مما يمكن أن يصيبه أي خبر ينشر في الصحف، أو يسمع في الإذاعة. فإذا أضيفت إلى الكلام والصورة موسيقى مختارة بعناية يمكن مضاعفة الحماس، مما يجلب إلى الثوار المتجمهرين في الميادين أعدادًا جديدة في كل يوم.

بعض القنوات التلفزيونية التي تصل إلينا من دول أخرى، بدا وكأن لها أهدافًا خاصة بها في زيادة نيران الثورة التهابًا، ليس لمجرد زيادة دخلها من الإعلانات، فبعضها لا يبث إعلانات من أي نوع، بل لأسباب أخرى غير معروفة، لا بد أن تتعلق بسياسة الدول التي تقوم بتمويلها. وهي لا تكتفي ببث صور المظاهرات وتطورها لحظة بلحظة، بل تجلب المعلقين لشرحها وتفسيرها، وقد تختار من المعلقين من تعرف أنه يناصر الثوار، وتمتنع عن دعوة غير المناصرين لهم. وبهذا كله يتحول دور وسائل الإعلام إلى دور يتجاوز بكثير مجرد «الإعلام» بالثورة. إنه في الواقع يساهم مساهمة فعَّالة في صنع الثورة وتطوير أحداثها.

في الأيام التالية لقيام ثورة ٢٥ يناير في مصر، اعتاد المصريون رؤية الوزراء ورئيس الوزراء على شاشة التلفزيون بمجرد تعيينهم، فيعلنون للناس ما ينوون صنعه. ثم شعر العسكريون، الذين استلموا السلطة، بأن ظهورهم على الشاشة أصبح بدوره أمرًا ضروريًّا يمكن أن يكسب الرأي العام لصفهم. فرأينا بعض أعضاء المجلس العسكري الحاكم، وجهًا لوجه، وشاهدنا تعبيرات وجوههم، مما يمكِّن من الحكم على درجة الإخلاص في الكلام، ومدى حسن أو سوء النية. ورأينا كاتبًا مرموقًا على شاشة التلفزيون أيضًا، وهو ينتقد رئيس الوزراء بشدة ويحرجه، مما انتهى بعد ساعات قليلة باستقالة رئيس الوزراء ومجيء غيره. كما أودت بضع زلات لسان بنائب رئيس الوزراء سمعها منه الناس عن طريق التلفزيون، فشوهت سمعته، مما ساهم مع أخطاء أخرى مماثلة في خروجه من الحكومة. وأصبحت الاجتماعات، التي يعقدها كبار المسؤولين للتحاور مع السياسيين والكتاب والمثقفين، تجري أمام عدسات الكاميرا، وتنقل على الهواء مباشرة إلى شاشات التلفزيون.

لا بد أن جهاز التلفزيون قد أصبح إذن مع حلول ثورة ٢٥ يناير، سلاحًا أساسيًّا

يعتمد عليه الثوار تارة، ويستخدمه الممسكون بالسلطة لتهدئتهم تارة أخرى، ويتنافس الطرفان على السيطرة عليه باعتباره أهم مؤثر في الرأي العام. بدلًا من أسلوب الخطابة القديم، أو النشر في الصحف، أو أحاديث الإذاعة. وأصبح اختيار شخصية المسؤول الأول عن قناة تلفزيونية، أو الإبقاء على مذيع أو مذيعة أو عزلها، قرارات مهمة تحتاج إلى حنكة سياسية، ولا يجوز اتخاذها دون رويَّة وحذر. ولكن استخدام جهاز التلفزيون أصبح أيضًا وسيلة مهمة للخروج من بعض الورطات السياسية الكبرى. وقد يستخدم بنجاح فينهي مشكلة مهمة أو استخدامًا سيئًا فيزيدها تعقيدًا.

يبدو أن محاكمة الرئيس المصري المخلوع ونجليه، كانت من نوع هذه الورطات السياسية الكبرى، التي جرى فيها اللجوء إلى التلفزيون لحلها. فالناس تطالب وتلح في المطالبة بالإسراع بتقديم الرئيس السابق ونجليه للمحاكمة، وتتخذ من هذا دليلًا على درجة إخلاص الممسكين الجدد بالسلطة، للأهداف التي قامت من أجلها الثورة. ولكن الحكام الجدد يجدون أنفسهم تحت ضغوط شديدة من الخارج والداخل لمعاملة الرئيس السابق وأسرته معاملة مختلفة تمامًا، قد تصل إلى حد تخليصهم من العقاب. الأمر إذن يستحسن تأجيله لأطول مدة ممكنة، على أمل أن تحل المشكلة نفسها بمرور الزمن. ولكن الناس تكرر المطالبة بالمحاكمة ولا تكف عن ذلك. كان المخرج هو إجراء محاكمة تبث مباشرة على شاشة التلفزيون، ويظهر فيها الرئيس المخلوع ممددًا على سرير المرض، كما يظهر نجلاه وراء القضبان في المحكمة، ولكن الجلسة كانت قصيرة جدًّا سرعان ما جرى إنهاؤها بسرعة.

قيل إنه لم يكن هناك بيت واحد في مصر لم يتفرج على هذه المناظر، وأنه لم يكن هناك شخص واحد سائر على قدميه في الشارع، أثناء بث المحاكمة على التلفزيون. وقيل أيضًا إن الناس هدأت بعد مشاهدتها للصور التلفزيونية.

فإذا كان كل هذا صحيحًا، فإن قرارات مهمة أصبحت الآن تتخذ بناء على ما يمكن أو لا يمكن عمله عن طريق التلفزيون. لم يعد ما يسمى بوسائل الإعلام، إذن، مجرد وسائل لتعريف الناس بما يجري من أحداث، بل أصبحت هي التي

تحدد مسار الأحداث، بما في ذلك مثلًا، ما إذا كان الرئيس المخلوع ستتم معاقبته أم لا.

(٥)

أعترف للقارئ بأني من أقل الناس حبًّا للتلفزيون. عندما عدت من البعثة في منتصف الستينيات كان عمر التلفزيون في مصر أربعة أو خمسة أعوام، ولكني كنت، فيما أظن، من أواخر من اقتنى جهاز التلفزيون من المصريين. وحدث هذا أيضًا فيما يتعلق باستبدال التلفزيون الملون بالأبيض والأسود.

كنت مغرمًا ببعض البرامج التلفزيونية القليلة، أثناء سنوات البعثة بإنجلترا، بل كنت أحيانًا أعود إلى البيت مبكرًا من أجلها، ولكني لم أكن ممن يتنقلون من برنامج لآخر دون وعي، ولا من عشاق المسلسلات التلفزيونية أيًّا كان نوعها.

إني أستطيع أن أفسر هذا الموقف وأن أدافع عنه، ولكن ليس هذا هو ما أريد الكلام عنه الآن. هدفي الآن أن أصف شعوري وما يخطر لي من أفكار عندما أشاهد بعض الحوارات السياسية في التلفزيون المصري، التي زادت بشدة منذ ثورة يناير ٢٠١١، وألاحظ ما يعرض خلالها من إعلانات عن مختلف السلع.

تساءلت أولًا، بيني وبين نفسي، عما يمكن أن يخطر بذهن أي شخص لم يتعود على هذه الظاهرة بعد، وشاهد لأول مرة على شاشة التلفزيون هذه الوجوه الجادة جدًّا، وهي تناقش موضوعات في غاية الأهمية (وأحيانًا أحداثًا مأساوية)، ثم ينقطع الكلام فجأة بتدخل من المذيع الذي يدير النقاش، ليقول لمشاهدي البرنامج إن الحوار سوف يعود «بعد الفاصل»، أو «بعد استراحة إعلانية»، ويحاول أن يستبقي المشاهدين حتى لا ينصرفوا عن الحوار، فيغريهم بأن الحوار سيتطرق بعد الفاصل الإعلاني إلى مناقشة موضوع مهم، أو الإجابة على سؤال تشوقهم معرفة الإجابة عليه.

عندما سألت نفسي عما يزعجني في هذا بالضبط، خطرت لي عدة أمور. هناك أولًا عدم وجود أي علاقة بين موضوع الحوار وموضوع الإعلانات. فالحوار قد

يكون مثلًا عن قضية مصيرية، كحالة الأمن، أو سقوط أعداد كبيرة من القتلى في اشتباك بين جماعات إرهابية وبين الشرطة، أو عن تهديد الرئيس الأمريكي بضرب سوريا بالقنابل، بينما يحتوي الفاصل الإعلاني عن كلام عن اللذة التي يجلبها صنف جديد من البطاطس، أو مشروب من المشروبات الغازية، أو عن قدرة مسحوق معين من الصابون على إزالة البقع من الملابس. بدا لي أن مطالبة المشاهد بأن ينتقل بهذه السرعة من التفكير في تلك الموضوعات الخطيرة إلى التفكير في السلع المعلن عنها، فيها شيء من الاستهانة بالمشاهد والعبث بعقله، فضلًا عما فيها من إهانة للمشاركين في الحوار.

أضف إلى ذلك ما تتضمنه الإعلانات من خداع وكذب على المشاهدين، بأن تزعم وجود صفات في السلع المعلن عنها، ليست حقيقية، وبأن تعتمد في تضليل المشاهدين على إثارة عواطف وأفكار لا علاقة لها البتة بطبيعة هذه السلع، كالاعتماد على الإثارة الجنسية للإعلان عن مشروب من المشروبات الغازية، بتصوير الزجاجة إلى جوار امرأة جميلة وجذابة، أو كاستغلال ضعف المشاهد إزاء العلاقات العائلية الحميمة لتسويق صنف جديد من السمن أو الزيت، إلخ.

قد يعامل كثير من المشاهدين هذه الوسائل المستخدمة في الإعلان وكأنها مجرد نكت سخيفة، أو مجرد مناظر مسلية لا ضرر منها، ولكني أرى أن في الأمر جانبًا أكثر جدية من هذا بكثير. لقد لاحظت بعد أن تكررت مشاهدتي لهذه «الفواصل» أو «الاستراحات» رغمًا عني، أن استمرار تعرضي لها، كل بضع دقائق، وقطعها للحوارات في مواضع قد يكون المشاهد مستغرقًا فيها، إلى درجة أن الإعلانات قد تستمر فترة أطول من الفترة التي يستغرقها الحوار نفسه، كل هذا أصبح يترك في نفسي شعورًا بالمرارة لم أجد له تفسيرًا غير هذه الفواصل.

أضف إلى هذا ما يعرفه الجميع عن أهمية هذه الإعلانات كمصدر رزق لأصحاب القنوات الفضائية، وللمذيعين والمذيعات المشهورين، حتى كادت تصبح (أو أصبحت بالفعل) الهدف الأساسي من إنشاء هذه القنوات أصلًا، فأصبحت الحوارات السياسية مجرد وسيلة لجلب الإعلانات، بدلًا من أن تكون

الإعلانات مجرد «فواصل» أو «استراحات». لقد أصبحت الحوارات هي الفواصل أو الاستراحات خلال سيل مستمر من الإعلانات.

تذكرت ما قرأته منذ فترة طويلة في كتاب لمفكر اشتراكي بريطاني (اسم الكتاب: «مجتمع الاستحواذ» (*The Acquisitive Society*)، والمؤلف «ريتشارد توني» (R. Tawney) وصدر في ١٩٢٦) من أن الاعتراف بضرورة نظام السوق لسير الحياة الاقتصادية، لا ينفي في رأيه أن هناك من الخدمات ما لا يجب أبدًا أن تكون محلًا للبيع والشراء، أو على الأقل ألا تخضع لدافع الربح. مما ذكره من بين هذه الخدمات خدمة الطب وخدمة المحاماة، إذ إن دخول دافع الربح في تبادل هذه الخدمات لا بد أن يفسدها. قلت لنفسي: أليس التعليم أيضًا من بين هذه الخدمات؟ والآن: هل نضيف أيضًا الحوارات السياسية على شاشة التلفزيون؟

تذكرت أيضًا كتابًا جميلًا ظهر في العام الماضي لأستاذ الفلسفة السياسية بجامعة هارفارد، اسمه «مايكل ساندل» (M. Sandel)، والكتاب يحمل عنوانًا جذابًا هو «ما الذي لا تستطيع شراءه بالنقود؟»، ولكن الكتاب كله يقول العكس بالضبط، وهو أنه في حياتنا الحديثة أصبح من الصعب جدًّا أن تجد شيئًا لا يمكن شراؤه بالنقود، وأن الأمر قد زاد سوءًا بشكل فاضح خلال الثلاثين أو الأربعين عامًا الماضية. ففي كل يوم جديد تجد شيئًا جديدًا لم يكن من المتصور أن يُشترى بالمال، فأصبح محلًّا للبيع والشراء.

أعتقد أن زيادة حالات الفساد، حتى في أكثر البلاد تحضرًا، هي نتيجة أو مظهر من مظاهر هذا التطور. فرأينا رؤساء للحكومات يشتغلون بمجرد خروجهم من الحكم كمستشارين لشركات كبيرة، لا تريد إلا استغلال أسمائهم لزيادة الأرباح (كاشتغال «مسز تاتشر» مستشارة لشركة «فيليب موريس» للسجائر بعد تركها لرئاسة الوزارة في بريطانيا)، بالإضافة إلى انهماكهم بعد ترك السلطة في تكوين الثروات من وراء نشر مذكراتهم أو إلقاء محاضرات، إلخ. والذي يفعل هذا بعد ترك السلطة لا بد أن يكون مستعدًّا للتمهيد لذلك خلال وجوده في السلطة.

هناك من لا يزالون يقاومون هذا التيار الكاسح، ولكنهم آخذون في التقهقر

للأسف (من هؤلاء مثلًا هيئة الإذاعة البريطانية، والمدافعون عن بقاء خدمة الطب بعيدًا عن متناول يد الشركات الهادفة للربح، وكذلك المدافعون عن استمرار الدولة في تقديم بعض الخدمات الثقافية دون اعتبار لدافع الربح).

قلت لنفسي إن زحف الإعلانات على حواراتنا التلفزيونية لا بد أن يفسدها، كما يفسد زحف دافع الربح مختلف جوانب الحياة في بلادنا وخارجها.

(٦)

وقف مذيعان شهيران ليقدما إلينا على شاشة التلفزيون، تلك المناظرة التاريخية بين اثنين من أهم المرشحين لرئاسة الجمهورية، أحدهما وزير سابق للخارجية، والثاني طبيب ومناضل سياسي إسلامي، وذلك من أجل تعريف الناس بالمرشحين، ومساعدتهم على تكوين رأي واختيار الأفضل.

عندما قرأت الإعلان عن المناظرة في جرائد الصباح، عقدت العزم، بلا تردد، على الجلوس لمشاهدتها مهما طالت، وعلى أن أتحمل أي قدر من الإعلانات التي لا بد أن تتخلل المناظرة. ألا تتوقف أشياء كثيرة، تتعلق بمستقبل الوطن، على شخصية من سيأتي رئيسًا للجمهورية؟ أو لا يقال لنا أيضًا إن هذين الرجلين هما أكبر المرشحين فرصة بالفوز بالمنصب؟

بدأ المذيعان المرموقان بالتأكيد على أن ما سوف يبدأ بعد قليل، هو حدث تاريخي، سواء لمصر أو للعالم العربي كله، إذ لم يسبق أن ظهر على شاشة التلفزيون في أي بلد عربي، وفي أي حقبة من التاريخ، مناظرة بين مرشحين لرئاسة الجمهورية. والسبب بالطبع أن الناس في العالم العربي لا يختارون رئيسهم بل يتم إخطارهم به. وإذا كبر الرئيس في السن ورثه ابنه أو أخوه، إذا كان ملكًا، وابنه أو نائبه إذا كان رئيسًا للجمهورية. والنائب أيضًا يتم اختياره من جانب الرئيس دون استشارة الناس، وبلا سبب معلوم أو مفهوم. فيا لفرحتنا إذن بهذه الفرصة العظيمة لممارسة حرية الاختيار!

لا أخفي على القراء أنني على الرغم من اهتمامي بالمناظرة، وجدت في هذه

المقدمة التي تصفها بأنها تمثل تقدمًا كبيرًا في تاريخ العرب، مبالغة شديدة في تقدير أهميتها. إني أفهم بالطبع كيف أن المبالغة مطلوبة في هذه الظروف، بل وضرورية، بما في ذلك الدعاية الواسعة التي سبقت المناظرة، بسبب ما أصبح يحتله التمويل من أهمية في كل شيء في حياتنا اليوم. إن لهذه المناظرة تكاليف باهظة (من أجور المذيعين، إلى مكافآت المساعدين، إلى تكاليف الديكور، إلى نفقات الدعاية للمناظرة، فضلًا بالطبع عن حجم الأرباح المنتظرة من جانب مالكي القنوات التلفزيونية، إلخ)، وهذه التكاليف الباهظة لا يمكن أن تُغطى إلا بإيرادات الإعلانات، ولو كانت إعلانات عن أشياء بعيدة الصلة بالسياسة أو مستقبل الوطن، مثل صابون غسيل الملابس، وزيوت الشعر، ومختلف أنواع الجبن والسمن، والبطاطس والمشروبات الغازية، إلخ. وحجم الإعلانات يتوقف على عدد المشاهدين المتوقعين، وعدد المشاهدين يتوقف على درجة المبالغة.

ولكن مع التسليم بأهمية الإعلانات وضرورة المبالغة، فهل صحيح أن حدوث هذه المناظرة يمثل تقدمًا كبيرًا نحو الديمقراطية؟ هناك أولًا السؤال: لماذا هذان المرشحان بالذات؟ قال المذيعان إنهما حازا أكثر الأصوات في استطلاعات الرأي الميدانية، التي قامت بها بعض مراكز البحوث وبعض الصحف. وأنا لا أستبعد أن تكون هذه فعلًا نتيجة الاستطلاعات، رغم أني لا أثق تمامًا في هذه الاستطلاعات، فقد تبين لي من تجارب سابقة أن نتيجتها تتوقف إلى حد كبير على طريقة صياغة الأسئلة التي تطرح على الناس. وقد سبق لأحد المراكز التي قامت باستطلاع الرأي بصدد هذه الانتخابات أن أعلن بناء على استطلاع آخر للرأي أن المصريين لا يبالون كثيرًا بالديمقراطية، استنادًا إلى إجاباتهم عن سؤال يطلب منهم ترتيب أهمية بضعة أشياء وضعت الديمقراطية فيما بينها، إلى جوار توفير الغذاء الكافي لهم ولأولادهم. على أي حال، لماذا تكون مسايرة نتيجة هذه الاستفتاءات أقرب إلى الديمقراطية، بالمقارنة بإتاحة نفس الفرصة لكافة المرشحين حتى يتعرف على آرائهم من لم يكن يعرف؟ وحتى يستفيدوا من هذه الوسيلة الرهيبة من وسائل الإعلام؟

إن حجم الحرية المتاحة، ودرجة الديمقراطية، تتوقفان على درجة اتساع دائرة الاختيار، فكلما ضاقت دائرة الاختيار، قلت حريتنا وابتعدنا عن الديمقراطية. ومن المؤكد أن هناك أشياء كثيرة تضيق من دائرة الاختيار في انتخابات الرئاسة الحالية.

فلنلاحظ أولًا أن قائمة المرشحين الذين سيشتركون في المنافسة، رغم طولها، لا تضم أسماء لبعض من أفضل الشخصيات في مصر، وأكثرها تمتعًا بتقدير الناس وحبهم، وأجدرها بالفوز بمنصب الرئيس، لا بسبب عدم مبالاتهم بخدمة الوطن، ولكن بسبب ما لاحظوه من وجود أشياء كثيرة غير مريحة أو غير مطمئنة، جعلتهم يربأون بأنفسهم عن الخوض في هذا العراك. ما هي يا ترى هذه الأشياء «غير المريحة وغير المطمئنة» التي أدت إلى خروج أمثال هؤلاء الناس من المنافسة؟ هل هو الباب المفتوح على مصراعيه لأصحاب الأموال الوفيرة ومن تتدفق عليهم هذه الأموال من الداخل والخارج؟ هل هو التلكؤ المذهل والإحجام عن منع رموز العهد الماضي من الاشتراك في المنافسة، رغم ما أعلنته الثورة، بما لا يدع مجالًا للشك، من رفض الناس لهم، ومن ثَمَّ حصول بعض المرشحين على تأييد ودعم من عناصر خفية، يمكن أن يكون لها أثر حاسم في تحديد النتيجة؟ هل هو الفشل في وضع حد لظاهرة البلطجية التي كان يعتمد عليها العهد الماضي لإفساد أي انتخابات، ومن ثَمَّ يمكن أن تقوم هذه الظاهرة بإفساد هذه الانتخابات أيضًا؟ هل هو الإحجام عن وضع حد لاستخدام الدين في الدعاية الانتخابية للمرشحين، كما ظهر مثلًا في السماح بذلك للتأثير في المشتركين في استفتاء مارس ٢٠١١ على التعديلات الدستورية؟ أم هي الشكوك القوية في تحيز الممسكين الحاليين بالسلطة لأحد أو نوع من المرشحين دون غيرهم، كما يظهر مثلًا في دخول بعض الأسماء حلبة المنافسة ثم انسحابها، والدفع ببعض رموز العهد السابق للترشح ثم استبعاده، وتشجيع بعضها على الدخول، ثم عزلها، ثم السماح لها من جديد، إلخ؟

هكذا ضاقت دائرة الاختيار المتاحة للناس بلا مبرر، رغم طول قائمة المرشحين. ولكن هناك أشياء أخرى تضيق أيضًا من دائرة الاختيار، من بينها

الفقر وسوء توزيع الدخل. كان كارل ماركس يسخر من الديمقراطية التي لا تقترن بنظام اقتصادي عادل، فيقول: إن حرية الاختيار المتاحة للفقير في النظام الرأسمالي هي بين أن يقبل الخضوع لاستغلال الرأسمالي أو أن يموت جوعًا. لم يعد الأمر بهذا السوء طبعًا في الدول الرأسمالية الحالية، ولكن معظم هذه الدول الآن يقتصر الاختيار المتاح فيها على المقارنة بين حزبين كبيرين، يحوزان قوة مالية هائلة، ويحتكران السيطرة على وسائل الإعلام، مما تحرم منه الأحزاب الأصغر والمرشحون المستقلون رغم جدارتهم. لا عجب أن يظهر مواطنو هذه الدول، أكثر فأكثر، سأمهم من لعبة تدور بين عدد محدود من اللاعبين، ليسوا هم أفضل الناس أو أكثرهم جدارة بتولي الحكم، ومن ثَمَّ تميل نسبة المشتركين في عملية الانتخاب إلى الانخفاض عامًا بعد عام.

إن شيئًا مشابهًا لذلك يمكن قوله عن احتكار الكبار عندنا لحلبة المنافسة، على حساب الأصغر والأجدر، كما يمكن أن يقال عن القدرة على كسب الأصوات، بتوزيع الكميات الكافية من بعض السلع الضرورية، كالأرز والزيت والسمن، أو باستخدام شعارات الدين في غير ما وضعت له، لتحقيق مكاسب سياسية لا صلة لها بالدين.

* * *

لا بد من الاعتراف، بالطبع، بأن دائرة الاختيار المتاحة الآن أوسع مما كانت في العهود الثلاثة التالية لثورة ١٩٥٢ . كان اختيار رئيس الجمهورية في العهود الثلاثة محصورًا في شخص واحد. وبدلًا من انتخابات الرئاسة، كان هناك استفتاء بنعم أو لا، واستمر هذا طوال حكم عبد الناصر والسادات ومبارك. فلم تكن هناك طريقة لتغيير رئيس الجمهورية سوى إحدى طرق ثلاث: الوفاة أو القتل أو الثورة، وقد كانت هذه طريقة التغيير التي وقعت بالفعل في العهود الثلاثة على التوالي. لم تكن الانتخابات وسيلة متاحة، فأصبحت متاحة. ولكن عهد حسني مبارك ابتدع شكلًا آخر للاختيار، فحاول الترويج للقول بأن البديل الوحيد لنظامه هو نظام ديني متطرف، لدرجة أنه يشتبه في قيام النظام الحاكم نفسه بتنظيم بعض الأعمال

الإجرامية والاعتداء على الأقباط ونسبتها إلى «الإرهاب الديني»، حتى يرضى الناس بالمرِّ، تفضيلًا له على الأمرِّ منه.

ولكن يبدو للأسف الشديد أن هذه الطريقة في تضييق دائرة الاختيار استمر اتباعها بعد ثورة ٢٠١١، أي وضع الناس أمام اختيارين لا ثالث لهما: المرِّ والأمرِّ منه. فإذا كان الهدف بعد سقوط حسني مبارك هو تسليم الأمور إلى رجاله مرة أخرى، أو إلى فلوله، فليكن «الأمرُّ» من ذلك هو حالة الفوضى الأمنية، وأحداث السلب والخطف والحرق وقطع الطرق، وتوقف السياحة والاستثمارات ونضوب الاحتياطي النقدي، إلخ. حتى يقول الناس بعضهم لبعض: «ألم يكن عهد مبارك أفضل؟» وعندما يحين موعد الانتخابات الرئاسية يقولون: «أليس فلول عهد مبارك أفضل؟» وكأن من المستحيل إعادة الأمن، وإصلاح الاقتصاد والقضاء على البطالة إلا بعودة الفلول!

ليس هذا فحسب، بل هناك نفس التخويف من شيء شبيه بالإرهاب الديني، وهو «التطرف السلفي»، فيقال للناس: «إما الرضا بالفلول، أو بالتطرف السلفي!» وكأن من المستحيل أن يأتي رئيس لا هو بالفلول ولا هو متطرف سلفي!

هكذا ترى أن ديمقراطيتنا الوليدة لا تحتاج أبدًا إلى أي تزوير (أو لا تكاد تحتاج إلى ذلك)، فالتزوير طريقة قديمة عفى عليها الزمن، مع حلول عصر التلفزيون والإعلام الجبار. بل إن من الممكن في هذا العصر ترتيب مناظرة رائعة، تبدو محايدة تمامًا، وتتخللها إعلانات عن سلع خلابة، وتضمن مع ذلك تحقيق النتيجة المرجوة نفسها.

(٧)

منذ سنوات كثيرة (تزيد على الخمسين)، وأثناء دراستي في إنجلترا، رأيت فيلمًا قصيرًا للصور المتحركة، مما يعرض أحيانًا لدقائق قليلة قبل عرض الفيلم الأساسي. كثيرًا ما أعود إلى تذكر هذا الفيلم القصير، لأنه يتعلق بالموضوع الذي

أنا بصدده الآن. في الفيلم يظهر رجل راقد على سريره، ثم يسمع قبيل استيقاظه صوت شيء يلقى به داخل بيته، من خلال فتحة الباب المخصصة لإلقاء البريد. يقوم منزعجًا فيجد أن ما ألقي إليه هو الصحيفة اليومية. من تصرف الرجل نفهم أنه كان قد قرر الامتناع عن قراءة الصحف امتناعًا تامًّا. ومن ثمَّ ألقى بالصحيفة في صندوق القمامة وعاد إلى سريره لمواصلة النوم. عندما يتكرر الأمر في اليوم التالي يقوم الرجل بسد فتحة الباب بقطعة من الخشب ويدقها بمسامير. في اليوم التالي يستيقظ الرجل على صحيفة تلقى إليه من فتحة في النافذة، فيقوم بسد هذه الفتحة أيضًا. يفاجأ بعد ذلك بأن الصحيفة تلقى إليه من مدخنة المدفأة، فيسد المدفأة أيضًا. لا أذكر كيف انتهى الفيلم، ولكن القارئ يستطيع أن يكمله على أي نحو يشاء، والذي يهمني فقط هو اتخاذ الرجل هذا القرار الصارم بالامتناع التام عن قراءة الصحف.

لقد لاحظت في بعض الأيام التي لا أقرأ فيها الصحف في يوم صدورها، لسبب أو آخر، أني عندما أشرع في قراءة الصحيفة القديمة بعد بضعة أيام من صدورها، أجدها قد فقدت الجزء الأكبر من فائدتها. فالأخبار أصبحت قديمة، والعناوين لم تعد مثيرة، والتصريحات صدر غيرها لينفيها أو ليقلل من أهميتها. ما كل هذا الحماس إذن لقراءة الصحيفة يوم صدورها؟

قرأت مرة أن أول صحيفة صدرت في الولايات المتحدة، وكان هذا من أكثر من ثلاثة قرون، عندما كانت لا تزال مستعمرة بريطانية، لم تصنف الصحيفة نفسها بأنها صحيفة يومية أو أسبوعية أو شهرية، بل كتبت فقط في صفحتها الأولى أنها «صحيفة تصدر عند الحاجة»، أي عندما توجد أخبار مهمة تستدعي إعلام الناس بها. كم كان هذا القرار حكيمًا. الآن نحن نتصور (أو تصور لنا وسائل الإعلام) أنه في كل يوم يحدث شيء مهم يستدعي مانشيتات كبيرة، ولكي يستمر اقتناع الناس بذلك، يضخم الخبر التافه حتى يوحي بأهمية تستحق المانشيتات الكبيرة. ولكن هذا ليس أسوأ ما في الأمر. الأسوأ هو ما تحفل به الأخبار والتصريحات بمعانٍ هي عكس الواقع بالضبط، حيث يقول المسؤولون ما لا يفعلون، ويفعلون ما لا يقولون، ويعطون أسبابًا لما يفعلون لا تكفي لإقناع طفل صغير عاقل، ولكن

يصدقها معظم الناس لأسباب مختلفة، ولو لمجرد تكرار المعنى نفسه عدة مرات في مختلف وسائل الإعلام.

ما هو التصرف السليم الذي يجب اتخاذه إزاء شخص تعودنا منه الكذب باستمرار؟ ألا نزهد في الالتقاء به، بل وقد نقرر تجنب مقابلته إلى الأبد؟ لماذا إذن نستمر في قراءة الصحف، بل ونتلهف عليها في كل صباح، ونحن نعرف كمية الكذب الذي تلقي به إلينا كل يوم؟

قد يرد على ذلك بأن الصحيفة تحتوي على أشياء أخرى غير الأخبار الكاذبة. هناك أولًا بعض الأخبار الصادقة، مثل أخبار الوفيات، ودرجات الحرارة المتوقعة، وما اتخذته الحكومة بالفعل من قرارات بشأن العلاوات، أو فرض منع التجول، أو تشكيل حكومة جديدة، إلخ. وهناك أيضًا التعليقات على الأخبار سواء بالمقالات أو الرسوم الكاريكاتورية، وهناك الحوارات الصحفية مع سياسيين مهمين، أو مع نجوم الفن، إلخ.

لا شك أن قراءة هذه الأشياء لا تخلو من فائدة، ولكن دعونا لا نبالغ في حجم هذه الفائدة. فجزء كبير من التعليقات على الأخبار يستمد أهميته من أهمية الأخبار التي يرجى التعليق عليها، ومعظم المعلقين للأسف يعاملون الأخبار كما يعاملها قراؤهم، ويعطونها أهمية أكبر كثيرًا مما تستحق. صحيح أن بعض المعلقين يتمتعون بالذكاء والظرف، ولكنهم للأسف يبدون لي أحيانًا، وكأنهم يبددون مواهب كبيرة في نشاط قليل الجدوى.

* * *

إن القارئ لا بد أن يكون قد لاحظ أيضًا الزيادة المستمرة في المساحة المخصصة في كل جريدة للإعلانات، حتى تكاد تلتهم أكثر من نصف صفحات الجريدة كلها. وحيث إن الربح الذي تحققه الجريدة من الإعلانات أصبح أكبر مما يأتيها من بيع الجريدة نفسها، فإن المعلقين والكتاب الذين تستكتبهم الجريدة يبدون أحيانًا وكأنهم يُستخدمون كمجرد طُعم لجذب القراء، من أجل إقناع المعلنين بفائدة نشر إعلاناتهم في هذه الجريدة دون غيرها. وهو ما حدث أيضًا للتلفزيون حتى أصبح المعلقون والمحللون السياسيون في الصحف والتلفزيون يؤدون وظيفة، تصب في

نهاية الأمر في مصلحة المعلنين والسلع التي يريدون بيعها. وقد امتد هذا الأثر إلى جامعي الأخبار ومحرريها، إذ أصبح أصحاب الجريدة لا يهتمون بصدق الخبر، بقدر اهتمامهم بجاذبيته وطريقة صياغته، حتى ولو كان كاذبًا.

* * *

لا بد أن نعترف مع كل ذلك بأن الشخص المخادع والكذاب لا بد أن يقول لنا شيئًا مفيدًا، من حين لآخر، وإلا ما صبر عليه أحد. كذلك لا بد أن أعترف بأنني ما زلت أجد في بعض الصحف (وأحيانًا في التلفزيون) أشياء تستحق القراءة أو المشاهدة، وهذا هو أحد الأسباب (فضلًا عن مجرد الإدمان) لمواظبتي على قراءة عدة صحف كل يوم. إني أجد في كل الجرائد التي أقرأها أسماء لبعض الكتَّاب الذين أحب دائمًا أن أعرف فيم يفكرون، وكيف عبروا عن هذه الأفكار. هؤلاء الكتَّاب القلائل تعودت أن أثق بأخلاقهم، وبأنهم لا يحاولون خداعك، فضلًا عما لديهم من موهبة التعبير عن أنفسهم. ولكن نسبة هذه الأشياء التي أجدها تستحق القراءة أو المشاهدة، آخذة في التناقص، ليس في بلادنا فحسب بل في العالم كله.

إني أستطيع مثلًا أن أجزم بتدهور الصحافة والتلفزيون في إنجلترا، في الخمسين عامًا الماضية (أقصد المحتوى وليس التكنيك). لقد اختفت الأقلام المبهرة التي كانت تجذبني أثناء دراستي هناك، في أواخر الخمسينيات وأوائل الستينيات، في صحف كـ«الأوبزرفر» و«التايمز»، وكذلك في صحيفة «الجارديان»، رغم أن هذه الأخيرة ما زالت في رأيي أفضل الصحف الإنجليزية اليومية طُرًّا. أما ما حدث للتلفزيون الإنجليزي فحدث عنه ولا حرج. لقد اختفت أيضًا البرامج التلفزيونية التي اشتريت بسببها جهازًا للتلفزيون (رغم تواضع مرتب البعثة الحكومية)، فلا أكاد أجد الآن في التلفزيون الإنجليزي (كلما أتيحت لي الفرصة) ما يجذبني لمشاهدته، ربما باستثناء البرامج الأقرب للتوثيق منها إلى إثارة الفكر أو التسلية (مثل ما تذيعه محطة الـ«بي بي سي» من حفلات موسيقية في الصيف نقلًا مباشرًا من قاعة «ألبرت» الشهيرة، فتكاد تغني المرء عن الذهاب إلى القاعة نفسها).

نعم، إن هناك اتجاهًا لا شك فيه، نحو اختفاء الأخبار والتعليقات والمقالات والبرامج التلفزيونية الجديرة بالقراءة أو المشاهدة، في بلادنا كما في غيرها. ولهذا فإن الفيلم الذي ذكرته في بداية هذا الجزء، كان بلا شك بعيد النظر، إذ حاول أن ينبهنا، منذ خمسين عامًا، إلى شيء ندفع الآن ثمنًا باهظًا لتجاهله.

(٨)

وقع هذا الحادث المدهش في بريطانيا في منتصف سنة ٢٠١٥.

عالم بريطاني كبير «تيم هانت» (Tim Hunt)، عمره ٧٢ عامًا، وأستاذ في جامعة لندن، وحصل على جائزة نوبل لاكتشافاته في ميدان انقسام الخلايا. دُعي إلى مؤتمر في سيول، عاصمة كوريا الجنوبية، سمي «المؤتمر العالمي للصحافة العلمية» فألقى كلمة على عدد كبير من محرري الموضوعات العلمية في الصحف، وتضمنت كلمته جملة قصد منها الدعابة أكثر من الجد، ولكنها للأسف حظيت بانتشار كاسح، بسبب ما تتمتع به وسائل الاتصال اليوم، من قدرة على نشر أبسط الأخبار وترديدها من موقع إلكتروني إلى آخر، واستقبال ونشر التعليقات من كل من هب ودب، على نطاق أوسع مما كان متاحًا في أي وقت في الماضي. وكانت النتيجة أن أصدرت جامعة لندن قرارًا بعزله من وظيفته كأستاذ شرفي، مما يعني، على حد قوله هو، نهاية حياته العلمية.

ما هي إذن هذه الجملة التي أغضبت الجامعة إلى هذا الحد؟ قال إنه أثناء قيامه بتجاربه في المعمل، صادف ثلاث مشكلات تتعلق بوجود بعض النساء في المعمل في نفس الوقت: فهو إما أن يقع في حب إحداهن، أو أن تقع إحداهن في حبه، فضلًا عن أنه إذا وجه انتقادًا لإحداهن لخطأ ارتكبته انخرطت في البكاء! وأضاف أنه يفضل لو قام الرجال والنساء باختباراتهم في المعامل منفصلين، إذ إن الوصول إلى الحقيقة في البحث العلمي يتطلب «السير على أرض مستوية لا تعوقه أي عقبة».

يبدو أن إحدى النساء الحاضرات في المؤتمر نشرت الجملة في موقعها في

شبكة الاتصال الاجتماعي، وعلقت عليها بقولها: «الظاهر أننا قد عدنا إلى العصر الفيكتوري!».

عندما سئل الرجل في ذلك قال: «إني آسف لما سببه كلامي من إيذاء لبعض المشاعر، وقد قلته بدافع الدعابة، وإن كنت أعتقد في صحة ما قلت». قال أيضًا إنه لا ينكر أن لديه بعض التعصب (chauvinism)، ولكنه يؤيد تقديم كل صور الدعم للنساء للمساهمة في البحث العلمي، كما اعترف أساتذة آخرون بأنه فعل الكثير خلال حياته في سبيل هذا الدعم.

لا أريد أن أناقش هنا صحة أو خطأ ما قاله، فالأهم من ذلك في نظري الطريقة التي تعامل بها الناس مع الخبر، وعلى الأخص تصرف الجامعة على هذا النحو.

لقد عبر الرجل عن دهشته الشديدة من أن قرار الجامعة بعزله اتُّخذ دون أي محاولة من جانبها للاستماع إلى أقواله عما حدث. لسبب ما شعرت الجامعة بالحرج إذا لم تتصرف بسرعة وحزم في هذا الأمر. وقد علقت صحيفة بريطانية على ما حدث تعليقًا حكيمًا، إذ قالت إن الأرجح أن أغلب النساء إذا سمعن بما حدث لن يشعرن بغضب شديد (بل ولا حتى بالغضب أصلًا)، بل سيعتبرنه دعابة غير موفقة ثم ينصرفن إلى التفكير في شيء آخر. لا بد أن حجم الأهمية التي أعطيت لما قاله الرجل في جملة أو جملتين، وعلى نحو عابر، وبقصد المزاح، ترجع إلى أسباب أخرى غير ما يمكن أن يثيره كلامه من غضب النساء، أو ما قد يسببه من ضرر لهن ولغيرهن.

هناك طبعًا تلك الظاهرة المخيفة والمتعلقة بالتمييز بين ما يعتبر «لائقًا أو غير لائق سياسيًّا» (Politically correct). إن أي كلام يمكن أن يُفهم منه وجوب معاملة النساء على نحو مختلف عن معاملة الرجال، لأسباب تتعلق بالطبيعة البيولوجية، يعتبر الآن من قبيل الكلام «غير اللائق سياسيًّا»، ومعنى ذلك أنه كلام «غير مقبول ومستهجن من الرأي العام». المقبول الآن واللائق سياسيًّا، هو اعتبار أي اختلاف قد يلاحظ بين سلوك المرأة وسلوك الرجل، لا بد أن يعود إلى ظروف اجتماعية، وليس إلى أسباب طبيعية، وعلى الأخص إلى ظروف فرضت على المرأة فرضًا، مما جعل آراءها في بعض الميادين مختلفة عن آراء الرجل. والقول بأي شيء يوحي

بغير ذلك «غير جائز أو غير لائق»، وينطوي على الرجوع إلى العصر الفيكتوري أو ما قبله. فإذا أصاب أحدنا السهو عن ذلك، وعبر عما يخالفه (ولو كان هذا هو ما يعتقده حقيقة) تعرض لما لا تحمد عقباه.

ولكن الأمر يصبح أكثر سوءًا في ظل ثورة الاتصالات والمعلومات الراهنة. فأبسط خبر يمكن أن يذاع على الملأ، وعبارة بسيطة تقال على سبيل الجد أو المزاح، يمكن أن تنتشر في كافة أركان الأرض في لمح البصر، إذا اعتقد البعض أنها يمكن أن تسلي الناس أو تلفت نظرهم. وفي هذه الحالة يصبح ارتكاب العمل «غير اللائق سياسيًّا» أشد خطورة وأوجب للعقاب.

* * *

لقد سبق أن حذرنا الكاتب الفرنسي الفذ «أليكسي دي توكفيل» في كتابه المشهور «الديمقراطية في أمريكا»، من أن الخطر الذي يهدد الديمقراطية لا ينحصر في استبداد الدولة، بل يمكن أن يكون الأسوأ منه استبداد «الرأي العام». ولكن توكفيل كتب هذا في ثلاثينيات القرن التاسع عشر، أي منذ ما يقرب من قرنين من الزمان، قبل أن تحدث ثورة الاتصالات الحالية، والتي في ظلها يتحول «الرأي العام» إلى ما يشبه الوحش المفترس، ينقض عليك بمجرد أن يبدر منك ما يغضبه. فالمئات من الغاضبين قد تحولوا في ظل ثورة الاتصالات إلى ملايين، وهؤلاء تصعب تهدئتهم، بل ويشجع بعضهم بعضًا على الاسترسال في التعبير عن غضبهم، ومعاقبة من أغضبهم، تمامًا كالذي نشاهده من فرق بين سلوك المشتركين في مظاهرة من عشرة أشخاص والمشتركين في مظاهرة من مليون من البشر.

يبدو أن هذا هو ما حدث في موقف الجامعة العريقة من تصريحات الرجل المسكين. إذ لم يشفع له علمه الغزير، ولا ما قدمه من نفع للإنسانية، أمام غضب الرأي العام. بل يبدو أن الجامعة بقيامها بفصل الأستاذ، لم تكن تحاول تهدئة الغاضبين، بقدر ما كانت تحاول تجنب غضب محتمل، ولم يجد صاحب قرار الفصل لديه من الشجاعة، ما يجعله يصرح بأن الأمر لا يستوجب أكثر من اعتذار بسيط عن خطأ في التعبير.

إن مثل هذا هو ما كان يقصده المفكر الأمريكي «ناعوم تشومسكي»، في مقال

قديم له بعنوان «حدود التفكير المسموح به». وقد أصبح الآن من قبيل التفكير غير المسموح به، رد بعض الاختلافات بين سلوك الرجل وسلوك المرأة إلى اختلافهما البيولوجي. لقد ذكر بعض المعلقين على هذا الحادث الأخير أن هناك من الإحصاءات ما يدل على أن استعداد المرأة للبكاء يبلغ أضعاف استعداد الرجل له. ولكن قول مثل هذا الكلام الآن يعتبر شيئًا خطيرًا يستحسن تجنبه، لأن هناك أعدادًا غفيرة من الناس، يمكن أن تحدث ضجة كبيرة إذا سمعت به. فلماذا لا تطلب الجامعة أو غيرها السلامة والهدوء، فتفصل أستاذًا واحدًا لن يجد في الغالب جمهورًا واسعًا يعبر عن الغضب لفصله؟

يحدث هذا في دولة هي أعرق دول الغرب في المناداة بالحريات الفردية والسياسية، مما لا بد أن يجعلنا نشك في صحة الزعم بأننا نسير قدمًا في عصر ازدهار الديمقراطية. ولكن هذا الشك نفسه قد أصبح أيضًا من قبيل المواقف «غير اللائقة سياسيًّا»، فالأفضل إذن، إذا أردنا السلامة والهدوء، أن نكف عن هذا الشك أيضًا، أو على الأقل أن نحتفظ به لأنفسنا، دون أن نقوله على الملأ.

الفصل السابع

العدالة الاجتماعية

(١)

منذ أن ولد علم الاقتصاد (أي منذ قرنين ونصف قرن) ظلت فكرتان تتصارعان داخل عقول الاقتصاديين (بل وربما في قلوبهم أيضًا)، فتنتصر إحداهما مرة، ثم تنتصر عليها الأخرى. والصراع هو حول الإجابة على السؤال الآتي: «أيهما أهم: زيادة الثروة أم حسن توزيعها؟».

من السهل أن نتبين أن وراء هذا الصراع في الفكر، صراعًا طبقيًّا. فالمنتصرون للأغنياء يقولون عادة إن زيادة الثروة هي الأهم (إذ إن إعادة توزيع الثروة لا بد أن تكون على حسابهم)، والمنتصرون للفقراء يقولون بالعكس، إن المهم هو حسن توزيع الثروة. ولكن الجميع يزعمون أنهم لا يبغون في النهاية إلا مصلحة الفقراء. الفريق الأول يقول إن التركيز على زيادة الثروة هو الذي يحقق مصلحة الفقراء في النهاية، وأن اللهفة على إعادة التوزيع لصالح الفقراء، ستنتهي بالإضرار بهم، فإذا بنا بدلًا من أن نعيد توزيع الثروة نعيد في الواقع توزيع الفقر. أما الفريق الثاني، فيؤكد على أن سوء توزيع الثروة لا بد أن يؤدي في النهاية إلى تقليل حجم الثروة نفسها، ومن ثمَّ فإن إعادة التوزيع تضمن تحقيق العدل والتنمية في نفس الوقت.

المدهش في هذا الخلاف، الذي بدأ منذ «آدم سميث» (١٧٧٦)، وهو من يوصف عادة بأنه أبو علم الاقتصاد، أن الحجج التي يستخدمها كل فريق لم تتغير

كثيرًا منذ ذلك اليوم. أما حجة الفريق الأول فتتلخص في الآتي: تحسين حالة الفقراء (العمال) يتوقف على زيادة الطلب عليهم، فتنخفض البطالة وترتفع الأجور. ولكن زيادة الطلب على العمال تتوقف بدورها على الاستثمار، والاستثمار يتوقف على الادخار، والادخار لا يقدر عليه إلا الأغنياء (الرأسماليون). فلنترك الرأسماليين إذن يحققون المزيد والمزيد من الأرباح، ويزدادون غنى، ففي ذلك مصلحة الفقراء أيضًا.

هذا الفريق يستغرب القول بغير ذلك. إذ من الذي يمكن أن يوظف العمال غير الرأسماليين؟ الدولة؟ فمن أين ستأتي الدولة بالأموال اللازمة؟ إما من الضرائب أو بالتأميم. ولكن زيادة الضرائب والتأميم كلاهما بمثابة قتل الدجاجة التي تبيض ذهبًا. الضرائب تقتل الحافز لدى الرأسماليين للقيام بالاستثمار، والتأميم ينقل قرارات الإنتاج والاستثمار من يد أكفأ الناس (الرأسماليين)، إلى يد أقلهم كفاءة (موظفي الدولة). ناهيك عما يؤدي إليه هذا من دكتاتورية.

من الأقوال الطريفة التي تنسب إلى أنصار هذا الفريق، قول أحد الساخرين من الذين لا يكفون عن الشكوى من استغلال الرأسماليين للعمال: «إن هناك شيئًا أفظع من أن تخضع للاستغلال، وهو ألا تجد من يستغلك على الإطلاق!».

أما الفريق الثاني، فتتلخص حجته في الآتي: الإنتاج لا يأتي فقط من رأس المال، بل يأتي أساسًا من العمال، والعمال (الخاضعون للاستغلال) يؤدي فقرهم إلى انخفاض إنتاجيتهم، ومن ثَمَّ فتحسين أحوالهم يؤدي بذاته إلى زيادة الدخل والثروة. والأرباح التي يجنيها الرأسماليون لا تذهب كلها للاستثمار، بل قد يبدد أكثرها في الاستهلاك الذي لا يساهم في زيادة ثروة المجتمع. والجزء الذي يوجه منها للاستثمار قد يذهب إلى فروع من الإنتاج قليلة الأهمية، من وجهة نظر أغلبية الناس، فلا يفيد منها إلا الأغنياء أنفسهم. والرأسماليون لا يهمهم القضاء على البطالة، بل يستفيدون منها لأنها تضمن استمرار انخفاض الأجور، ومن ثَمَّ قد يذهب الاستثمار إلى فروع لا تستوعب الكثير من العمال، وقد تستخدم تكنولوجيا كثيفة الاستخدام لرأس المال، فتحل الآلات محل العمال وتزيد البطالة.

لا خروج من هذه الحالة إلا بتدخل الدولة، بالضرائب أو التأميم، فتقوم هي بالاستثمارات المطلوبة، وتدفع الأجور العادلة، وتحدد أوجه الإنفاق التي تفيد المجتمع ككل. أما عن تشدق الرأسماليين بما يتيحه نظامهم من حرية، فالحقيقة أن حرية الاختيار المتاحة للعمال في الرأسمالية، هي بين أن يقبلوا الخضوع لاستغلال الرأسماليين، أو أن يموتوا جوعًا.

هذا السجال (أو حتى العراك) بين الفريقين استمر طوال فترة القرنين ونصف القرن الماضية، فينتصر الفريق الأول كلما حسن أداء الرأسماليين، فارتفعت معدلات النمو، وأدخلت تكنولوجيا جديدة بمعدلات عالية، وينتصر الفريق الثاني كلما ضعف أداء الرأسمالية، فانخفض الاستثمار ومعدل النمو وعمت البطالة.

حدث الازدهار في فترة الثورة الصناعية في أوروبا، في الربع الأخير من القرن الثامن عشر، والعقود الأولى من القرن التاسع عشر، وهي الفترة التي شهدت ازدهار الفكر الاقتصادي الكلاسيكي المناصر للرأسمالية. وتباطأ النمو في الربع الثالث من القرن التاسع عشر، وهي الفترة التي نشأ فيها الفكر الماركسي. ثم حدث انكسار آخر فيما بين الحربين العالميتين في القرن العشرين، فاشتد عود الاشتراكيين، وظهرت المدرسة الكينزية التي انتقدت بشدة ترك الحرية المطلقة للرأسماليين، وأدت إلى قيام ما عرف بـ«دولة الرفاهية» في أعقاب الحرب الثانية.

كان عقدا الخمسينيات والستينيات من القرن العشرين هما عقدا التدخل الشديد من جانب الدولة، ليس فقط في الدول الصناعية المتقدمة، بل وأيضًا في دول العالم الثالث حديثة الاستقلال. وكان جمال عبد الناصر من أهم ممثلي هذا الاتجاه (الذي يعبر عن موقف الفريق الثاني) في العالم الثالث.

ولكن أشياء كثيرة حدثت منذ ذلك الوقت في العالم الصناعي والعالم الثالث على السواء. ازدهرت الرأسمالية من جديد، وضعفت أصوات المنادين بالتدخل، مع انتصار سياسات الانفتاح الاقتصادي في الثمانينيات والتسعينيات، ثم تراخى النمو الاقتصادي وزادت البطالة في العقدين التاليين، وبلغ هذا التراخي ذروته في الأزمة المالية الاقتصادية العالمية، التي بدأت في سنة ٢٠٠٨، وما زالت

قائمة حتى الآن. لا عجب أن نشط من جديد الحديث عن تدخل الدولة، وإعادة توزيع الدخل، والعدالة الاجتماعية، كما تعودنا دائمًا أن يحدث كلما تدهور أداء الرأسمالية.

* * *

ليس غريبًا، إذن، أن نرى شعار العدالة الاجتماعية يرفع بقوة من جديد في مصر، مع قيام ثورة ٢٥ يناير ٢٠١١. وليس غريبًا أيضًا أن يتردد اسم عبد الناصر من جديد، وأن تعود ذكريات السياسة الاقتصادية الناصرية، التي طبقت في الخمسينيات والستينيات، إلى الأذهان، كلما رفع شعار العدالة الاجتماعية. ولكن من المهم أن نلاحظ أن «العدالة الاجتماعية» المطلوبة الآن، لا يمكن أن تعني نفس ما كانت تعنيه منذ نصف قرن، كما أن وسائل تحقيقها لم تعد هي الوسائل القديمة. لقد تغير العالم، وتغيرت مصر في جوانب مهمة، تجعل من الضروري إعادة تحديد مفهوم العدالة الاجتماعية حتى يصبح أكثر ملاءمة وواقعية، وإعادة النظر أيضًا في وسائل تحقيقها.

(٢)

ظهر في فرنسا في سنة ٢٠١٤ كتاب ملأ الدنيا، وشغل الناس، اسمه «رأس المال في القرن الواحد والعشرين»، ولكن موضوعه في الحقيقة ليس رأس المال، بل المساواة واللامساواة. وانشغال الناس به لهذه الدرجة، في بلاد كثيرة، يدل على مدى اهتمام الناس بهذا الهدف: «المساواة بين البشر»، وهو الهدف الذي استمر طوال القرون الثلاثة الأخيرة، وما زالت تؤلف فيه الكتب، وتقوم من أجله الثورات، على الرغم من أن التاريخ الذي مرت به هذه الدعوة إلى المساواة، على أرض الواقع، لا يدعو بالمرة إلى التفاؤل.

إن تأمل ما تعرضت له هذه الدعوة عبر التاريخ، من فشل بعد فشل، وخيبة أمل بعد أخرى، جدير بأن يجعلنا نتوقف قليلًا لنسأل عن السبب أولًا، ومن ثَمَّ نسأل عما إذا كنا محقين (ما دام الأمر كذلك) في تعليق كل هذه الآمال على

تحقيق هذه الدعوة في الواقع. إن هذا الفشل في تحقيق المساواة (بل وحتى في الاقتراب منها) ليس مقصورًا على دولة دون أخرى، بل نشاهده في العالم ككل. وهو فشل لا يقتصر على المساواة الاقتصادية والاجتماعية بين شرائح المجتمع، في داخل الدولة الواحدة، بل يظهر أيضًا في المقارنة بين الدول، بعضها ببعض، وبين المنتمين لأجناس مختلفة، ولأديان مختلفة، وكذلك بين الرجل والمرأة.

لقد قدم «توماس بيكتي»، مؤلف هذا الكتاب، قدرًا وافرًا من الإحصاءات التي تدل على أنه طوال مدة تزيد على قرنين، وفي عدد من الدول يزيد على العشرين (إذ ليس من السهل العثور على إحصاءات موثوق بها، لعدد أكبر من الدول، أو لفترة زمنية أطول)، كانت المجتمعات تبعد أكثر فأكثر عن تحقيق هدف المساواة، باستثناء فترة قصيرة لا تزيد على أربعين عامًا (هي جزء من ثلاثينيات القرن العشرين، وربع القرن التالي للحرب العالمية الثانية)، وهي فترة حدثت فيها أحداث استثنائية يصعب تكرارها (الأزمة العالمية، ثم الحرب العالمية، ثم تدخل الدولة لإعادة توزيع الدخل مما عرف بـ«دولة الرفاهية»). ومن ثمَّ فلا يجب أن نتوقع تكرارها في المستقبل المنظور، أو حتى غير المنظور، ما لم توجد ظروف استثنائية جديدة، تدفعنا إلى بذل جهد غير عادي لوقف هذا الاتجاه نحو المزيد من اللامساواة.

* * *

لا بد أن يستولي علينا العجب من أن يكون هذا مصير فكرة تتفق إلى هذا الحد مع الفطرة السليمة، ودعت إليها كل الأديان الكبرى، وكانت محور دعوات كثيرين من كبار المصلحين على مر العصور، ومنهم فلاسفة التنوير في العصر الحديث، ودعاة الاشتراكية، وقامت من أجلها ثورة بعد أخرى، في بلاد مختلفة من العالم، بما في ذلك ثورة مصر الأخيرة في ٢٠١١.

في كل مرة ترتفع فيها الآمال، ويسود الاعتقاد بأننا على وشك تحقيق هدف المساواة، يحدث ما يخيب هذه الآمال. فالثورة الفرنسية، قرب نهاية القرن الثامن عشر، التي جعلت المساواة واحدًا من أهدافها الثلاثة الكبرى، سرعان ما مارس

قادتها الإرهاب باسم الثورة، فأطاح هذا بالهدف وبالأمل في تحقيقه، ومهد الطريق لعهد جديد وطويل من التمييز الطبقي. والثورة الروسية، في مطلع القرن العشرين، التي قامت أيضًا باسم هذا الهدف، سرعان أيضًا ما جلبت عهدًا من الإرهاب خلق طبقة عليا جديدة تمارس القهر باسم المساواة. وفي أعقاب الحرب العالمية الأولى رفع الرئيس الأمريكي «ودرو ويلسون»، شعار «حق تقرير المصير»، الذي استقبلته شعوب البلاد المستعمرة بالترحيب، ورفع آمالها في قرب تحقيق الاستقلال، ولكن الاستعمار استمر بعد ذلك لمدة تزيد على ثلاثين عامًا، ولم يعقبه استقلال حقيقي، أو حصول الدول الفقيرة على حق تقرير المصير، بل حل محله استعمار جديد، قد يكون ألطف مظهرًا، ولكنه ليس أقل قهرًا.

كنا نظن أن الحروب الدينية، والاقتتال بين أصحاب المذاهب الدينية المختلفة، أشياء تنتسب إلى عصور قديمة سميناها العصور المظلمة، ولكن ها نحن اليوم ما زلنا نرى اقتتالًا بين أصحاب الديانات والمذاهب المختلفة، يدعي بعضهم أنهم يريدون استعادة مجد أحد الأديان، ولكنهم يجدون من اللازم لتحقيق ذلك ذبح بعض المنتمين لأديان أخرى.

ها نحن نرى أيضًا، بعد مرور قرن ونصف القرن على تحرير العبيد في الولايات المتحدة، أمثلة تتكرر عبر فترات قصيرة، حيث نرى معاملة من رجال الشرطة البيض، لأمريكيين من السود، تنطوي على شعور دفين بالتفرقة العنصرية. وها قد مر أكثر من قرن على نجاح المرأة في بعض البلاد، وحصولها على حق الترشح والانتخاب للبرلمان، على قدم المساواة مع الرجل، ونحو نصف قرن على اشتداد الحركة النسوية التي تطالب بالمزيد من هذه المساواة، ولكننا ما زلنا نسمع كل يوم عن أحداث جديدة، تتعرض فيها المرأة للتحرش الجنسي، في البلاد المتقدمة والأقل تقدمًا على السواء، بينما يزيد استخدام المرأة والجنس كأداة من أدوات الحملات التجارية لترويج السلع.

* * *

إذا كان الأمر كذلك، لا يصبح أمامنا إلا التسليم بأن عقبات كأداء تقف بيننا وبين تحقيق المساواة المنشودة، وبأن هذه العقبات لا تتعلق فقط بنوع النظام السياسي

أو الاجتماعي السائد، بل تتعلق أيضًا، على الأرجح، بشيء يقع في صميم الطبيعة الإنسانية، ومن ثمَّ يصعب استئصاله.

هل هذه العقبة الكأداء هي الشره الإنساني إلى جمع المزيد من الثروة، والمزيد من القوة إشباعًا لرغبة السيطرة على الغير؟ فالشره إلى المال يدفعك دفعًا إلى حرمان الآخرين منه، وإشباع الرغبة في السيطرة لا يتحقق إلا بين غير المتساوين.

والناس يبدأون حياتهم غير متساوين، في الذكاء، أو في التاريخ العائلي، أو في ميراثهم من الأجداد، أو في القوة الجسمانية، إلخ، وقد يدفعهم الشره إلى المزيد من المال والسيطرة، إلى بذل الجهد للحيلولة دون محاولة الآخرين للحاق بهم، بل وقد لا يتورعون عن استخدام قوة الدولة لصالحهم، من أجهزة الشرطة والجيش والبيروقراطية الحكومية، إلخ، ولا بد أن يؤدي ذلك إلى الابتعاد أكثر فأكثر عن المساواة. بهذا يمكن تفسير فشل الثورات التي تقوم من أجل تحقيق المساواة في داخل المجتمع الواحد، وفشل الدول الفقيرة في التحرر من سيطرة الدول الأقوى منها، وفشل الجميع في القضاء على التمييز العنصري أو الديني أو التمييز ضد المرأة.

لقد عبر مختلف الكتَّاب عن هذه الحقيقة (أي الشره إلى المزيد من المال والقوة) بطرق مختلفة. ففي منتصف القرن العشرين عبر جورج أورويل مثلًا، عن استغرابه أن يرى الإنسان، بعد أن نجح في تطوير قوته الإنتاجية إلى الحد الذي يجعلها كافية لإشباع الحاجات الضرورية للناس جميعًا، منصرفًا عن تحقيق ذلك، بل ويتفنن بدلًا من ذلك في ابتداع وسائل جديدة لضمان استمرار القهر.

وقبل ذلك بقرن من الزمان، عبر المفكر الإنجليزي «جون استيوارت ميل» عن رأيه في المساواة، بقوله إنه لو خُيِّر بين الاشتراكية والرأسمالية لاختار الاشتراكية، ولكن تطبيقها يتطلب أن تتغير الطبيعة الإنسانية أولًا. وفي الوقت نفسه، سخر «كارل ماركس» بشدة من أولئك المفكرين الاشتراكيين، الذين كانوا يتصورون أن من الممكن إقناع الرأسماليين بأن يتنازلوا طوعًا عن امتيازاتهم للفقراء، وقال إنه لا بديل لتحقيق ذلك عن استخدام القوة، أي الثورة. ولكن ها نحن نرى أن

الطبيعة الإنسانية قد أثبتت أنها أقوى حتى من الثورة، وأن الزعماء الماركسيين، متى تسلموا الحكم، ليسوا بالضرورة أقل شرهًا من غيرهم للمال، أو السلطة، أو للاثنين معًا.

(٣)

هكذا نرى التاريخ المحزن الذي مرت به الدعوة إلى المساواة بين البشر. فكلما حدث شيء يجعلنا نظن أننا نقترب من تحقيق المساواة، كما لو ظهر زعيم كبير ومحبوب يدعو إليها، أو قامت ثورة ترفع شعارات المساواة، يحدث ما يخيب آمالنا، وينتصر من جديد أنصار اللامساواة والمستفيدون منها، مستخدمين في ذلك القوة المادية، بما في ذلك سلطات الدولة. حدث هذا للثورة الفرنسية، وللثورة الروسية، بل وأيضًا للثورة الصينية، ثم أخيرًا للثورة المصرية. هكذا أيضًا كان مصير الحركات الاشتراكية الكبرى، من الاشتراكية المسمَّاة بالطوباوية، إلى الاشتراكية الماركسية، إلى الفابية، إلخ.

ولكن أنصار الرأسمالية والمدافعين عن استمرار اللامساواة، لم يكتفوا باستخدام القوة المادية للانتصار على معارضيهم، بل وجدوا من الضروري أيضًا استخدام سلاح الأفكار. فقد أثبت التاريخ أيضًا أن نجاح المرء في قهر خصمه، يكون أضمن وأكمل، لو أضاف إلى قوته المادية نشر بعض الأفكار والنظريات المساعدة. فنظام العبودية مثلًا يكون أكثر رسوخًا عندما يضاف إلى القهر المادي، النجاح في إقناع العبيد أنفسهم بأنهم فعلًا أقل جدارة من ملاكهم، وأن فيهم من النقائص العقلية أو النفسية ما يبرر عبوديتهم.

كان شيء كهذا هو مصدر تلك الفكرة، التي جاء بها المفكر البريطاني «آدم سميث»، قبيل قيام الثورة الفرنسية، عندما زعم أن المساواة من شأنها تعطيل النمو الاقتصادي، وأن اللامساواة شيء مفيد لزيادة «ثروة الأمم»، وهو عنوان كتابه الشهير. ثم سار وراء «آدم سميث» في ترديد وترسيخ هذه الفكرة سائر الاقتصاديين، الذين يكونون ما يسمى بـ«المدرسة الكلاسيكية» في الاقتصاد، فقدموا هذه الفكرة

وكأنها من البديهيات، ورددها بعدهم جيل بعد آخر من الاقتصاديين، حتى وصلنا إلى اقتصاديي البنك الدولي وصندوق النقد، بل وسائر المؤسسات المهيمنة على السياسة الاقتصادية في العالم. كلهم الآن يقولون (بل ويؤمنون) بأن المساواة مضرة بالنمو الاقتصادي، وأن أفضل ما يمكن أن تفعله لزيادة معدل النمو، حتى في الدول الفقيرة، هو أن تجعل الأثرياء أكثر ثراء، فسوف يؤدي هذا إلى انتشال الفقراء من فقرهم.

كانت هذه الفكرة (التي أعتبرها فكرة خبيثة) مبنية على حجة بسيطة للغاية، وهي أن النمو الاقتصادي (وما يقترن به من خلق فرص جديدة للعمل) يحتاج إلى زيادة الاستثمارات، والاستثمارات تحتاج إلى مدخرات، ولكن الأثرياء هم وحدهم القادرون على الادخار، إذ إن الفقراء (بحكم فقرهم) ينفقون كل دخلهم على الاستهلاك. لهذا فإن أي محاولة لأخذ المال من الغني وإعطائه للفقير سوف تنتهي بإفقار الغني والفقير على السواء.

إني أصف هذه الفكرة بالخبث، لأنها تفترض من البداية أن الدولة يجب ألا تقوم بأي دور في الاقتصاد، وأن النشاط الاقتصادي يجب أن يترك كله للأفراد، تحكمهم في ذلك حوافزهم الشخصية. ولكن هذا الافتراض يمكن دحضه ببيان أن الدولة يمكن أن تقوم بدور مفيد جدًّا في الحياة الاقتصادية، بما في ذلك زيادة الادخار (عن طريق الضرائب مثلًا)، وزيادة الاستثمار، دون أن يتعارض هذا مع احترام الحوافز الفردية (فلنتذكر مثلًا السياسة الكينزية التي بدأ تطبيقها في الثلاثينيات، ولا تزال تجدد الدعوة إليها حتى الآن، من حين لآخر، كلما حلت أزمة اقتصادية).

أضف إلى ذلك أنه حتى إذا كان «آدم سميث» وأتباعه محقين، في أن الاستثمارات الخاصة ستقوم بخلق فرص كافية لتشغيل العمال، في أيامهم، فإن زيادة الميل إلى إحلال الآلات محل العمال، جعل من الممكن جدًّا، أن تحدث تنمية وتزيد الاستثمارات، دون أن يحل هذا مشكلة البطالة، (كالذي نراه الآن بوضوح تام في كثير من البلاد الفقيرة والغنية على السواء، حيث يقترن النمو بازدياد معدلات البطالة).

ولكن أنصار اللامساواة أضافوا، منذ البداية، حجة أخرى تدور حول الديمقراطية.

فالمساواة في نظرهم لا بد أن تأتي معها الدكتاتورية، إذ لا يمكن تطبيقها إلا بالتدخل الشديد من جانب الدولة. المساواة إذن تجبرنا على التخلي عن هدفين عظيمين: النمو الاقتصادي، والديمقراطية السياسية. ولكن هذه الحجة أيضًا تتجاهل ما تؤدي إليه اللامساواة من إضرار بالديمقراطية، كالذي نراه الآن في كل مكان، حيث يؤدي تركز الثروة في أيدٍ قليلة إلى شيء شبيه بما يؤدي إليه تركز السلطة السياسية في أيدٍ قليلة، من إضرار بالحرية والديمقراطية. ألا ترى ما يؤدي إليه، مثلًا، تركز ملكية الصحف في أيد قليلة (بل وأحيانًا في يد شخص واحد) إلى غسيل المخ وسيادة الرأي الواحد، وما يؤدي إليه التفاوت الكبير في الثروة من العبث بحرية الترشيح والانتخابات النيابية؟

لقد قرأت مؤخرًا إشارة إلى حقيقة مهمة، وهي أن أكبر المفكرين المدافعين عن الرأسمالية، بحجة أنها تحمي الناس من الدكتاتورية والفاشية، كانوا من الأوروبيين الهاربين من الحكم الفاشي في ألمانيا والنمسا، في أعقاب الحرب العالمية الأولى، وهاجروا إلى إنجلترا أو أمريكا، ورفعوا لواء الدفاع عن الرأسمالية بهذه الحجة (تذكر أسماء مثل «فون مايزس»، أو «فردريك هايك»، أو «كارل بوبر»، إلخ)، وكأن الاختيار الوحيد المتاح أمامنا هو تركز السلطة في ظل الفاشية، أو تركز الثروة في ظل الرأسمالية، التي تتحول بدورها شيئًا فشيئًا إلى فاشية.

كل هذا لا بد أن يؤدي بنا إلى النظر بشك شديد في أقوال أنصار اللامساواة وعدم المساس بالتفاوت في الثروة والدخل. ولكن لا بد أن أعترف، من ناحية أخرى، بأنه قد حدث في الأربعين أو الخمسين عامًا الأخيرة، ما جعلني أتساءل عما إذا كانت الدعوة إلى المساواة ما زال لها ما كان لها طوال القرون الماضية من جاذبية وسحر، أم أن هذا الذي حدث من شأنه أن يضعف درجة تحمسنا لها، بل وقد يجعل من الواجب أن نستبدل بها أهدافًا أخرى؟

(٤)

عندما نشر «ماركس» و«إنجلز» «البيان الشيوعي» الشهير، في منتصف القرن التاسع عشر، تفجرت قضية الظلم الاجتماعي بقوة لم تكن معهودة من قبل. هذا

البيان لم يقتصر على رفض الظلم والتعاطف مع المظلومين، بل قدم، مع ما جاء بعده من كتابات «ماركس» و«إنجلز»، تفسيرًا اقتصاديًّا وتاريخيًّا لظاهرة الظلم الاجتماعي، وما اعتبراه الوسيلة الوحيدة للتخلص منها.

ظلت الماركسية، بما قدمته من تفسير وعلاج، أكبر النظريات والحركات الاشتراكية شهرة وقوة، طوال قرن كامل على الأقل. فاستمر الاعتقاد، بين المناهضين للظلم الاجتماعي، بأن أهم صور الاستغلال تتم داخل أسوار المصنع، لا في خارجه، وهي حصول الرأسمالي على ما سمي بـ«فائض القيمة»، أي الفرق بين السعر الذي تباع به السلعة وبين الأجر الذي يحصل عليه العامل (الربح)، وهو ما قال ماركس بأنه لا حق للرأسمالي فيه، لأنه من نتاج العامل نفسه، والرأسمالي لا ينتج بذاته شيئًا. والرأسمالي، بقيامه بإحلال الآلات محل العمال، يضمن استمرار البطالة التي تمكن الرأسمالي من الاستمرار في دفع أجور منخفضة. المشكلة إذن تتلخص في الانفصال بين العمال وبين ملكية وسائل الإنتاج (المصانع والأراضي والآلات، إلخ)، والحل هو أن يتملك العمال وسائل الإنتاج، ولا وسيلة لذلك إلا بالتأميم، أي أن تتملك الدولة، كممثلة للعمال، وسائل الإنتاج التي يتملكها الآن الرأسماليون.

العمال يتعرضون أيضًا لقهر نفسي، يتمثل فيما أسماه «ماركس» بـ«الاغتراب»، إذ يقوم العامل بإنتاج سلعة لا يتملكها، ولا شأن له بتحديد أوصافها أو طريقة إنتاجها، وفي ظروف يفقد فيها العامل آدميته، إذ يعامل كما لو كان هو نفسه آلة من الآلات. إن أي دعوة لتحسين أحوال العمال غير قيام الدولة بتملك وسائل الإنتاج، هي (في نظر «ماركس» والماركسيين) دعوة ليست فقط طوباوية وخيالية، يستحيل أن تحقق المقصود منها، بل إنها تعطل تنفيذ الحل الوحيد، إذ إنها تؤدي إلى تأخير الثورة اللازمة لإعادة ملكية وسائل الإنتاج إلى العمال.

* * *

في الخمسين عامًا الأخيرة نمت ظاهرة الشركات العملاقة (أو متعددة الجنسيات)، على نحو أحدث تغيرًا كبيرًا في ظاهرة الظلم الاجتماعي، مما يجعل من الضروري إعادة النظر في هذه المسلمات. نعم، ما زالت ظاهرة الاستغلال

موجودة، سواء سمينا الربح «فائض القيمة»، أو اسمًا آخر، إذ ما زال الرأسمالي يقتطع من نتاج عمل العامل أكثر مما يستحقه، وما زال إحلال رأس المال محل العمال يمكن الرأسمالي من زيادة البطالة، ومن ثمَّ الاستمرار في دفع أجور منخفضة. وما زال المصدر الأساسي للاستغلال انفصال العمل عن ملكية وسائل الإنتاج، وما زال العمال يتعرضون للقهر، سواء سميناه «الاغتراب» أو اسمًا آخر. وما زال من الممكن أن تؤدي ملكية الدولة لوسائل الإنتاج إلى القضاء على بعض صور الاستغلال. ولكن كل هذا لم يعد يرسم صورة كافية لما يحدث الآن من ظلم اجتماعي، أو يقدم وسيلة كافية، أو حتى الوسيلة الأساسية، للقضاء عليه.

عندما يرجع المرء قرنًا ونصف قرن إلى الوراء، ويقارن بين حالة «رأس المال» الذي كان يكتب عنه «كارل ماركس» كتابه الشهير، والذي يحمل هذا الاسم، بحالته اليوم، كم يبدو «رأس المال» القديم ضعيفًا وعاجزًا، بل ويكاد يدعو للإشفاق. كان يقهر العامل بلا شك، ويستغله، ولكن دعنا نقارن بين الاستغلال والقهر القديمين بما يفعله رأس المال اليوم.

نعم، كان الرأسمالي يدفع للعامل أقل أجر ممكن، وكان الأمر يبدو بشعًا، من حيث إن الأجر المدفوع لم يكن يكاد يسمح للعامل بالحصول على ضروريات الحياة، ومن حيث إن السلعة المنتجة كانت بسيطة، بحيث تبدو وكأنها لم يصنعها إلا العامل نفسه. نعم كانت هناك مساهمة من الآلات التي يأتي بها الرأسمالي، ولكن حتى هذه الآلات كان من السهل القول بأنها هي نفسها نتيجة عمل العمال، ولم يتملكها الرأسمالي إلا طبقًا لنظام قانوني ظالم. كان الأمر بشعًا أيضًا، بسبب قسوة الظروف التي كان يشتغل فيها العمال: عمل رتيب، وساعات طويلة، وإهمال شنيع لأحوال العمال الصحية والسكنية والتعليمية، إلخ. إن لم يكن كل هذا «ظلمًا اجتماعيًّا»، فما هو الظلم؟

ولكن قارن هذا بما نراه اليوم في كل هذه الأمور. الأجر المدفوع فاق بكثير تكاليف ضروريات الحياة، بل قد يأتي العامل من سكن مريح، ويرتدي ملابس نظيفة، وأولاده يذهبون إلى المدارس، وقد يجلس هو وأولاده بعد عودته، للتفرج على برامج مسلية من تلفزيون ملون، إلخ. ما زال العامل يشعر بالطبع بأنه محروم

من الضروريات، ولكن «الضروريات» الآن أصبحت من نوع شراء سيارة، أو دفع قيمة الدروس الخصوصية لأولاده، أو قيمة اشتراكهم في ناد رياضي، أو توفير ثمن الكتب التي يحتاجها بعض أولاده الملتحقين بالجامعة، إلخ. نعم، إن التفاوت أصبح صارخًا بين ثروة الرأسمالي ودخله، وبين ما يملكه العامل وأجره، ولكن فلنلاحظ أن إنفاق الرأسمالي على الاستهلاك أصبح يبتعد أكثر فأكثر عن ضروريات الحياة، بل أصبح، أكثر فأكثر، لا يثير الحسد بقدر ما يثير السخرية. أما أن العامل هو في النهاية الذي أنتج الآلات ووسائل الإنتاج، التي تجلب للرأسمالي كل هذا الربح، فقد أصبح أقل وضوحًا بكثير مما كان في الماضي. إن وسائل الإنتاج الآن أصبحت مدينة في كفاءتها للتكنولوجيا الحديثة، أكثر مما هي مدينة للعمل العضلي. والذين يساهمون في تطوير التكنولوجيا (وإن كان من الممكن اعتبار مساهمتهم نوعًا من العمل) قد انضموا إلى الرأسماليين أصحاب وسائل الإنتاج، ليس فقط في نمط الحياة، بل وفي قدرتهم على فرض شروطهم على الرأسماليين.

نعم، ما زال العامل يخضع للاستغلال المتمثل في اقتطاع «فائض القيمة»، وما زال يشعر بالاغتراب الناتج عن شعوره بأنه لا يمتلك نتيجة عمله، وربما أيضًا لرتابة العمل، ولكن كل هذا فقد الكثير من أهميته إذا قورن بالصور الجديدة للاستغلال والقهر التي خلقها المجتمع الحديث.

دعنا نتذكر أولًا أن «فائض القيمة»، في التحليل الماركسي، كان يقوم على افتراض المنافسة الكاملة وليس الاحتكار، لا لأن الاحتكار لم يكن موجودًا أيام «ماركس»، ولكن لأنه كان لا يزال استثناء في بحر واسع من المنافسة. ولكن الاحتكار السائد الآن، بمختلف صوره، أعطى للرأسمالي قوة مضاعفة على الاستغلال. إذ أصبح الآن قادرًا بدرجة لم تكن متاحة له من قبل، على زيادة سعر السلعة. ومع زيادة السلع المنتجة تفاهة (أي ابتعادها عن الضروريات) أصبح التحكم في إرادة المستهلك عن طريق الإعلان، ومختلف صور الدعاية، أمرًا ميسورًا يسمح للمنتج برفع أسعار السلع إلى مستويات لا علاقة لها بنفقات الإنتاج، فضلًا عن قدرته على إيهام المستهلك بأن هذه السلع التافهة أصبحت من ضروريات الحياة.

شيئًا فشيئًا انضم المستهلكون، إذن، إلى طائفة الخاضعين للاستغلال، إلى جانب العمال، وأصبح العمال يخضعون للاستغلال كمستهلكين، وليس فقط كعمال. بل أخذ القهر، الذي كان يتمثل من قبل في صورة حرمان مادي، يتحول أكثر فأكثر إلى ظاهرة نفسية بحتة، وهي الاستسلام والخضوع لإغراء السلع المعروضة.

(٥)

إذا أردنا تعريف «الاستغلال» تعريفًا يتسع لمختلف صور القهر، التي عرفت في مختلف حقب التاريخ، يمكن القول إن الاستغلال يتمثل في حصول شخص على جزء من القيمة الاقتصادية لسلعة أو خدمة، استنادًا إلى قوة أو سلطة، لا يعتبرها ضمير المجتمع في مرحلة تاريخية معينة، مشروعة من الناحية الأخلاقية. إذا قبلنا هذا التعريف جاز لنا أن نقول مثلًا: إن حصول طبقة الكهان ـ في الحضارات القديمة ـ على نصيب من الإنتاج دون أية مساهمة منها في العملية الإنتاجية، لم يكن يعتبر آنذاك نوعًا من الاستغلال، حينما كان يشيع الاعتقاد بأن لهذه الطبقة نوعًا من المعرفة والقدرة على السيطرة على القوة الطبيعية، لا يحوزها الفرد العادي. ولكنه قد يعتبر كذلك في عصر آخر، أو في نظر مجموعة أخرى من الناس لا تعترف لهذه الطبقة بهذا الحق، أو تنكر عليها هذه القدرة. كذلك فإننا نميل الآن إلى اعتبار كل من نظام الرق أو الإقطاع نظامًا قائمًا على الاستغلال، وإن لم يعتبر كذلك في مرحلة تاريخية معينة، على أساس أن استئثار مالك الرقيق، أو السيد الإقطاعي، بجزء مما ينتجه العبيد أو الأقنان، كان يستند إلى قوة مادية أو سياسية، لا تعتبر في نظرنا الآن مبررة أو مشروعة من الناحية الأخلاقية.

وقد ركز اشتراكيو القرن التاسع عشر على الملكية الخاصة لوسائل الإنتاج باعتبارها المصدر الأساسي للاستغلال، وهو موقف يتسع له أيضًا التعريف المتقدم، على أساس أن حصول الرأسمالي على جزء من الناتج يستند إلى قوته الاقتصادية المستمدة من نظام قانوني ومؤسسي معين، اعتبره الاشتراكيون غير مبرر وغير مشروع.

وقد ذهب بعض هؤلاء المفكرين الاشتراكيين، في القرن الماضي، إلى حد القول إن ظاهرة الاستغلال إذا تعذر تفسيرها بما يحدث خلال عملية الإنتاج نفسها، أي بالنظر إلى علاقة العامل بصاحب رأس المال وحدها، فإنه لن يكون بالإمكان تفسير هذه الظاهرة على الإطلاق. وذهب إلى أن واقعة الاستغلال إنما تتمثل في أن العامل ينتج، من السلع، ما يفوق في قيمته ما يحصل عليه العامل نفسه من أجر، ويذهب الفارق إلى الرأسمالي، دون وجه حق، في صورة ربح أو «فائض قيمة».

ولكننا نعرف جميعًا أن الربح ليس إلا الفارق بين نفقة إنتاج السلعة والسعر الذي تباع به. فإذا كنت مالكًا لمشروع، فليس أمامك لزيادة ربحك إلا ضغط النفقات (وعلى الأخص أجور العمال)، أو رفع السعر. وإذا كان الضحية الأولى في الالتجاء إلى تخفيض النفقات هو العامل، فإن ضحية رفع السعر هو المستهلك. والذي أريد أن أطرحه، الآن، هو أنه خلال المائة عام الماضية طرأ من التطورات ما ضيق من فرص الالتجاء إلى السبيل الأول، وزاد من أهمية السبيل الآخر، مما يجعلنا نميل إلى الاعتقاد بأن الضحية الأولى للاستغلال في المجتمع الحديث قد أصبح هو المستهلك، وأن استغلال العامل وإن لم يختف بأي حال من الأحوال، فإنه يميل أكثر فأكثر إلى أن يصبح مجرد صورة ثانوية من صور الاستغلال.

ذلك أنه عندما كان يكتب الاشتراكيون الأوائل، في النصف الأول من القرن الماضي، كان الجزء الأكبر من الإنتاج ما زال يتكون، في الأساس، من سلع الغذاء الضرورية والسلع الصناعية الأساسية، وهي سلع تتميز بدرجة عالية من التجانس والتشابه بين وحدات السلع المنتجة. كانت قدرة المجتمع في ذلك الوقت، على إنتاج السلع الكمالية ما زالت محدودة للغاية، وكان نمط الإنتاج، الذي يطلق عليه الاقتصاديون اسم «المنافسة الكاملة»، ما زال هو النمط الغالب، بحيث إن المستهلك كان يجد إلى جانب كل منتج، العديد من المنتجين الآخرين الذين يعرضون عليه السلعة نفسها وبالمواصفات نفسها. في ظل هذا النمط من الإنتاج كانت قدرة المنتج على استغلال المستهلك محدودة للغاية، وكادت تنحصر قدرته الاستغلالية على استغلال العامل بتخفيض الأجر إلى أدنى مستوى ممكن.

على أنه مع نمو قوة المجتمع الإنتاجية، وازدياد الإنتاج من السلع الكمالية المتعددة الألوان والأصناف، وإمعان المنتجين في إنتاج سلع تلبي مطالب ثانوية، أو حتى مطالب موهومة لدى المستهلك، ازدادت قدرة المنتج على تحقيق مركز احتكاري لسلعته، إذ أصبح ينتج سلعة أو صنفًا لا ينتجه سواه، وازدادت قدرته على إيهام المستهلك بما تتمتع به سلعته من خصائص فريدة. وساعده على ذلك النمو المتعاظم في وسائل الإعلام وترويج السلع وطرق التأثير على المستهلك، الأمر الذي سمح له بأن يقتضي من المستهلك ثمنًا لا يعكس النفقة الحقيقية للسلعة، ولا المنفعة الحقيقية التي يحصل عليها من استهلاكها، وهكذا، بينما كان كثير من الكتَّاب الاشتراكيين في القرن الماضي يستسخفون محاولة تفسير الاستغلال ببيع السلعة بأعلى من قيمتها، أي بأعلى من قيمة العمل المبذول فيها، أصبحت هذه هي القاعدة وغير ذلك هو الاستثناء.

على أن الأمر لا يقتصر على أن النمو الاقتصادي قد جعل استغلال المستهلك ممكنًا، بدرجة أكبر من ذي قبل، بل إنه قد جعله أيضًا أكثر ضرورة مما كان. فمع الإمعان في إنتاج الكماليات، أصبحت مشكلة تصريف المنتجات تواجه المنتجين بدرجة أكثر حدة بكثير، مما كان الأمر عندما كان الجزء الأكبر من الإنتاج يتكون من ضروريات الحياة. فبائع الضروريات لا يحتاج إلى تطويع المستهلك وترويضه لإقناعه بشراء سلع الغذاء والكساء الضروري، أما بائع الكماليات فإنه يحتاج إلى القيام بعملية خداع يومي، وممارسة عملية مستمرة من إخضاع المستهلك وترويضه، حتى يقوم بشراء ما ليس هو بحاجة حقيقية إليه. إن مشكلة تصريف الإنتاج كانت بالطبع سمة من سمات الرأسمالية في كافة عصورها، بسبب ما تقترن به الرأسمالية من تفاوت كبير في توزيع الدخل، ولكنها كانت في المراحل الأولى للرأسمالية مشكلة إفراط دوري في الإنتاج، يجري حلها بحلول فترات الأزمات فيما يسمى بالدورات الاقتصادية، فينخفض مستوى الإنتاج والدخول والأسعار، ثم يعود النظام الاقتصادي إلى استرداد نشاطه ويعود الإنتاج والدخل والأسعار إلى الارتفاع. أما الآن فإن مشكلة تصريف المنتجات قد أصبحت سمة دائمة من سمات الرأسمالية، لا يكفي لحلها تخفيض مؤقت لمستوى الإنتاج، بل

تفرض على النظام بحثًا مستمرًّا عن مستهلكين جدد، في الداخل أو الخارج، كما تفرض عليه توسيعًا مستمرًّا لطاقة المستهلكين القدامى وقدرتهم على استهلاك المنتجات الجديدة.

أضف إلى ذلك ما نعرفه جميعًا من النمو الهائل في قوة الحركات العمالية، خلال المائة عام الماضية، وتعاظم قدرتها على المطالبة بأجور أعلى، وعلى الحصول عليها بالفعل. وليس المستهلكون، بسبب تشتتهم وصعوبة اندماجهم في تنظيم واحد، بهذه القدرة على مواجهة ما يتعرضون له من استغلال، الأمر الذي سمح لأرباب المشروعات بتحويل مدفعيتهم، أكثر فأكثر، من العامل إلى المستهلك.

قد يقال إن كل هذا لا يعني حدوث تغيير في واقعة الاستغلال، بل ولا في ضحيته، بل مجرد التغير في شكل الاستغلال وصورته. فالعامل هو منتج ومستهلك في الوقت نفسه. فإذا صح ما نقول، فليس معنى ذلك إلا أن العامل بعد أن كان خاضعًا للاستغلال بوصفه عاملًا، قد أصبح، فضلًا عن ذلك، خاضعًا له بوصفه مستهلكًا، وأن أرباب المشروعات قد عادوا فاستردوا من العمال باليسار ما أعطوه لهم باليمين. ولكن لو كان الأمر يقتصر على هذا حقًّا، لما كان الأمر يحتاج إلى التأمل والاهتمام. فهذا التحول في موضوع الاستغلال ومحله له أبعاد غاية في الأهمية، تمس مختلف جوانب حياتنا الاقتصادية والاجتماعية والسياسية والثقافية جميعًا، وهو ما سنحاول الآن بيانه.

دعنا نتذكر أولًا أن من المستهلكين ضحايا الاستغلال «الجديد»، من لا يندرجون تحت القوة العاملة. فهناك من تجاوزوا سن العمل من المسنين، وهناك من لم يبلغ سن العمل بعد، أو لم يدخل بعد في القوة العاملة، وكلتا الطائفتين تشكلان نسبة متزايدة من السكان في الدول الصناعية المتقدمة، بسبب ارتفاع متوسط العمر من ناحية، وامتداد سنوات الدراسة أو التدريب السابقة على الالتحاق بسوق العمل، من ناحية أخرى، هناك أيضًا المتبطلون أو الذين يحصلون على مختلف صور الإعانات والتأمينات الاجتماعية، سواء اشتركوا أو لم يشتركوا في سوق العمل. هؤلاء جميعًا يحصلون على دخولهم بصرف النظر عن قدرتهم الإنتاجية، أو حجم

مساهمتهم في الإنتاج، وهم بهذا الوصف يتعرضون لنوع من الاستغلال لا علاقة له بالعملية الإنتاجية نفسها.

على أنه بصرف النظر عن وجود بعض المستهلكين، الذين لا يساهمون في العملية الإنتاجية، فإن من المهم أن نلاحظ أن استغلال المستهلك له من الأساليب ما يختلف جذريًّا عن أساليب استغلال العامل، وأن تركيز النظر على ارتفاع الأهمية النسبية لهذا النوع من الاستغلال، قد يلقي ضوءًا جديدًا على بعض الظواهر التي دأب الفكر الاشتراكي التقليدي على تجاهلها.

فمن ناحية، إذا صح أن نمو الاحتكار هو سبب أساسي في ازدياد الأهمية النسبية لاستغلال المستهلك، فإنه يصبح من المهم أن نلاحظ أن الدولة المسماة بالاشتراكية، بمجرد قيامها بإلغاء الملكية الخاصة لوسائل الإنتاج، تتمتع بقوة احتكارية تفوق بكثير قوة أي مشروع رأسمالي. وهي بهذا الوصف لديها من القدرة على إخضاع المستهلك ما يفوق قدرة المحتكر في ظل الرأسمالية. إن استخدام كلمة الاستغلال، في وصف الدولة المالكة لوسائل الإنتاج، قد يبدو غريبًا ومستهجنًا لدى الكثيرين، ولكن الأمر لا بد أن يدور في النهاية حول ما إذا كنا نعتبر الأهداف، التي تتوخاها الدولة الاشتراكية في تحديد أسعار السلع مشروعة ومبررة أو غير مشروعة. فقد نرفض استخدام وصف الاستغلال في حالة الدولة الاشتراكية، إذا كان رفع بعض الأسعار يستهدف تمويل مشروعات نقرها ونؤيدها، ولكننا قد نسمح لأنفسنا باستخدام وصف الاستغلال، حتى في الدولة الاشتراكية، إذا كان رفع أسعار بعض السلع يذهب لتمويل برنامج للتسلح، لا نقره ولا نؤيده، أو في توفير بعض الامتيازات غير المبررة لأعضاء الحزب الحاكم، إلخ.

كذلك فإن تحويل الانتباه من استغلال العامل إلى استغلال المستهلك، قد يسمح لنا بفهم ظاهرة ما زالت تبدو مستعصية على الفهم، وهي ظاهرة التضخم. فالتضخم يمكن أن ينظر إليه على أنه ليس إلا سلاح أصحاب المشروعات، في استعادة جزء مما فقدوه باضطرارهم لرفع أجور العمال، ولكنه يصيب العمال بوصفهم مستهلكين، كما أنه يصيب غير العمال بدرجة أكبر. كذلك فإنه يصيب فئات العمال المختلفة بدرجات متفاوتة، لا علاقة لها باختلافها في مستويات

الإنتاجية. فإذا نظرنا إلى التضخم هذه النظرة، فإن دور الدولة في حماية مصالح أرباب المشروعات سوف يبدو لنا الآن بصورة مختلفة. فبينما كان تدخل الدولة لصالح أرباب المشروعات، في القرن الماضي، يتمثل أساسًا في تسخير قوة الدولة المادية لقمع حركات الإضراب والثورات العمالية، فإنه يتمثل اليوم أساسًا في توفير وسائل الدفع الكافية، وقنوات الائتمان اللازمة لتمويل عملية التضخم.

بل إن هذا الانتقال من مجال الإنتاج إلى مجال الاستهلاك، كمسرح لعملية الاستغلال، من شأنه أن يفسر لنا الكثير من مظاهر الحياة الثقافية في الدول الصناعية. فبهذا الانتقال تحولت عملية الاستغلال من المجال المادي البحت إلى ميدان النفس، وخرجت من أسوار المصنع أو المزرعة إلى عالم المشاعر والعواطف والأفكار. فإذا كان استخلاص فائض القيمة من العامل يتطلب نظامًا إنتاجيًّا صارمًا، وفرض ساعات طويلة للعمل، والمراقبة الحازمة لأوقات الحضور والانصراف وأيام التغيب، فإن استخلاص «فائض القيمة» من المستهلك يحتاج إلى أساليب مختلفة تمامًا. إنها تحتاج إلى التدخل بتشكيل نفسية المستهلك وتطويعها بحيث يطلب ما ليس بحاجة إليه، ويدفع في مقابله ما قد يورطه في الاستدانة، ويستغني عن السلعة قبل أن تبلى، ويطلب غيرها لمجرد أن جاره قد سبق واشتراها.

وإذا كان نظام الاستغلال «القديم» يتطلب انتشار أيديولوجية، تقوم على قبول انقسام حديدي بين الطبقات، يتناسب مع انقسام المجتمع إلى عمال وأرباب عمل، وترسيخ الاعتقاد باستحالة الانتقال من طبقة إلى طبقة أعلى، والرضا بقدر المرء ونصيبه، فإن نظام الاستغلال «الجديد» يتطلب نشر أيديولوجية مختلفة تمامًا، تقوم على التطلع المستمر إلى تغيير المرء لطبقته الاجتماعية، عن طريق الاستهلاك، وسخط المرء المستمر على وضعه الاقتصادي، وتشجيع الحسد والغيرة ممن يتمتعون بمستويات استهلاك أعلى. إن نظام الاستغلال «الجديد» يتطلب أيديولوجية تمجد الاستهلاك لا الادخار، وتشجع الفرد على التعبير عن كل نزوة، مهما كان طيشها وحماقتها، وتعرِّف النمو بأنه زيادة ما بحوزة الفرد من سلع، وتعرِّف الحياة الطيبة بأنها حياة الترف.

في الماضي كان شعار التغيير هو الشعار الذي يرفعه اليسار، بينما كان اليمين

يقترن بالمحافظة، ويدعو إلى استمرار الأشياء على ما هي عليه. وقد كان هذا يتفق مع مصلحة أرباب العمل في قبول العمال لوضعهم الاقتصادي. أما الآن فإن التغيير أصبح هو شعار أرباب المشروعات أنفسهم، لأنه هو الذي يضمن تصريف المنتجات الجديدة.

كان إنتاج الأسلحة في الماضي، حينما كان محل الاستغلال هو العامل لا المستهلك، يحقق في الأساس وظيفة القمع، قمع الحركات الثورية في الداخل، أو حركات الاستقلال في المستعمرات، أو محاولة دولة منافسة الدولة المستعمرة في الأراضي الخاضعة لنفوذها. أما الآن فيبدو وكأن الأسلحة أصبحت تنتج، إلى جانب ذلك، لتزويد جيوش لا تحارب أبدًا، وتدخل في معارك لا يمكن أن تنتصر فيها، أو للاستعداد لحرب اختلق سببها اختلاقًا، لا لشيء إلا لتبرير بيع السلاح وشرائه. وهكذا بينما كان ضحية الحروب في الماضي هم القتلى والجرحى والمدن المخربة، أضيف إلى ذلك الآن مشترو السلاح أنفسهم، وشعوب الدول التي تبدد أموالها على شرائه، وتُدعى إلى الاشتراك في حروب لا تريدها، ولم تخطر ببالها.

وإذا كان نظام التعليم في ظل نظام الاستغلال القديم يستهدف أساسًا تخريج منتجين أو مساهمين أكفاء في العملية الإنتاجية، فإن نظام التعليم يتحول الآن، أكثر فأكثر، إلى نظام وظيفته تخريج «المستهلك الكفء»، يتطلع إلى نفس ما يتطلع إليه المجتمع بأسره، قد لا يجيد العمل ولكنه يجيد الاستهلاك والتمتع بالحياة. فإذا بالمدرسة تصبح أقرب إلى الملهى، ويدخلها التلفزيون، وتشجع أكثر الميول الفردية هوائية باسم «تنمية الشخصية»، وتقبل أن تقوم بوظيفة الإعلان عن السلع التي تبحث عن مستهلكين جدد، وتوزع على طلبتها الجوائز التي تتلقاها المدرسة مجانًا من المنتجين.

كان أرباب المشروعات في الماضي، إذا أرادوا زيادة أرباحهم، يلجأون إلى مختلف الأساليب لرفع إنتاجية عمالهم، ولو أدى ذلك إلى السماح باستماعهم إلى الموسيقى أثناء تأديتهم لعملهم، أو التوسع في الخدمات الاجتماعية المقدمة إليهم، كإقامة ناد أو حمام للسباحة لهم ولأطفالهم. أما الآن فقد تحول نظر أرباب

المشروعات إلى فريستهم الجديدة: المستهلك. فتركوا المصانع، حيث يوجد العمال، إلى الشوارع والمقاهي والنوادي، بل واقتحموا على المستهلك داره عن طريق الإذاعة والتلفزيون، فإذا بشركات السجائر تمول المباريات الرياضية، وشركة للسيارات تمول برامج ثقافية أو ترفيهية، وتوزع الأقلام والولاعات والسيارات والشماسي المجانية، وسوف نجدها بعد قليل تبني المدارس، وربما المساجد والكنائس، بشرط أن يحفر اسمها على الأبواب، أو يذكر اسمها في الخطب.

لا عجب أيضًا أن نجد أعدادًا متعاظمة من الناس قد أصبحوا يحصلون على دخول لا تتناسب على الإطلاق مع ما يساهمون به من إنتاج. فلو كان الهدف هو حقًّا اقتطاع فائض القيمة من العامل المنتج، لاستعصت هذه الظاهرة على التفسير، إذ نحن هنا بصدد ظاهرة عكسية تمامًا: دخول لا يقابلها إنتاج، بدلًا من إنتاج لا يقابله الحصول على دخل، دون أن ينتمي صاحب الدخل الكبير إلى طبقة أرباب المشروعات. فالحقيقة هي أن هدف المنتج قد تحول من العامل إلى المستهلك، وأنت تقوم بوظيفة «منتجة» للغاية، ولو لم تنتج شيئًا على الإطلاق، إذا ثبت أنك «مستهلك كفء»، كما لو ظهر مثلًا أنك رجل «عصري»، تجيد الحديث في الحفلات، وتحسن اختيار ملابسك وطعامك، وتنطق بالكلمات المناسبة في المجتمع المناسب، وتعرف أكثر من لغة، ولا تتساءل باستمرار عن الهدف مما تعمل (فالهدف لا يعدو المزيد من الاستهلاك)، وترسل أطفالك إلى مدارس أجنبية، إذا كنت تنتمي إلى دولة متخلفة، لكي تنشئه النشأة نفسها. فإذا كنت ذلك الرجل، فلن تكون هناك نهاية لعدد ما سوف تُدعى إليه من مؤتمرات، بصرف النظر عما إذا كان لديك شيء ذو بال تقوله، أو لعدد الرحلات مدفوعة التكاليف التي ستهيأ لك، بل ولن يكون هناك حد أقصى لما يمكن أن يصل إليه مرتبك، بصرف النظر عما تؤديه من عمل بالفعل. في ضوء ذلك تأمل التوسع الهائل في عدد موظفي الهيئات الدولية، ولتقارن مرتباتهم بما يؤدونه بالفعل من عمل. أو فلنتأمل ركاب الدرجة الأولى في الطائرات، أو نزلاء الفنادق، الذين لم يدفعوا شيئًا من تكاليف سفرهم أو إقامتهم، وعدد المؤتمرات التي تنعقد

في كل عواصم العالم، دون أن تنتهي إلى شيء، أو بدلات السفر السخية التي يحصل عليها موظفو الدولة الكبار أو ممثلو الشركات في تنقلاتهم اليومية. إن القدرة الحقيقية التي يحوزها هؤلاء جميعًا ليست هي القدرة على الإنتاج، بل هي القدرة على الاستهلاك.

بل إن هذا السخاء البالغ في الإنفاق على القادرين على الاستهلاك سوف تزول غرابته، ويتبين لنا مدى «عقلانيته»، متى تأملنا ما يحدث من تمييز بين الدخول، التي تذهب للفئات المختلفة من المستهلكين. ذلك أنه إذا كان صحيحًا أننا جميعًا مستهلكون بشكل أو بآخر، بدرجة أو أخرى، فإن أرباب المشروعات لا يسوون بيننا من حيث كفاءتنا الاستهلاكية. فالسلع تتفاوت فيما بينها من حيث مدى حاجتها إلى التصريف وافتقارها إلى المستهلكين. ونحن المستهلكين، من ناحية أخرى، نتفاوت تفاوتًا كبيرًا فيما بيننا، من حيث نوع السلع التي نقبل على استهلاكها، فالمسنون مثلًا ليس لديهم القدرة نفسها على استهلاك السلع الحديثة، التي لم يعتادوا استخدامها، وليس لديهم الاستعداد النفسي للإقبال عليها، بعكس الأطفال وصغار السن الذين يستهويهم كل جديد، ويقبلون على التغيير لمجرد التغيير. قل مثل ذلك على تلك الفئات المحافظة من المستهلكين، بحكم انعزالهم عن تيار الحياة الحديثة، أو بحكم جذورهم الريفية أو نوع تعليمهم. إن هذه الفئات من المستهلكين لا يفيد أرباب المشروعات فائدة كبيرة من ارتفاع دخولهم، إذ الأرجح أنهم إذا زادت دخولهم سوف ينفقونها على السلع القديمة نفسها، التي اعتادوا استهلاكها، أو سوف ينفقونها على السلع المحلية التي لا مصلحة للمصدر الأجنبي في ترويجها. لا عجب إذن أن نجد هذه الفئات، ذات الاستهلاك المحافظ، هي أشد الناس معاناة من التضخم، إذ لا تزيد دخولهم في العادة بالمعدل نفسه الذي ترتفع به الأسعار، كما نجدها أقل الفئات انتفاعًا من القروض والمعونات الأجنبية المقدمة للدول الفقيرة، إذ ينفق الجزء الأكبر، من هذه القروض، على ما يزيد في النهاية من دخول الأقدر على استهلاك واستيراد السلع المراد ترويجها. لا عجب أيضًا أن نرى شيوع تدليل الأطفال والاستجابة الفورية لطلباتهم، بل وشيوع الاستقلال الاقتصادي لصغار السن عن عائلاتهم

وتشجيعهم على العمل وكسب الدخل، وهم لا يزالون في مقتبل العمر. كما نجد أن أعلى مستويات الدخل يحصل عليها، ليس فقط المستهلكون الأكفاء، بل ومروجو الاستهلاك كالمشتغلين بالدعاية والإعلان، أو المذيع الناجح في التلفزيون، أو مصممو الأزياء.

إن هذه النظرة قد تسمح لنا بتفسير بعض الانطباعات الغامضة التي تساورنا جميعًا، ونحن نتأمل ما آلت إليه الحياة الحديثة. فالصورة القديمة التي دأبنا على حملها، وهي صورة العامل الكادح المضطهد الذي يستغله الرأسمالي الجشع، لم تعد بالقطع هي الصورة التي تطالعك، وأنت تتأمل المجتمع المسمى بمجتمع الرخاء الحديث، بل إنها آخذة في التراجع في القطاعات الحديثة في كثير من البلاد المسماة بالمتخلفة. وإنما أكثر ما يسترعي انتباهك لدى تأمل هذه المجتمعات أو هذه القطاعات هو صورة قطعان المستهلكين، المنتمين إلى مختلف الطبقات، تسوقهم يد خفية إلى المحلات الزاخرة بالسلع، ويسيل لعابهم لما يشاهدونه وراء الفاترينات الزجاجية الفاتنة، ويعودون فرحين بما جمعت أيديهم، ثم يفيقون في الصباح على آمال لم تتحقق، ورغبات لم تشبع، فيهرولون من جديد بحثًا عن مصادر جديدة للدخل، وهكذا في دوامة لا تنتهي.

كذلك فإن الصورة القديمة عن مجتمع اشتراكي، زال فيه الاستغلال لمجرد أن ملكية وسائل الإنتاج قد انتقلت من يد الرأسمالي إلى يد الدولة، واسترد فيه الفرد حريته وسيطرته على مصيره، لم تعد هي أيضًا الصورة التي تطالعك، وأنت تتأمل ما يحدث في البلاد التي كانت تسمى بالاشتراكية. قد لا يكون النهم الاستهلاكي قد وصل في هذه الدول إلى ما وصل إليه في الدول الرأسمالية، ولكن هناك من الدلائل ما يشير إلى أنه سائر إليه، والأهم من ذلك أن ما نسميه بتطويع المستهلك وترويضه في الدول الاشتراكية، يحمل بعض السمات المشتركة مع تطويع المستهلك وترويضه في الدول الرأسمالية. كل ما هنالك أن ما يباع للمستهلك في ظل الاشتراكية ما زال يحتوي على جرعة كبيرة من الشعارات السياسية والأيديولوجية.

عندما كتب جورج أورويل، منذ نحو سبعين عامًا، روايته الشهيرة «١٩٨٤» كان يتصور فيما يبدو، مآل الدول الشمولية في إخضاع المستهلكين وتحويلهم إلى

قطعان مسلوبة الإرادة. وإن المرء اليوم يتساءل، وقد أصبح هذا التاريخ، ١٩٨٤، يشير إلى الماضي لا إلى المستقبل، عما إذا كان ما تصوره جورج أورويل قد كاد ينطبق على النظامين الرأسمالي والاشتراكي على حد سواء. ذلك أن هناك شبهًا يستوقف النظر بين ما تراه على شاشات التلفزيون في الغرب، من رجل، وكأن به لوثة، يستحثك على شراء سيارة جديدة، وبين ما نسمعه من رجل، وكأن به لوثة أيضًا، يردد شعارات الحزب الاشتراكي الحاكم، ويدعوك إلى الثقة العمياء بقادته. وهناك شبه لافت للنظر أيضًا بين الزي الموحد الذي يرتديه الموظفون لدى شركة رأسمالية كبيرة، والألوان الموحدة التي تستخدمها الدول الاشتراكية. وفي كلتا الحالتين نجد أشد الناس مقتًا لهذه العملية المستمرة من الخداع والتمويه ليسوا هم العمال، بل المثقفون وأصحاب الرأي. وهؤلاء لا يعبرون عن مصلحة طبقة بعينها، بل عن جمهور المستهلكين بأكملهم.

على أن من المهم أن نلاحظ أن الاستغلال لم يكن له أبدًا، في أي عصر من العصور، ما للاستغلال الجديد من جاذبية وحلاوة الطعم. فلا أظن أننا بحاجة إلى المقارنة بين ما اقترن به قهر العمال في القرن الماضي من قسوة وبطش، وما يقترن به اليوم استغلال المستهلك من نعومة ومحاولات الاسترضاء. فالاستغلال الذي يتعرض له المستهلك اليوم، يُصوَّر وكأن المستهلك قد اختاره بمطلق حريته، ويستعيض عن بنادق الشرطة بوجوه الحسان من مروجات السلع، ويبيع لك ما لا تحتاج إليه باسم الرخاء، أو باسم العصرية والتمدن، وبعد أن يخضعك لنوع من التنويم المغناطيسي، تتوهم معه أنك لم ترد أبدًا شيئًا سوى ما يعرضه عليك. أضف إلى ذلك أنه بينما تجد من يقوم باستغلال العمال معروف الاسم واضح الهوية، فإن القائم باستغلالك اليوم لا تعرف له اسمًا ولا هوية. فهو ليس منتجًا فردًا بل مجموع المنتجين، ومعهم الدولة نفسها، وكل وسائل الإعلام والترويج، بل ومنظمات التمويل الدولية، وكل من يساهم في تحويلك إلى مستهلك كفء. والدور، الذي يمارسه كل من هؤلاء في عملية الترويض والتطويع، ليس واضحًا تمام الوضوح. فما هي بالضبط مسؤولية الدولة في ارتفاع معدل التضخم؟ لا يعرف أحد. وما هو بالضبط السعر الذي يجب أن تباع به السلعة، وما هي نفقة إنتاجها

الحقيقية؟ فإذا فرض واستطعت أن تحدد عدوك الحقيقي، فماذا أنت فاعل؟ وإذا كان عمال العالم لم يستطيعوا أن يلبوا الدعوة الشهيرة: «يا عمال العالم اتحدوا»، فكيف يتأتى لمستهلكي العالم أن يتحدوا؟

ألا يمكن لهذه النظرة أيضًا، التي تركز على ما يتعرض له المستهلك من قهر، أن تلقي ببعض الضوء على تلك الظاهرة الجديدة التي تستحوذ على درجة عالية من اهتمام المجتمع، وهي ما يمكن أن نسميه بظاهرة «العودة إلى التراث»؟ إن هذه الظاهرة ليست مقصورة على بلد دون الآخر، ولا على بلاد العالم الثالث. ففي الدول الصناعية ظاهرة، وإن اختلفت اختلافًا كبيرًا عن ظاهرة العودة إلى التراث، فهي تحمل بعض السمات المشتركة معها، وهي ظاهرة الدعوة إلى العودة إلى الطبيعة، والثورة على مادية المجتمع الاستهلاكي وعلى قيم مجتمع الرخاء وتطلعاته. ففي الحالتين نجد الثورة والرفض لا يتخذان مظهرًا طبقيًّا، فليست الدعوة في أي منهما موجهة إلى طبقة بعينها، بل إلى نمط الحياة الاجتماعية بأسرها، ولا تقوم بها طبقة معينة بل يقودها المثقفون. وهم لا يثورون على استغلال مادي بل على استعباد نفسي.

* * *

قد يبدو اليسار الجديد غامضًا كل الغموض، ولكن عناصره آخذة في التشكل، على نحو لا يدع مجالًا للشك في أنه سيولد عن قريب. فالقوى المضادة للحرية والكرامة الإنسانية، أصبح لها من الحدة والانتشار، ما لا يمكن أن يخطئها ذو عينين، مهما اشتدت قوى التضليل وغسيل المخ. نحن جميعًا مقهورون، ليس في مصر وحدها، بل وعلى نطاق العالم بأسره: الفقير والغني، المحروم من أبسط ضروريات الحياة، والغارق حتى أذنيه في الملذات. والقوى التي تمارس القهر لم تكن، في أي عصر من العصور، أكثر غموضًا مما هي اليوم، ومن ثَمَّ فإن التصدي لها عمل أصعب من كل ما عرفه الإنسان من قبل من محاولات للوقوف ضد الظلم. نحن في حاجة إلى يسار جديد لا محالة، ولكن الشرط الأساسي لوجوده لم يعد هو كما كان في الماضي، الشجاعة والاستعداد للتضحية، بقدر ما هو الفهم الصحيح لما يحدث في العالم.

قد نكون ما زلنا بعيدين عن هذا الفهم الصحيح، ولكن هناك بضعة أشياء تبدو شبه مؤكدة: اليمين مفلس، رغم كل ادعاءاته بغير ذلك، بل ربما كانت كل هذه الادعاءات بسبب إفلاسه. وإفلاس اليمين ليس ظاهرة مصرية، بل هو حقيقة تنطبق على العالم بأسره. ويجب ألا يخدعنا ما يبدو وكأنه يعني انتصارًا للرأسمالية وانحسارًا لليسار. الانتصار هو مجرد انتشار أوسع لقوى القهر، يجب ألا يخفى عنا تآكلها وتحللها في الجذور. وانحسار اليسار هو تراجع لقوى كانت تحارب معركة أسدل عليها الستار، فهي عائدة إلى بيوتها. ولكن اليمين مفلس بمعنى أنه لم يعد يحمل الإنسانية إلى الأمام، بل يجرها إلى الخلف، رغم كل ما يوزعه على الناس من هدايا ومسكنات.

والتيار الديني من النوع السائد اليوم في مصر، مشكلة أكثر تعقيدًا، ولكنه بدوره، وبعكس كل المزاعم التي تقال بشأنه، لا يقدم حلًّا بأي معنى من المعاني، اللهم إلا بمعنى الخلاص الفردي. أما فيما عدا هذا، فهذا التيار لا يحل لا مشكلة اجتماعية ولا اقتصادية ولا إنسانية، بل يزيد هذه المشاكل تعقيدًا، ولا يقدم سبيلًا للخلاص من القهر، بل يقدم صورة جديدة منه تضاف إلى قوى القهر الأخرى. مشكلة التيار الديني السائد في مصر الآن، أنه لا يحاول أن يفهم ما يحدث في العالم، ويستعيض عن ذلك بأن يهرول خائفًا عائدًا إلى مدينة فاضلة تحققت في وقت ما في الماضي، ويخلق لنفسه عالمًا سحريًّا يعيش فيه، بعيدًا عن منغصات هذا العالم، دون أن يبذل أدنى جهد لمواجهتها. أما المسدس، الذي يطلق به الرصاص على هذا العالم، فهو مسدس شبيه بما يستخدمه الأطفال في لعبهم ولهوهم: قد يخدش ولكنه لا يقتل أحدًا، قد يحدث فرقعة ولكنه لا يغير شيئًا.

أما اليسار الذي ما زال يدين بأفكار القرن التاسع عشر، ولا يزال يظن أن المستضعفين في الأرض هم فقط الحاصلون على أجور منخفضة، وأن الاستغلال هو فقط الحصول على فائض القيمة، وأن القهر هو فقط قهر الرأسماليين للعمال، وأن الحل هو «الاشتراكية» بالمعنى المألوف نفسه، الذي لا يتعدى الملكية العامة لوسائل الإنتاج والتخطيط المركزي وإعادة توزيع الثروة والدخل، فإنه للأسف يضيع وقتنا ووقته، ويبدد طاقته فيما لم يعد وراءه طائل. والأفضل أن يواجه

العالم الجديد، الثري ثراء لا حدود له بالاحتمالات، والزاخر بكنوز لا نهاية لها من فرص الإبداع.

(٦)

لا بد أني لاحظت، منذ سن مبكرة، مظاهر كثيرة للتفاوت الكبير بين أنماط الحياة، للأغنياء والفقراء في مصر. ولا بد أني اقتنعت، منذ ذلك الوقت، أننا لا بد أن نفعل شيئًا للقضاء على هذا التفاوت، أو على الأقل للتخفيف منه، على أساس أن المساواة بين البشر أفضل من اللامساواة: أفضل لزيادة الرفاهية للمجتمع ككل من ناحية، وأكثر تحقيقًا للعدالة من ناحية أخرى.

ما زلت، حتى بعد تقدمي في السن، أومن بمزايا المساواة من الناحيتين، الرفاهية والعدالة، ولكن لا بد أن أعترف بأن نظرتي لقضية المساواة واللامساواة قد طرأ عليها بعض التغير، مع ظهور وانتشار تلك الظاهرة التي تعرف بـ«المجتمع الاستهلاكي» منذ أربعين أو خمسين عامًا. إني أفهم عبارة «المجتمع الاستهلاكي» بمعنى زيادة الإقبال على السلع الترفيهية، وانتشار استهلاكها في البلاد الثرية أولًا، ثم انتقالها إلينا، والميل المتزايد إلى اعتبار استهلاك هذه السلع من ضروريات الحياة (رغم أنها ليست كذلك في الحقيقة)، واعتبار الحصول عليها معيارًا مهمًّا في التمييز بين الطبقات، وعاملًا مهمًّا في توليد الشعور بالتعالي، من جانب طبقة على أخرى، من ناحية، وبالحسد والغيظ من الناحية الأخرى.

كنت قد بدأت ألاحظ هذه الظاهرة في الستينيات من القرن الماضي، كلما كنت في زيارة لإحدى الدول الغنية، ولكني لاحظت نموها السريع منذ السبعينيات، ثم انتقالها إلى مصر مع بداية ما يسمى بعصر الانفتاح. كنت في البداية أشعر بالأسف لهذه الظاهرة، لأسباب ثقافية أو حضارية، سواء تعلق الأمر بالمجتمعات الغنية أو الفقيرة، ولأسباب اقتصادية أيضًا، إذا تعلق الأمر ببلادنا الفقيرة، إذ رأيت في انتشار هذه الظاهرة أحد العوامل المعطلة للتنمية الاقتصادية.

ولكن مع مرور الوقت، وتفاقم ظاهرة المجتمع الاستهلاكي وتسربها أكثر

فأكثر، حتى بين صفوف الطبقات الأقل ثراء، أو المحدودة الدخل، بدأت أدرك أن لهذه الظاهرة أيضًا مغزى آخر يتعلق بتلك القضية العتيدة، التي شغلت الناس والمفكرين عبر التاريخ، وهي قضية المساواة واللامساواة.

فلنلاحظ أولًا أن مشكلة اللامساواة، لم تعد مقصورة على الفرق بين التمتع بالرفاهية في جانب، وحرمان من الضروريات في الجانب الآخر، بل أصبحت تتعلق، أكثر فأكثر، بالتفاوت في استهلاك الطرفين لسلع مشكوك في ضروريتها أصلًا، بل وربما مشكوك حتى في نفعها. إذا كان الأمر كذلك، فإلى أي حد يجوز أن يشعر المرء بالألم أو الأسف، كلما رأى هذا التفاوت، وإلى أي مدى يجوز التحمس بشدة للقضاء عليه؟

بعبارة أخرى، إذا كان الاستهلاك في الحالين يبدو تافهًا، أو مثيرًا للسخرية بدلًا من الحسد، فلماذا نريد أن يتساوى الناس فيه؟ أو بعبارة ثالثة: كان من المؤلم حقًّا أن نرى منظر شخص جائع، إلى جانب شخص لديه من المال ما يكفي لإشباع حاجاته الضرورية وغير الضرورية، فما وجه الشعور بالألم أو الأسف، إذا رأينا شخصًا لا يحصل على أكثر من زجاجة واحدة من الكوكاكولا في اليوم أو الأسبوع، بينما يستطيع آخر أن يشرب الكوكاكولا في أي وقت يشاء؟ أو إذا رأينا شخصًا يمتلك سيارة صغيرة تفتح نوافذها بتحريك اليد، بينما يملك آخر سيارة فارهة تفتح نوافذها أتوماتيكيًّا؟ ما جدوى إثارة موضوع المساواة واللامساواة في مثل هذه الأحوال؟

ولكن الأمر لا يقتصر على هذا، بل إن من الملاحظ أيضًا في ظل المجتمع الاستهلاكي، أن استمرار التفاوت في الدخول والثروة لم يعد يعتمد فقط (بل ولا في الأساس) على استخدام وسائل القهر والعنف، في إخضاع الفئات الأقل دخلًا، بل يعتمد هذا التفاوت في استمراره على وسائل نفسية تخلو تمامًا من العنف، ولا تستخدم إلا نوعًا رقيقًا جدًّا من القهر. إن الرأسمالي، إذ يقوم باستغلال العمال، يعتمد على حاجة العمال الشديدة للأجر، وإلا مات هو وعياله جوعًا، أما عندما يقوم الرأسمالي باستغلال المستهلكين، فإنه يعتمد على تشويق المستهلك إلى سلع قد لا يحتاجها أصلًا، أو على إقناعه بمختلف

الطرق بأن هذه السلع تجلب من المتعة أو السعادة ما لا تجلبه في الحقيقة. فإذا وقع المستهلك في الفخ (وقد أثبتنا جميعًا سهولة وقوعنا في هذا الفخ)، فإنه، أي المستهلك، يساهم طوعًا في تضخم أرباح المنتجين والبائعين، ومن ثمَّ يساهم طوعًا في زيادة درجة اللامساواة، بينما كانت اللامساواة في الماضي لا تتحقق إلا بالقوة والعنف.

* * *

إذا كان صحيحًا أن اللامساواة تتحول، أكثر فأكثر، إلى لا مساواة في أمور تافهة وغير ضرورية، وأنها قد أصبحت الآن، ولهذا السبب، أقل وطأة مما كانت، وأننا جميعًا، بمن في ذلك محدودو الدخل منا، نساهم في استمرار اللامساواة، بل ونساهم في تفاقمها كلما رضينا أن ندفع أثمانًا باهظة لأشياء تافهة، ألا يعني هذا أن تحقيق المساواة، لم يعد هدفًا جديرًا بالسعي من أجله، بالدرجة نفسها، وبتلك الحماسة الشديدة التي كانت تتسم بها الحركات الاشتراكية؟ ألا يصح القول إذن، إنه كلما ارتفع مستوى الدخل في المجتمع ككل؛ بما في ذلك مستوى معيشة محدودي الدخل، فقد هدف المساواة جاذبيته وسحره؟ أو بعبارة أخرى: إذا كان الجميع قد قبلوا الاشتراك في سباق جنوني لزيادة استهلاكهم من مختلف السلع، ضرورية كانت أو غير ضرورية، فهل يستمر لهدف المساواة ذلك السحر القديم الذي أثار مختلف المفكرين الداعين للإصلاح؟

قد يكون هذا صحيحًا، ولكن إلى حد معين. إن اشتراك الجميع، الأثرياء والأقل ثراء، في مهرجان استهلاكي عظيم، يحصل فيه الجميع على الضروريات، وكثير من الكماليات، قد يجعل حقًّا من الصعب إثارة موضوع المساواة واللامساواة، ولكن إذا رُئِى وسط هذا المهرجان العظيم، شخص جائع إلى جانب أشخاص، ينفقون دخلهم على مختلف أنواع المأكولات والمشروبات والملبوسات الباهظة التكاليف، دون أن تكون ضرورية، ألا يجب أن يثير هذا المنظر نفورًا شديدًا من هذه الدرجة من اللامساواة، فيستعيد هدف المساواة أهميته وجدارته؟

إن كل هذه الملاحظات لا بد أن تثير التساؤل عما إذا كنا قد ارتكبنا خطأ جسيمًا، عندما هجرنا هدفًا آخر، أقدم بكثير من هدف المساواة، وفضلنا عليه هدف المساواة.

أقصد بهذا هدف تحقيق «العدل». إن العدل، أي الإنصاف، أو إعطاء المرء ما له وأخذ ما عليه، شيء مطلوب دائمًا، سواء في ظل الدخل المرتفع أو المنخفض، في مجتمع يستهلك الضروريات فقط أو يمعن أيضًا في استهلاك الكماليات. بل إن كلمة العدل تثير في اللغة العربية (ولا شك في لغات أخرى أيضًا)، ليس فقط معنى عدم المحاباة في توزيع الدخل، ولكن أيضًا التحقق من استحقاق السلعة نفسها لأن يرغب الناس في استهلاكها أيضًا، فضلًا بالطبع عن المساواة أمام القانون.

(٧)

أذكر جيدًا كيف كان كثيرون من أبناء جيلي (وأنا منهم)، في أيام الصبا والشباب، عندما يطرح موضوع العدالة الاجتماعية، يميلون إلى الاستهزاء بمن يدعو إلى أي صورة من صور العمل المدني، الاختياري والتطوعي، بدون تدخل من الدولة، لتحسين أحوال الفقراء، كبناء مستشفى، أو مدرسة عن طريق جمع التبرعات، أو كتوزيع بعض المواد الغذائية، أو الملابس على الفقراء، إلخ. هكذا كانت أيضًا نظرتنا إلى النشاط الذي كانت تقوم به قبل ثورة ١٩٥٢، جمعية نبيلة اسمها «جماعة الرواد»، كانت تقوم بإنشاء نوادٍ في الأحياء الشعبية، يمكن فيها للشباب من الفقراء ممارسة نشاط رياضي أو ثقافي، وإقامة معسكرات لهم على الشواطئ في فصل الصيف، بنفقة بسيطة، أو بالمجان، إلخ. كان رأينا المتعالي حينئذ، والمفرط في الغطرسة، أن مثل هذه الأعمال يضر بقضية العدالة الاجتماعية (بدلًا من أن ينفعها)، إذ إن من شأنه أن يضعف من «ثورية» الفقراء والمظلومين ومن ثمَّ يؤخر قيام «الثورة» المطلوبة، والقادمة حتمًا، عاجلًا أو آجلًا، وأن هذه الثورة عندما تأتي ستجعل الفقراء يستولون على الدولة، فتقوم الدولة حينئذ بإنشاء كل ما هو مطلوب، من مستشفيات ومدارس، وتقدم مختلف الخدمات الرياضية والثقافية. لا علاج لمشكلة الظلم الاجتماعي إلا بعمل من أعمال الدولة (هكذا كنا نظن)، وكل ما يمكن أن يقوم به المجتمع المدني سوف يؤخر هذا العلاج أو سيذهب سدى. ولكني أسأل نفسي اليوم: هل تستطيع الدولة حقًا تحقيق العدالة الاجتماعية، كما كنا نظن؟ هل هناك

حقًّا جدوى لما نسمعه ونقرأه كل يوم، عن ضرورة تدخل الدولة لعمل كذا وكذا، من أجل الفقراء والمظلومين؟

لا بد أن نعترف أولًا بأن الدولة كانت دائمًا (وربما ستظل دائمًا) أداة الطبقة المسيطرة اقتصاديًّا لتحقيق أغراض هذه الطبقة. السلطة السياسية هي عادة تابعة للسلطة الاقتصادية، ومن السذاجة والبراءة المفرطة الظن بغير ذلك. صاحب الثروة (سواء كانت أرضًا زراعية أو شركات صناعية أو بنوكًا) هو في العادة صاحب الكلمة النهائية في السياسة، حتى لو بدا لنا أحيانًا عكس ذلك، ومهما تظاهر السياسيون بالحياد بين الطبقات. ولكننا يجب أن نعترف أيضًا بأن رجال السياسة، منذ قرن من الزمان (في مختلف البلاد)، كانوا من نوع مختلف جدًّا من الرجال عنهم الآن. كانوا أصلب عودًا، وأوسع ثقافة، بل وأكثر نزاهة واعتزازًا بالكرامة الشخصية، وأكثر تمسكًا بالمبادئ الأخلاقية، مما يبدو منهم الآن. كل هذا لم يمنع رجال السياسة والممسكين بالسلطة السياسية، من الرضوخ لأصحاب القوة الاقتصادية، عبر العصور (من إقطاعيين ورأسماليين)، ولم يمنعهم من تجاهل قضية العدالة الاجتماعية، كلما كان هذا التجاهل في صالح الإقطاعيين والرأسماليين. ولكن هذا الرضوخ وهذا التجاهل كانا في الماضي يجريان بشكل أكثر «تحضرًا»، وأشد تهذيبًا مما نراه الآن. نعم كان هناك دائمًا «تزاوج» بين السلطة السياسية والمال، ولكن الملاحظ أن هذا التزاوج الآن أصبح مفضوحًا ومبتذلًا لدرجة لم نعهدها من قبل. لقد أصبح من الممكن، الآن مثلًا، أن يصبح ثري كبير رئيسًا لحكومة، أو وزيرًا مسؤولًا عن الوزارة التي تتولى مباشرة المصالح التي تحقق له مزيدًا من الثروة، أو أن يغادر الوزير أو رئيس الحكومة منصبه ليعتلي مباشرة منصبًا كبيرًا في الشركة، التي كان يقوم بخدمتها أثناء توليه السلطة السياسية. الجميع ما زالوا يتظاهرون بالعمل من أجل مصلحة الفقراء ومحدودي الدخل، كما كانت الحال دائمًا، وما زال دعاة الإصلاح من بيننا يطالبون السياسيين بهذه المطالب نفسها. فما الذي حدث حتى أصبح هذا التظاهر من جانب السياسيين أبعد كثيرًا عن التحقق في الواقع، وجعل مطالبة المصلحين للسياسيين بالعمل من أجل العدالة الاجتماعية أقرب إلى الأحلام؟

لقد حدث خلال نصف القرن الماضي، كما سبق أن أشرنا، ما أضعف بشدة من سلطة الدولة إزاء الشركات العملاقة، وجعل اتخاذ الدولة موقفًا محايدًا بين الطبقات أصعب مما كان في أي وقت في الماضي. بل إن الدولة التي كانت تتمتع بدرجة عالية من الاستقلال إزاء القوى السياسية في الخارج، تحولت، في كثير من الأحوال، إلى دولة تابعة تأتمر في أمور كثيرة مهمة بما يأتيها من تعليمات من خارجها. وهذه التعليمات كثيرًا ما تتعارض مع هدف تحقيق العدالة الاجتماعية. وزاد الطين بلة حلول عصر «التضخم»، حيث تزيد الأسعار بسرعة لم تكن معهودة من قبل، فلا تؤدي الزيادة النقدية في الدخول إلى ارتفاع حقيقي في مستوى معيشة الفقراء، ولا يبدو أن الدولة قادرة على وضع حد لهذا التضخم. أثناء ذلك يستمر التظاهر بعكس ذلك، ويستمر حديث السياسيين والاقتصاديين والمصلحين، وكأننا على وشك تحقيق العدالة الاجتماعية.

إن قيام الشركات العملاقة باستخدام قوة الدولة ضد أي مقاومة جدية تضر بمصالحها في داخل بلدها الأم، ولترويض وإخضاع شعوب أخرى خارج هذا البلد الأم، ظاهرة قديمة ومعروفة، ولكن لا بد أن نلاحظ، أيضًا، التغيرات المهمة في العلاقة بين هذه الشركات وبين الدولة. هناك أولًا التغير الكبير الذي طرأ على حجم القوة النسبية لهذه الشركات، بالمقارنة بقوة الدولة. لقد تعودنا، في السنوات الأخيرة، أن نصادف إشارات متكررة إلى زيادة حجم مبيعات أو إيرادات شركة ما من هذه الشركات، على حجم الناتج القومي لدولة أو أخرى أو لعدد من الدول مجتمعة. هذا الضعف الاقتصادي النسبي للدولة (والآخذ في الزيادة) بالمقارنة بالقوة النسبية (والمتزايدة) للشركات المتعددة الجنسيات، يميل إلى جعل هذا الاعتماد، من جانب هذه الشركات، على تدخل الدولة أقل ضرورة، ويجعل هذه الشركات أكبر قدرة على القيام، بنفسها مباشرة، بما كان على الدولة في الماضي أن تقوم به نيابة عنها. نعم، ما زالت أداتا القمع الرئيسيتان، الجيش والشرطة، في يد الدولة، ولكننا نعلم أن عددًا متزايدًا من هذه الشركات أصبح يعتمد، أكثر فأكثر، على شرطته الخاصة، كما أن التدخل بالحرب لإرغام دولة أجنبية أو شعب أجنبي على قبول ما لم يكن يقبله، قد حلت محله وسائل أخرى،

قد تجد الشركات المتعددة الجنسيات نفسها قادرة على استخدامها مباشرة، دون مساعدة كبيرة من دولتها الأم، كالقيام بانقلاب في دولة يراد تغيير سياستها، أو حرمانها من معونات اقتصادية مهمة، كانت تحصل عليها من بعض المؤسسات المالية الدولية، أو حرمانها من اللجوء إلى أسواق المال للتغلب على مشكلات اقتصادية ملحة، إلخ. هناك من ناحية أخرى، الزيادة الكبيرة في عدد الدول التي تمارس فيها هذه الشركات نشاطها، مما يسمح لهذه الشركات بحرية ومرونة أكبر، في التغلب على ما قد تواجهه من مقاومة في داخل أي دولة من الدول. فهي، إن واجهت مطالب عمالية، لا تريد الانصياع لها داخل إحدى هذه الدول، بما في ذلك دولتها الأم، ليست دائمًا في حاجة إلى اتخاذ وسائل القمع التقليدية، بل يكفيها الرحيل باستثماراتها إلى دولة أخرى أكثر خنوعًا.

أضف إلى ذلك أنه في عالم أصبح فيه من أهم صور الاستغلال والقهر استغلال وقهر المستهلك بدلًا من العامل، وأصبحت فيه أهم صور الترويض هي ترويض الناس على الاستهلاك، بدلًا من ترويضهم على العمل ساعات طويلة، بأجور زهيدة، في عالم كهذا، تكتسب وسائل الإعلام وتشكيل الميول والرغبات وغسيل المخ أهمية متزايدة، بالمقارنة بطرق القمع المعروفة، كالضرب والاعتقال وإطلاق الرصاص. في مثل هذا العالم يبدو الاعتماد على الدولة أقل ضرورة، إذ يبدو أن الشركات المتعددة الجنسيات تستطيع أن تمارس كل هذه الوسائل الحديثة بفعالية أكبر مما تستطيعه الدولة، وبخاصة أنها تستطيع أن تصل إلى المستهلك، في أي مكان بسهولة كبيرة، إذ تتخطى شتى الحواجز التي قد تضعها الدول في طريقها فتخاطب المستهلك مباشرة من وراء ظهر الدولة.

يبدو أنه في عالم تصبح فيه الدولة أقل فائدة للأطراف الممارسة للقهر (وأهمها اليوم على ما يظهر الشركات المتعددة الجنسيات والمؤسسات العاملة في خدمتها)، وكذلك أقل قدرة على كبح جماح هذه الأطراف، تصبح الدولة أيضًا أقل قدرة، من ذي قبل، على حماية الفقراء والمقهورين. نحن نرى بوادر هذا مرأى العين وبكل وضوح. الدولة القومية قد تتظاهر بأنها ما زالت مهتمة بحقوق الفقراء، ومشغولة بحماية الضعفاء، وما زالت تستخدم خطابًا مؤثرًا قد يوحي بهذا الاهتمام وهذا

الانشغال، ولكن الحقيقة كما تظهر في بلد بعد آخر، هي عكس ذلك. ويكفي أن نلفت النظر إلى درجة الضعف، التي أصابت الدولة القومية في البلدان الفقيرة على الأقل، في ظل ما يسمى بسياسات «التثبيت الاقتصادي» و«التصحيح الهيكلي والخصخصة»، حيث يبدو بوضوح تام كم أصبحت قدرة الدولة على حماية الفقراء محدودة للغاية، وكيف حولت الدولة جل اهتمامها إلى أمور مختلفة تمامًا. وقل مثل هذا على ما أصاب الدولة من ضعف إزاء ما تستخدمه الشركات الدولية العملاقة من وسائل ترويض المستهلك وغسيل المخ.

في مرحلة ما من مراحل تطور القدرة التكنولوجية ونمو القوة الاقتصادية للأطراف الممارسة للقهر، (الشركات المتعددة الجنسيات والمؤسسات العاملة لخدمتها)، تقوم هذه الأطراف بتقديم بعض التنازلات، عن طيب خاطر، إما من قبيل ذر الرماد في الأعين، أو تجنبًا لآثار غير مستحبة لتجاوز سخط وغضب المقهورين للحدود الآمنة، أو لتحسين صورتها أمام جمهور المستهلكين، أو حتى بدافع تعاطف حقيقي مع هؤلاء المقهورين والضعفاء. ويشبه هذا ما أقدم عليه الرأسماليون القدامى، من تنازلات لنقابات العمال منذ أكثر قليلًا من مائة عام، في صورة أجور أعلى، أو ساعات عمل أقل، أو خدمات مختلفة للعمال وأسرهم، لتحسين ظروف عملهم ومعيشتهم. إننا نسمع الآن أيضًا، أكثر فأكثر، عن قيام بعض الشركات الكبرى بتمويل هذه المباراة الرياضية أو الحفلة الموسيقية أو تلك، أو عن مساهمتها في الإنفاق على إنقاذ بعض الآثار التاريخية من الدمار، أو عن تقديمها بضع مئات من الملايين من الدولارات، لدعم الإنفاق على البحوث المتعلقة بمرض الإيدز، إلخ. ويدخل في هذا النوع من التنازلات، بالطبع، ما تنفقه المؤسسات المالية الدولية، كالبنك الدولي، لتمويل الصناديق الاجتماعية في تلك البلاد، التي شرعت تحت ضغوطها في برامج «التصحيح الاقتصادي»، أو ما تنفقه هذه المؤسسات على مشروعات حماية البيئة. ويندرج تحته أيضًا معظم ما يقال عن الحاجة إلى التنمية المستدامة أو الشاملة، أو التحول من تأكيد التنمية الاقتصادية إلى تأكيد التنمية الإنسانية، إلخ.

كل هذا سوف يبقى بالطبع قطرة في بحر، إذا قورن بما يحتاج إليه المقهورون

والفقراء لتحقيق مطلب العدالة الاجتماعية، بما في ذلك ما يجب أن يندرج تحت هذا المطلب اليوم، إلى جانب رفع مستوى المعيشة المادي وخلق فرص مجزية للعمل، من حماية المستهلك من القهر الذي يمارس ضد صحته النفسية والعقلية، وضد ثقافته وثقافة أمته.

إن ما كان يقال بحق، منذ نحو مائة عام، من أن كل ما كان يقدمه الرأسماليون من تنازلات لنقابات العمال لا يكفي لتحقيق العدالة، وأن تحقيق درجة معقولة من العدالة كان يتطلب وقتها تدخلًا فعَّالًا من جانب الدولة القومية، سواء في صورة تأميمات، أو ما تحقق في أعقاب الحرب العالمية الثانية من تطبيقات «دولة الرفاهية»، يجب أن يقال مثله الآن مع التعديل المناسب. فكل التنازلات التي يمكن أن تقدمها اليوم الشركات المتعددة الجنسيات والمؤسسات الدولية السائرة في فلكها، لن تكفي بالطبع لوضع حد للصور القديمة والجديدة للقهر، وإنما يتطلب ذلك تطورين آخرين مهمين، ليس من بينهما، كما لا يزال يظن الكثيرون، تدخل الدولة القومية، إذ يجب ألا نعوِّل تعويلًا كبيرًا على ما يمكن أن يرجى من نفع من هذه الدولة القومية.

إنما أقصد بهذين التطورين: أولًا نمو ما يسمى بحركات ومؤسسات المجتمع المدني في داخل الدولة، وثانيًا نمو حركات عالمية تقوم على أساس تنظيم عالمي يتجاوز حدود الدول، وذات طابع إنساني، وتتكلم بلسان تفهمه سائر الأمم، وتستخدم خطابًا تتعاطف معه مختلف الثقافات. ذلك أنه عندما يكون التحدي عالميًّا، يجب أن تكون الاستجابة عالمية أيضًا. وعندما نكون بصدد عولمة القهر، فإن مقاومة القهر يجب عولمتها بدورها. وإذا كان «ماركس» قد قال منذ زمن بعيد: «يا عمال العالم اتحدوا»، فالأجدر بنا الآن أن ندعو مستهلكي العالم وثقافات العالم، حيث يتعرضون كلهم للقهر، بل للنوع نفسه من القهر، إلى أن يتحدوا.

الخلاصة أننا نعيش اليوم في عالم لم يعد القهر يمارس فيه، في داخل حدود الدولة، بل على نطاق العالم بأسره. ولم يعد ميدانه الاقتصاد وحده، أو الحصول على ما يسمى بـ«فائض القيمة»، بل امتد ليشمل عقل الإنسان ونفسه وروحه. ولم تعد الأطراف الممارسة للقهر تستمد دعمًا مهمًّا، في ممارستها له، من الدولة

القومية، بل أصبح لها، أكثر فأكثر، وسائلها الخاصة التي تتجاوز حدود الدول. في مثل هذا العالم يصبح أي مشروع أو حركة، تدعو إلى تحقيق العدالة الاجتماعية، مضطرة إلى الاعتماد على وسائل غير الحماية المستمدة من الدولة القومية، وإلى مواجهة القهر في صوره الجديدة، التي تتجاوز الأشكال الاقتصادية، وإلى الخروج بالمقارنة إلى خارج نطاق الدولة القومية لتتحد في حركة إنسانية.

من الملاحظ أن أهم ما بذل من جهود حقيقية في التخفيف من أعباء الفقراء في مصر، بسبب رخاوة الدولة، جاء من جانب صورة أو أخرى من صور العمل المدني: جمعيات دينية، إسلامية وقبطية، تقدم خدمات شبه مجانية في التعليم والصحة، أو جمعيات تعاونية صغيرة تنشأ لخلق فرص عمالة لأعضائها، أو لتقديم خدمة الائتمان كبديل لخدمات البنوك، التي تتقاضى فوائد باهظة، وتتطلب ضمانات يصعب توفيرها، أو لحل مشكلة السكن المتفاقمة بسبب التضخم الناتج بدوره من الانفتاح، ولو من دون الحد الأدنى من المرافق الأساسية، التي تتقاعس الدولة في تقديمها، فينشأ عن ذلك ما يسمى بـ«المساكن العشوائية»، وهي «عشوائية» فقط بسبب تقصير الدولة في توفير «النظام» اللازم لها.

إن من الممكن بالطبع، حتى مع ازدياد قوة العولمة، أن نستمر في المناداة بضرورة تدخل الدولة لتقديم المزيد من الحماية للفقراء، ولإعادة توزيع الدخل، وتحقيق قدر أكبر من العدالة الاجتماعية، وكثيرون من كتَّابنا لا يزالون مستمرين في هذه المناداة بالحماسة القديمة نفسها، وكأن شيئًا لم يحدث. ولكن الأجدى في رأيي أن نعترف بأن جزءًا كبيرًا من هذا الجهد لا بد من أن يضيع هباء، أمام تيار قوي يجري في اتجاه معاكس تمامًا، ويدعمه اتجاه التطور التكنولوجي والعلاقات الدولية. الأجدر في رأيي بحركة إصلاحية ترمي إلى تنشيط المؤسسات المدنية التي تعمل لتحقيق هذا الهدف، وخلق مؤسسات جديدة للغرض نفسه، من دون حاجة أو انتظار لدعم من الدولة، بل على الرغم منها في بعض الأحيان.

لقد عاش دعاة الإصلاح الاجتماعي حقبة طويلة من الزمن، في ظل سيطرة الاعتقاد بأنه لن يحدث تقدم ملموس في مجال العدالة الاجتماعية إلا إذا جاء من جانب الدولة. وقد كانوا في هذا أسرى طبيعة الفكر الاشتراكي، الذي ساد العالم

طوال هذه الفترة، وهو فكر كان انعكاسًا لظروف اقتصادية وثقافية معينة، قد يكون العالم الآن قد تجاوزها، أو آخذًا في تجاوزها. فالدولة التي كانت ضرورية لدعم مصالح الرأسمالية، كانت هي مناط الآمال من جانب الطبقات المقهورة، إذ بدا أن النهوض بأحوال هذه الطبقات منوط باسترداد جهاز الدولة من يد الرأسماليين. ولكننا نعيش الآن، فيما يظهر، عصرًا أصبحت فيه الدول القومية أعجز من أن تحقق نفعًا كبيرًا لأي من الطرفين: الطرف الذي يمارس القهر، والطرف الذي يعانيه على السواء. وكما أن ممارسي القهر قد حصلوا على أساليب جديدة لتحقيق مصالحهم (غير وسائل القمع التقليدية عن طريق سلطة الدولة)، فإن على المقهورين أيضًا أن يبحثوا لأنفسهم عن أساليب جديدة لوضع حد لهذا القهر (غير استيلائهم على سلطة الدولة).

وعلى سبيل المثال، إن الحركة التعاونية، التي تعرضت لضربة قاصمة على يد الأفكار الماركسية، يبدو الآن، وكأن من الممكن لها، أن تلعب دورًا مهمًّا في التخفيف من أعباء الفقراء، وأكبر بكثير مما تعودنا أن نظن، لما تعودنا على اعتقاده من أنه لا يمكن أن يحدث شيء مهم إلا عن طريق الدولة. وقد يكون من المفيد أن نلاحظ أن تلك الفترة من التاريخ الاجتماعي المصري، التي شهدت أكبر قدر من النشاط في ميدان العمل التعاوني ومن نمو الحركة التعاونية، بل من نمو نشاط المجتمع المدني، بصفة عامة، كانت هي فترة الثلاثين عامًا التي تفصل بين بداية الاحتلال البريطاني لمصر (عام ١٨٨٢)، وقيام الحرب العالمية الأولى (عام ١٩١٤). كانت هذه هي الفترة التي شهدت إنشاء أول جامعة مصرية، وكان تمويلها بتبرعات أهلية، وليس بأموال الحكومة، وعدد كبير من المدارس والمستشفيات والملاجئ التي مُوِّل كثير منها بالطريقة نفسها، كما كانت هذه الفترة أيضًا، الفترة التي شهدت نشوء أول حركة تعاونية في مصر. من الشيق أيضًا أن نلاحظ أن هذه الثلاثين عامًا كانت تتسم، مثلما تتسم الفترة التي نعيشها الآن، مع اختلاف بالطبع في الدرجة، بارتفاع موجة الانفتاح والاندماج مع الاقتصاد العالمي، ومع ازدياد ضعف الدولة القومية إزاء القوى الخارجية، التي كانت قد جاءت بجيوشها لاحتلال البلاد.

هل هذا إذن هو أحد دروس التاريخ؟ وهو أنه كلما زاد ضعف الدولة القومية ورخاوتها إزاء قوى خارجية، زادت مسؤوليات النشاط الأهلي، ومنظمات المجتمع المدني عن الوفاء بحاجات أساسية لم تعد الدولة القومية بقادرة على الوفاء بها، ولا يدخل الوفاء بها ضمن أولويات القوى الخارجية صاحبة السلطة الحقيقية؟

إذا كان الأمر كذلك، فإنه يكون، من حسن حظنا، أن ثقافتنا العربية والإسلامية تحمل تاريخًا عريقًا لمؤسسات ومبادئ بالغة الرقي، من الناحية الأخلاقية والإنسانية، يمكن أن تساهم مساهمة فعَّالة في تحقيق درجة أعلى من العدالة الاجتماعية، لو بذلنا الجهد الكافي لبث الحياة فيها من جديد، وإعادة تنظيمها بما يناسب متطلبات المجتمع الحديث. أعني، على وجه الخصوص، مؤسستي الزكاة والوقف، فالزكاة تتمتع بكونها واجبًا أساسيًّا من واجبات المسلم، ومن ثمَّ تستند إلى وازع إيماني قوي، وكلاهما يتمتع بتاريخ طويل من التطبيق العملي والتأصيل الفقهي، مما يمكن أن يساعد على انضوائهما كعنصرين من عناصر مشروع نهضوي، يهدف من بين ما يهدف إليه إلى الارتفاع بمستوى العدالة الاجتماعية.

تزداد أيضًا أهمية النشاط الأهلي حينما يتحول القهر والظلم الاجتماعي أكثر فأكثر، من قهر وظلم للعامل إلى قهر وظلم للمستهلك. إن من الممكن بالطبع، من حيث المبدأ، أن تتدخل الدولة تدخلًا فعَّالًا لحماية المستهلكين من الاستغلال المادي، الذي يتخذ صورة رفع الأسعار، أو الغش المتعلق بنوع السلع المبيعة ومواصفاتها، كما قد تتدخل الدولة لحماية العمال. ولكن النشاط الأهلي والعمل المدني الثقافي يبدوان ضروريين، عندما يتعلق الأمر بحماية المستهلك من صور القهر والغش المتمثلة في مختلف وسائل الخداع العقلي والنفسي، وغسيل المخ، ونشر قيم الاستهلاك، واستخدام مختلف طرق الإغراء من ناحية، والتخويف من ناحية أخرى، من أجل ترويض المستهلك وتدجينه وتحويله إلى مادة طيعة في أيدي المنتجين والبائعين. إن مقاومة ومكافحة هذا النوع من صور القهر والغش، والقيام بنشاط مستمر لفضحه وتحصين المستهلك منه، مثل هذا يبدو أقرب إلى طبيعة العمل الأهلي منه إلى عمل من أعمال الدولة. وإن لدينا أيضًا في ثقافتنا

العربية والإسلامية الكثير مما يمكن أن يغذي ويدعم هذه الصورة الجديدة من صور المقاومة.

ومع كل هذا، فإن من المهم أن نكرر أنه في عالم كالذي نعيش فيه، حيث تكتسب ظاهرة القهر والظلم الاجتماعي طابعًا عالميًّا، سواء من حيث طبيعة القوى التي تمارس هذا القهر والظلم، أو من حيث الوسائل التي تستخدم في ممارستها، يبدو من الضروري أن يصبح العمل على مقاومة الظلم الاجتماعي والقهر، أكثر فأكثر، عالميًّا أيضًا. ومن ثمَّ فإنه لا يصح، في نظري، أن يظل الخطاب الإصلاحي، في ميدان العدالة الاجتماعية على الأقل، ذا طابع محلي أو قومي صرف، دون أن ينفتح على الفكر الإصلاحي العالمي. بعبارة أخرى: إن القهر الاجتماعي الذي يتعرض له الفقراء المصريون والعرب اليوم، أكثر منه في أي وقت مضى، هو القهر نفسه الذي يتعرض له فقراء الهند أو البرازيل أو غانا، سواء من حيث طبيعة هذا القهر أو وسائله أو القوى التي تمارسه. ومن ثمَّ فإن دعوات الإصلاح الاجتماعي في العالم العربي، عليها، أكثر من أي وقت مضى، أن تنفتح على دعوات الإصلاح المماثلة في سائر ثقافات العالم.

كتب أخرى للمؤلف

باللغة العربية

- مقدمة إلى الاشتراكية مع دراسة لتطبيقها في الجمهورية العربية المتحدة. القاهرة: مكتبة القاهرة الحديثة، ١٩٦٦.
- مبادئ التحليل الاقتصادي. القاهرة: مكتبة سيد وهبة، ١٩٦٧.
- الاقتصاد القومي: مقدمة لدراسة النظرية النقدية. القاهرة: مكتبة سيد وهبة، ١٩٦٨، ١٩٧٢.
- الماركسية: عرض وتحليل ونقد لمبادئ الماركسية الأساسية في الفلسفة والتاريخ والاقتصاد. القاهرة: مكتبة سيد وهبة، ١٩٧٠.
- المشرق العربي والغرب: بحث في دور المؤثرات الخارجية في تطور النظام الاقتصادي العربي والعلاقات الاقتصادية العربية. بيروت: مركز دراسات الوحدة العربية، ١٩٧٩، ١٩٨٣.
- محنة الاقتصاد والثقافة في مصر. القاهرة: المركز العربي للبحث والنشر، ١٩٨٢.
- تنمية أم تبعية اقتصادية وثقافية؟ خرافات شائعة عن التخلف والتنمية وعن الرخاء والرفاهية. القاهرة: مطبوعات القاهرة، ١٩٨٣؛ الهيئة المصرية العامة للكتاب، ١٩٩٥.
- الاقتصاد والسياسة والمجتمع في عصر الانفتاح. القاهرة: مكتبة مدبولي، ١٩٨٤.
- هجرة العمالة المصرية (بالاشتراك مع إليزابيث تايلور عوني). أوتاوا: مركز البحوث للتنمية الدولية، ١٩٨٦.
- قصة ديون مصر الخارجية من عصر محمد علي إلى اليوم. القاهرة: دار علي مختار للدراسات والنشر، ١٩٨٧.

- **نحو تفسير جديد لأزمة الاقتصاد والمجتمع في مصر**. القاهرة: مكتبة مدبولي، ١٩٨٩.
- **مصر في مفترق الطرق**. القاهرة: دار المستقبل العربي، ١٩٩٠.
- **العرب ونكبة الكويت**. القاهرة: مكتبة مدبولي، ١٩٩١.
- **السكان والتنمية: بحث في الآثار الإيجابية والسلبية لنمو السكان مع تطبيقها على مصر**. القاهرة: المؤسسة الثقافية العمالية، معهد الثقافة السكانية، ١٩٩١.
- **الدولة الرخوة في مصر**. القاهرة: دار سيناء للنشر، ١٩٩٣.
- **معضلة الاقتصاد المصري**. القاهرة: دار مصر العربية للنشر، ١٩٩٤.
- **شخصيات لها تاريخ**. بيروت: رياض الريس للكتب والنشر، ١٩٩٧، ٢٠٠٠. القاهرة: دار الشروق، ٢٠٠٧، ٢٠٠٨.
- **ماذا حدث للمصريين ؟**القاهرة: دار الهلال، سلسلة كتاب الهلال، ١٩٩٨؛ الهيئة المصرية العامة للكتاب، ٢٠٠٠، دار الهلال، ٢٠٠١، دار الشروق، ٢٠٠٦، الطبعة العاشرة ٢٠١٣.
- **المثقفون العرب وإسرائيل**. القاهرة: دار الشروق، ١٩٩٨، ٢٠٠٥.
- **العولمة**. القاهرة: دار المعارف، سلسلة اقرأ، ١٩٩٩، ٢٠٠٠، ٢٠٠١، دار الشروق، ٢٠٠٩.
- **التنوير الزائف**. القاهرة: دار المعارف، سلسلة اقرأ، ١٩٩٩، دار عين للنشر، ٢٠٠٥.
- **العولمة والتنمية العربية**. بيروت: مركز دراسات الوحدة العربية، ١٩٩٩، ٢٠٠١.
- **وصف مصر في نهاية القرن العشرين**. القاهرة: دار الشروق، ٢٠٠٠، ٢٠٠٩.
- **كشف الأقنعة عن نظريات التنمية الاقتصادية**. القاهرة: دار الهلال، سلسلة كتاب الهلال، ٢٠٠٢، دار الشروق، ٢٠٠٧.
- **عولمة القهر**. القاهرة: دار الشروق، ٢٠٠٢، ٢٠٠٥.
- **كتب لها تاريخ**. القاهرة: دار الهلال، سلسلة كتاب الهلال، ٢٠٠٣.
- **شخصيات مصرية فذة**. القاهرة: دار المعارف، سلسلة اقرأ، ٢٠٠٣، دار الشروق، ٢٠٠٩.

- عصر الجماهير الغفيرة. القاهرة: دار الشروق، ٢٠٠٣، ٢٠٠٩.
- عصر التشهير بالعرب والمسلمين. القاهرة: دار الشروق، ٢٠٠٤، الهيئة المصرية العامة للكتاب، ٢٠٠٤، دار الشروق، ٢٠٠٧.
- خرافة التقدم والتخلف. القاهرة: دار الشروق، ٢٠٠٥، ٢٠٠٩.
- ماذا علمتني الحياة؟ (سيرة ذاتية). القاهرة: دار الشروق، ٢٠٠٧، الطبعة السابعة ٢٠١٥.
- فلسفة علم الاقتصاد. القاهرة: دار الشروق، ٢٠٠٨، الطبعة الثالثة ٢٠١٤.
- رحيق العمر. القاهرة: دار الشروق، يناير ٢٠١٠، فبراير ٢٠١٠.
- مصر والمصريون في عهد مبارك. القاهرة: دار الشروق، ٢٠١١.
- ماذا حدث للثورة المصرية؟ القاهرة: دار الشروق، ٢٠١٢.
- قصة الاقتصاد المصري. القاهرة: دار الشروق، ٢٠١٢، الطبعة الثالثة ٢٠١٤.
- محنة الدنيا والدين في مصر. القاهرة: دار الشروق، ٢٠١٣، الطبعة الثالثة ٢٠١٤.
- مكتوب على الجبين: حكايات على هامش السيرة الذاتية. القاهرة: الكرمة للنشر، ٢٠١٥، الطبعة الثانية ٢٠١٦.
- العالم عام ٢٠٥٠. القاهرة: الكرمة للنشر، الطبعة الثانية ٢٠١٧.

باللغة الإنجليزية

- *Food supply and Economic Development with Special Reference to Egypt*. London: F. Cass, 1966.
- *Urbanization and Economic Development in the Arab World*. Beirut: Arab University in Beirut, 1972.
- *The Modernization of Poverty: A Study in The Political Economy of Growth in Nine Arab Countries, 1945-1970*. Leiden: Brill, 1974, 1980.

تُرجم إلى اليابانية في ١٩٧٦، وحاز جائزة الدولة التشجيعية في ١٩٧٦.

- *Project Appraisal and Income Distribution in Developing Countries* (Coedited with J. Macarthur). A Special Issue of World Development, vol. 6, issue 2, Oxford: 1978.

- *International Migration of Egyptian Labor* (with Elizabeth Taylor Awny). Ottawa: International Development Research Centre, 1985.
- *Egypt's Economic Predicament*. Leiden: Brill, 1995.
- *Whatever Happened to the Egyptians*?. Cairo: AUC Press, 12th printing 2012.
- *Whatever Else Happened to the Egyptians*?. Cairo: AUC Press, 5th printing 2007.
- *The Illusion of Progress in the Arab World*. Cairo: AUC Press, 2nd printing 2007.
- *Egypt in the Era of Hosni Mubarak, 1981-2010*. Cairo: AUC Press, 2011.
- *Whatever Happened to the Egyptian Revolution?*. Cairo: AUC Press, 2013.

كتب مُترجَمة

- تنبرجن، جان. **التخطيط المركزي**. القاهرة: الجمعية المصرية للاقتصاد السياسي، ١٩٦٦.
- نيركسه، راجنار. **أنماط من التجارة الدولية والتنمية الاقتصادية**. القاهرة: الجمعية المصرية للاقتصاد السياسي، ١٩٦٩.
- مجموعة مؤلفين. **مقالات مختارة في التنمية الاقتصادية**. القاهرة: الجمعية المصرية للاقتصاد السياسي، ١٩٧٨. (بالاشتراك).
- مجموعة مؤلفين. **الشمال-الجنوب: برنامج من أجل البقاء. تقرير اللجنة المستقلة المُشكّلة لبحث قضايا التنمية الدولية برئاسة ويلي برانت**. الكويت: الصندوق الكويتي للتنمية، ١٩٨١. (بالاشتراك).

الفهرس